古代文史名著选译丛书

宋史选译

修订版

主编 章培恒 安平秋 马樟根

译注 淮沛 汤墨

审阅 曾枣庄

凤凰出版传媒集团 凤凰出版社

图书在版编目（CIP）数据

宋史选译 / 淮沛，汤墨译注. -- 南京 : 凤凰出版社，2011.5（2018.5重印）
（古代文史名著选译丛书）
ISBN 978-7-5506-0379-0

Ⅰ. ①宋… Ⅱ. ①淮… ②汤… Ⅲ. ①中国历史－宋代 Ⅳ. ①K244

中国版本图书馆CIP数据核字(2011)第045881号

书　　名	宋史选译
译 注 者	淮　沛　汤　墨
责任编辑	陈晓清
出版发行	凤凰出版社(原江苏古籍出版社) 发行部电话025-83223462
出版社地址	南京市中央路165号,邮编:210009
出版社网址	http://www.fhcbs.com
照　　排	江苏凤凰制版有限公司
印　　刷	江苏凤凰通达印刷有限公司 南京市六合区冶山镇,邮编:211523
开　　本	960×1304毫米　1/32
印　　张	9.875
字　　数	160千字
版　　次	2011年5月第1版　2018年5月第2次印刷
标准书号	ISBN 978-7-5506-0379-0
定　　价	30.00元

(本书凡印装错误可向承印厂调换,电话:025-57572508)

《古代文史名著选译丛书》编委会

《古代文史名著选译丛书》修订版出版说明

呈献在读者面前的这套《古代文史名著选译丛书》是2011年的修订版。全书共134册，包括了中国从先秦至清末两三千年间的著名典籍。每部典籍都选其精粹(《论语》《老子》则全文收录)，收录原文，加以简明的注释，力求准确地译为现代汉语，并于每一篇之前写有对该文的提示性说明。这是近一个世纪以来，规模最大、收录种类相对齐全、译注质量较高的一套普及传统文化的今译丛书。

这套丛书，原在1992年—1994年由巴蜀书社分三批出齐，印行过万套；不久，又由台湾的出版机构买去海外版权在台湾及海外发行，可见这套丛书当年在两岸受欢迎的程度。时隔17年，丛书编委会决定重新修订，改由江苏凤凰出版集团所属的凤凰出版社出版。

这套丛书是由教育部属下的全国高等院校古籍整理研究工作委员会（简称古委会）于1985年策划的。古委会组织了全国18所大学的古籍整理研究所的所长任编委会编委，由我们三人任主编，在全国范围内选请学有专长的学者承担各书的译注。从1986年—1992年，历时7年完成。当时，编委会制订了严明、可行的体例和细则，译注者按要求完成书稿。每部书稿完成后，都在全国范围内请编委会之外的专门研究这一学术领域的两位专家初审，合格后再请两位编委参照初审意见审改，然后退还原译注者改正。待原译注者改正后，再由编委会集中常务编委和部分编委、相关专家在一地将每部书稿从头至尾审改。这样的集中审稿会一般都在8—15天，7年中开了12次审改会。审改后，三位主编再集中在一起逐一审定，交付出版社。这一工作程序，使得这套丛书的译注质量有了一定的提高。所以，这套丛书，在一定程度上是个人与多人合作的结果。关于这套丛书的编纂始末，我们曾在1992年4月全书交稿后写有一篇文章，这次附在修订版书末，便于读者了解。

这次修订，是交由原译注者自己修改。少数译注者已去世，则书稿一仍其旧。个别译注者已联系不上，也保持原貌。

1992年—1994年出版时，书前有当时古委会主任周林先生写的序。周林先生是这一丛书的发起者。他已于1997年6月去世，至今已14年了。为了尊重历史，也为了纪念他，修订版仍用他的序。

我们三人在1985年—1992年主持这套丛书工作时，年龄大的是从51岁到58岁之间，年龄小的是从44岁到51岁之间，那时尚有精力组织、参与这一工作，今天我们都已年逾古稀。全书修订版出版之际，心情似乎比当年更惴惴不安地期待着读者的评头品足，期待着不要对读者贻误太多。

回想这套丛书，真应该感谢我们的祖先为我们留下了这样深厚、丰富的思想、文化遗产，使我们今天仍然受用无穷。应该感谢这套丛书的全体译注者、审阅者、编委和当年的出版者巴蜀书社、今天的出版者凤凰出版社，是他们的学识、辛勤与真诚使得这套丛书得以面世。

章培恒　马樟根　安平秋

2011年3月15日

序

《古代文史名著选译丛书》与广大读者见面了。这是丛书编委会的同志与众多专家学者通力协作、辛勤耕耘的结果。

中华民族在五千年漫长的岁月里，创造了光辉灿烂的文化，给人类留下了丰富的精神财富。“观今宜鉴古，无古不成今”。今天，以马克思主义的科学理论为指导，整理研究我国古代文化典籍，做到汲取精华，剔除糟粕，古为今用，推陈出新，使人们在正确认识民族历史的同时，得到爱国主义的教育，陶冶道德情操，提高全民族的文化素质，促进社会主义文化的繁荣，使文明古国的历史遗产得以发扬光大，这是我们每个炎黄子孙的责任。而要做到这样，对古籍进行整理与研究是重要的基础工程。但是，整理与研究古籍仅作标点、校勘、注释、辑佚还不够，还要有今译，使老年人、中年人、青年人都愿意去读，都能读懂，以便从中得到教益。

基于以上认识，全国高等院校古籍整理研究工作委员会于1986年5月组成了以章培恒、安平秋、马樟根三位同志为主编的《古代文史名著选译丛书》编委会，确定了以全国十八所大学的古籍整理研究所为主力承担这一看似轻易、实则艰巨的今译任务。在第一次编委会议上，拟定了《凡例》、《编写与审稿要求》、《文稿书写格式》和一百余种书目。以每一种书为十万至十五万字计算，这套丛书大约有一千余万字，应该说是一项大工程。经过一年的努力，完成了第一批三十六部书稿的译注任务。在各研究所的专家与所长把关的基础上，于1987年5月和7月，先后在复旦大学、北京大学召开了部分编委参加的审稿会，通过了二十五部书稿，作为《古代文史名著选译丛书》与广大读者见面的第一批作品。与此同时，在1987年7月6日，邀请了在京的十几位专家教授与编委会十几位编委一起座谈这套丛书与古籍今译的问题。专家们肯定了今译工作的必要性与深远意义，并以他们数十年的教学科研和创作的经验，说明今译是一项难度很大的工作，是培养人才，使之打下坚实基本功的一种有效方法；专家们还对《古代文史名著选译丛书》提出了宝贵的建议，这对当时的审稿工作和保证《丛书》的质量起了很好的作用。

实践证明，古籍的今注不易，今译更难。没有对作品的深入、透彻的研究，没有准确、通俗、生动的语言表达能力，要想做好今译是不可能的。两年多来，全国高等院校古籍整理研究工作委员会在探索古籍的今注、今译的道路上，做了一些工作。这部丛书的出版，是系统今译的开始，说明古籍整理研究工作有了新的进展。更可喜的是，一批中青年学者参加了今注今译工作，为古籍整理增添了新生力量，相信他们会在实践中，在学习中，成长成熟。我希望，这套丛书的编委会和高校各古籍整理研究所要敞开大门，加强同国内外专家学者的联系，征求他们和广大读者的意见，并向有真才实学而又适宜做今译工作的专家学者约稿，以提高古籍译注的水平，使《古代文史名著选译丛书》的第二批、第三批作品的质量更上一层楼。

这是一套以文史为主的大型的古籍名著今译丛书。考虑到普及的需要，考虑到读者对象，就每一种名著而言，除个别是全译外，绝大多数是选译，即对从该名著中精选出来的部分予以译注，译文力求准确、通畅，为广大读者打通文字关，以求能读懂报纸的人都能读懂它。我希望这套丛书能成为中小学教师的语文、历史教学的参考书，成为大专院校学生的课外读物，成为广大文史爱好者的良师益友。由于系统的古籍今译工作还刚刚起步，这套丛书定会有不少缺点、错误，也诚恳地希望读者批评指正。

巴蜀书社要我为这套丛书写序，我欣然接受了。我相信这套丛书不仅会使八十年代的人们受益，还将使子孙后代受益，它将对祖国的繁荣昌盛起到点滴的作用。最后借此机会向曾给予我们支持、帮助的专家学者和巴蜀书社的同志表示衷心的感谢！并殷切地希望台湾同胞、港澳同胞、海外侨胞和我们一同做好祖先留给我们的文化遗产的整理工作，为中华民族灿烂的文化再放异彩而努力！

周　林

1987年10月于北京

目　录

前　言

宋代在我国历史上是一个重要的时代，政治、经济、文化、科技等方面都有很大发展，涌现出了不少值得重视的人物。杨家将、岳家军、王安石、苏东坡，都是人们熟悉的，至于包公，更可说是家喻户晓。除了这些人们比较熟悉的人物，更有大量人们不大了解的宋代人物。这些人物，在结束封建割据、促进国家统一，在保卫国家安全、保障社会经济发展，在发展科技文化、推进祖国文明等方面，起过重要作用，作出过重要贡献。了解这些人物的事迹和活动，对于认识和了解我国历史文化的发展，发掘中华民族的优秀文化遗产，增强民族自豪感，都有一定的积极意义。因此，我们在《宋史》这部书中，选择了部分有一定代表性的人物的传记，加以翻译，介绍给读者。

那么，《宋史》是怎样的一部书呢？

《宋史》是元代官修的一部纪传体史书，全书共有四百九十六卷，包括本纪四十卷，志一百六十二卷，表三十二卷，列传二百五十五卷，总计约八百万字。在封建社会所谓"正史"的"二十四史"中，《宋史》是篇幅最大的一部书。《宋史》记载了宋太祖赵匡胤（yìn 印）建隆元年（960）到宋帝昺（bǐng 丙）祥兴二年（1279）间的历史，是一部比较系统、比较全面地记录两宋政治、经济、军事、文化、科技以及社会风俗的历史文献。它的作者，署名是"脱脱（清朝时改译作：托克托）等撰"，实际上，脱脱仅仅是由于官居宰相而担任了编修《宋史》的都总裁，全书的编修工作，是由汉、蒙古、回鹘（hú 胡）、西夏等族数十名学者集体完成的。其中汉族史学家欧阳玄起了主要作用，是实际的总负责人。

《宋史》的编纂工作，从元顺帝至正三年（1343）二月开始，到至正五年（1345）十月成书，总共只用了两年半时间。和封建社会的其他历史书籍一样，《宋史》也是为封建统治阶级树碑立传的，所以，在

《宋史》中也存在着大量封建糟粕。此外，由于成书时间短促，编纂者工作匆忙草率，使这部史书存在着重大缺陷：内容繁芜杂乱，论述是非失当处不少，在史料剪裁、史实考订、编纂体例等方面也都存在大量问题；全书内容极不平衡，详于北宋而略于南宋；褒贬人物基本以理学家（即道学家）的看法为标准；立传人物的选择上有重大遗漏，如著名史学家李垕（同埴，zhí 植）、马端临（《元史》也无传），著名文学家姜夔（kuí 葵）、刘克庄，著名女词人李清照、朱淑真，著名艺术家李成、僧巨然，著名爱国将领王坚、彭义斌等人，撰写《木经》的喻皓、发明活字印刷的毕昇、水利专家高超、精于天文历算的卫朴等人，都没有一席之地。

正因为存在着上述重大缺陷，所以自明代以来，就不断有人指责和批评《宋史》，还陆续有人重修《宋史》。明代重修而成书的有：王洙的《宋史质》一百卷，柯维骐的《宋史新编》二百卷，王维俭的《宋史记》二百五十卷，钱士升的《南宋书》六十卷等。清代的著名史学家顾炎武、朱彝尊、全祖望、杭世骏、邵晋涵、章学诚等人也计划重修《宋史》，但都未能实现；只有陈黄中编写成《宋史稿》二百十九卷。

此外，朝鲜李朝的李算也编写了一部《宋史筌》，有一百四十八卷。

众多的指责，众多重修的《宋史》，使不少人难免要对《宋史》本身的价值发生怀疑。例如清代史学家章学诚，便直斥《宋史》在历代史书中“最为荒烂”。其实我们认为，一部历史文献的价值，首先取决于它所保存的历史记载的真实程度。而从这一点上讲，《宋史》有其特有的价值。

宋代史学发达，重视本朝历史的编写，各朝大多编纂了国史、实录、日历、起居注乃至宝训、会要等书；民间的私人著述数量也很大，包括编年史、纪传体、野史、杂史、笔记、小说、文集等等，体裁繁富。元灭南宋后，大量宋代文献，尤其是官方文献，被元人运送到首都大都，保存在国史院中；元朝前期又曾一再搜集宋代史料，进一步充实了国史院。元人修《宋史》时，为了快速成书，便主要以宋代的《国史》为底本，辅以《实录》等宋代史料，稍加删削、剪裁，有时则照录原文。这样做的结果，当然不免受到后人的批评。然而，正因为元朝史官们匆忙成书，未多改动，宋代《国史》的概貌才赖以保存，许多极为宝贵的史料才没有被自以为是的史官们删去，从而也就使《宋史》具有较高的史料价值。因此，我们在介绍宋代人物时，考虑从《宋史》中予以选择。

由于《宋史》卷帙浩繁，而本书的篇幅有限，不可能进行全面的翻译介绍，因此，我们只在《宋史》的列传部分选取了十九个比较有代表性的人物的传记，基本按人物的卒年先后排列，对原传略加删节后，加以注释、翻译，介绍给读者。《宋史》的列传，是集中介绍宋代人物的，除了以传主命名的普通列传以外，还有十八种特殊列传，这就是：循吏、道学、儒林、文苑、忠义、孝义、隐逸、列女、方技、宦者、佞幸、奸臣、叛臣、世家、周三臣、外国、蛮夷、外戚。我们选择的人物，除朱熹选自《道学传》外，其余十八人都选自普通列传。

为了保存《宋史》原貌，在本书的翻译注释中，有下列问题需要加以说明，请读者在阅读时注意：

一、对《宋史》各传中出现的污蔑农民起义、侮辱少数民族、歧视劳动人民和妇女等方面的文句，一般依照原文翻译。

二、对原书的褒贬，不加辨正，翻译时一律依照原文，失实处一般也不加改正。

三、对原书中时间、地点、职官、人物上的错讹，翻译时一般不进行订正,均以原文为准。个别极为明显的脱字、错字,则加以注释,作特殊处理。

四、对原文的注释,以简明、扼要、说明问题为原则。所注释者,主要是地名(以注治所为主)、年号、职官、名物制度以及与传主有关的重要人物等。凡重出者,一般不再加注。汉字加注汉语拼音并标明同音汉字,个别无法标出同音字的除外。

五、译文用语体文,力求深入浅出,以期做到科学性与通俗性相结合。为求译文流畅通达,略加增删。

六、对所选各传,我们都做了或多或少的删节,以保存传主本人的生平事迹为要旨,也有选择地保留了部分重要的奏议。

七、为方便读者阅读,我们在每篇原文前面都写了一段简短的说明文字,反映了我们的观点及认识。

我们欢迎读者对我们的选译工作给予批评指正。

淮　沛　汤　默

赵 普 传

公元八世纪的“安史之乱”，使中国陷入了二百多年的分裂与混乱，直到公元960年北宋王朝建立，才逐步消灭了南北地区的割据政权，实现了中原地区的基本统一。在这段历史过程中建立了重要功勋的，除了宋太祖、宋太宗，还有作为宋初两朝重要辅臣的赵普(922—992)。

赵普是一位精明老练的政治家，他的所作所为，对于北宋的统一与宋初中央集权的巩固和加强，起了重要的作用。是他，参预策划了“黄袍加身”的陈桥兵变；是他，导演了“杯酒释兵权”的政治喜剧；是他，提出了加强中央集权的三项纲领——“削夺其权，制其钱财，收其精兵”；是他，策定了“先南后北”的统一方针。宋初任何一项重大政治决策，几乎无不与赵普有关。后世流传的赵普“半部论语治天下”的故事，可以真实地折射出他对宋代政治所产生的重要影响。

但是，赵普也有很大的缺点：他为人刻薄，排斥异己，贪财受贿等等，很不利于当时的政治措施。我们研究宋初历史时，这也是应该注意的。

赵普，字则平，幽州蓟(jì 计)人①。后唐幽帅赵德钧连年用兵②，民力疲弊，普父回举族徙常山③，又徙河南洛阳。普沉厚寡言，镇阳豪族魏氏以女妻之④。

---

① 幽州：唐朝时管辖今北京市区及通州、房山、大兴、武清、永清、安次等地，治所在蓟县。蓟县：今北京市区。② 赵德钧：后唐时任幽州节度使。③ 回：《东都事略》卷二六、《隆平集》卷四、《名贤氏族言行类稿》卷三八的三个《赵普传》，以及《建炎以来系年要录》乙集卷一二《赵韩王六世小谱》，均作“迥”，疑此处误。常山：今河北正定。④ 镇阳：即镇州，亦即常山。

周显德初[1]，永兴军节度刘词辟(bì 币)为从事[2]。词卒，遗表荐普于朝。世宗用兵淮上[3]，太祖拔滁州[4]，宰相范质奏普为军事判官[5]。宣祖卧疾滁州[6]，普朝夕奉药饵，宣祖由是待以宗分。太祖尝与语，奇之。时获盗百余，当弃市，普疑有无辜者，启太祖讯鞫(jū 居)之，获全活者众。淮南平，调补渭州军事判官[7]。太祖领同州节度[8]，辟为推官[9]；移镇宋州[10]，表为掌书记[11]。

太祖北征至陈桥[12]，被酒卧帐中，众军推戴，普与太宗排闼(tà 踏)入告[13]。太祖欠伸徐起，而众军擐(huàn 换)甲露刃，諠拥麾(huī 灰)下。及受禅[14]，以佐命功，授

---

① 显德：周世宗的年号。 ② 永兴军：节镇名，治今陕西西安。节度：官名，管几州的军、民、财。 ③ 淮上：指今皖北、苏北，当时为南唐控制。 ④ 太祖：指赵匡胤。滁州：今安徽滁州。 ⑤ 军事判官：州的中级官名。 ⑥ 宣祖：赵匡胤父亲弘殷。 ⑦ 渭州：今甘肃平凉。 ⑧ 同州：今陕西大荔。 ⑨ 推官：节度使府中参谋性质的幕僚。 ⑩ 宋州：今河南商丘。 ⑪ 掌书记：节度使幕僚，掌管节度使府中的秘书工作。 ⑫ 陈桥：即陈桥驿，当时是开封到河北大名的第一个驿站，在今河南开封东北陈桥镇。 ⑬ 太宗：指赵光义，赵匡胤的弟弟。 ⑭ 受禅：指赵匡胤当上皇帝。表面上，是周恭帝自动让位给赵匡胤的，叫禅让。赵匡胤接受，故称受禅。

右谏议大夫①，充枢密直学士②。

乾德二年③，范质等三相同日罢，以普为门下侍郎、平章事④、集贤殿大学士。中书无宰相署敕（chì斥）⑤，普以为言，上曰⑥："卿但进敕，朕为卿署之可乎？"普曰："此有司职尔，非帝王事也。"令翰林学士讲求故实⑦，窦仪曰："今皇弟尹开封⑧，同平章事，即宰相任也。"令署以赐普。既拜相，上视如左右手，事无大小，悉咨（zī资）决焉。是日，普兼修国史⑨，命薛居正、吕余庆参知政事以副之⑩，不宣制⑪，班在宰相后，不知印，不预奏事，不押班，但奉行制书而已。

太祖数（shuò朔）微行过功臣家，普每退朝，不敢便衣冠。一日，大雪向夜，普意帝不出。久之，闻叩门声，普亟（jí急）出，帝立风雪中，普惶惧迎拜。帝曰："已约

---

① 右谏议大夫：官名，当时属中书省，为寄禄官，是加给赵普的官衔。 ② 枢密直学士：官名，属枢密院，掌管具体事务，后来在宋代变成了虚职。 ③ 乾德：宋太祖年号。 ④ 平章事：又称"同平章事"，均为"同中书门下平章事"的简称，是宰相的名称，其余是加给的官衔。 ⑤ 中书：宰相办事机构和办事处的名称，此处指前者。敕：皇帝的诏书。 ⑥ 上：即皇上，此处指赵匡胤。 ⑦ 翰林学士：官名，起草皇帝的机密诏令。⑧ 开封：北宋首都，今河南开封。 ⑨ 兼修国史：宰相加官。⑩ 参知政事：副宰相之名。 ⑪ 制：即制书，此处指皇帝任命宰相的文书。

晋王矣。”①已而太宗至，设重裀（yīn 因）地坐堂中，炽（chì 赤）炭烧肉。普妻行酒，帝以嫂呼之。因与普计下太原②。普曰：“太原当西北二面，太原既下，则我独当之，不如姑俟（sì 四）削平诸国，则弹丸黑子之地，将安逃乎？”帝笑曰：“吾意正如此，特试卿尔。”

五年，遂劝帝遣使分诣（yì 意）诸道③，征丁壮籍名送京师，以备守卫；诸州置通判④，使主钱谷。由是兵甲精锐，府库充实。

开宝六年⑤，帝又幸其第⑥。时钱王俶（chù 处）遣使致书于普⑦，及海物十瓶，置于庑（wǔ 武）下。会车驾至，仓卒不及屏（bǐng 饼），帝顾问何物，普以实对。上曰：“海物必佳。”即命启之，皆瓜子金也。普惶恐，顿首谢曰：“臣未发书，实不知。”帝叹曰：“受之无妨，彼谓国家事皆由汝书生尔！”

普为政颇专，廷臣多忌之。时官禁私贩秦、陇（lǒng 拢）大木⑧，普尝遣亲吏诣市屋材，联巨筏至京师治第；吏因之窃货大木，冒称普市货鬻（yù 玉）都下。权三司

---

① 晋王：指太宗赵光义。 ② 太原：北汉首府，代指北汉。 ③ 道：此处系泛指州、军。 ④ 通判：宋设立的州一级的副职官。 ⑤ 开宝：宋太祖年号。 ⑥ 幸：指皇帝到臣下家中。 ⑦ 钱王俶：即吴越国王钱俶。当时，吴越政权还存在。 ⑧ 秦：即秦州，今甘肃天水。陇：即陇州，今甘肃陇县。

使赵玭(pín 贫)廉得之以闻①。太祖大怒,促令追班②,将下制逐普,赖王溥(pǔ 普)奏解之。

故事,宰相、枢密使每候对长春殿③,同止庐中;上闻普子承宗娶枢密使李崇矩女,即令分异之。普又以隙地私易尚食蔬圃以广其居④,又营邸(dǐ 底)店规利。卢多逊为翰林学士,因召对屡攻其短。会雷有邻击登闻鼓⑤,讼堂后官胡赞⑥、李可度受赇(qiú 求)骩(wěi 伟)法及刘伟伪作摄牒(dié 迭)得官,王洞尝纳赂可度,赵孚授西川官称疾不上⑦,皆普庇之。太祖怒,下御史府按问⑧,悉抵罪,以有邻为秘书省正字⑨。普恩益替。始诏参知政事与普更知印、押班、奏事,以分其权。未几,出为河阳三城节度、检校太傅、同平章事⑩。

---

① 三司:官署名,掌管财政,长官是三司使。权:暂时代理。 ② 追班:即补排朝班,增加一次朝廷官员的议事。 ③ 枢密使:掌管军事的机构枢密院的长官。长春殿:宫殿名。 ④ 尚食:官署名,掌管皇帝膳食。 ⑤ 登闻鼓:登闻鼓院的鼓。登闻鼓院:官署名,主管接收文武官员和士民的章奏表疏。 ⑥ 堂后官:官名,中书办事官员。 ⑦ 西川:剑南西川的简称,即今四川西部。 ⑧ 御史府:官署名,监察机构。 ⑨ 秘书省:官署名,掌古今经籍图书、国史、实录、天文历数等事。正字:秘书省属官。 ⑩ 河阳三城:节镇名,治所在今河南孟州。检校太傅:外加的荣誉官衔。同平章事:此处是兼职,不管事。

太平兴国初入朝①，颇为卢多逊所毁，奉朝请数年②，郁郁不得志。会柴禹锡、赵熔（róng 绒）等告秦王廷美骄恣（zì 自）③，将有阴谋窃发。帝召问，普言愿备枢轴以察奸变，退又上书，自陈预闻太祖、昭宪皇太后顾托之事④，辞甚切至。太宗感悟，召见慰谕。俄拜司徒兼侍中⑤，封梁国公⑥。先是，秦王廷美班在宰相上，至是，以普勋旧，再登元辅，表乞居其下，从之。及涪（fú 夫）陵事败⑦，多逊南迁⑧，皆普之力也。

八年，出为武胜军节度、检校太尉兼侍中⑨。帝作诗以饯之，普奉而泣曰："陛下赐臣诗，当刻石，与臣朽骨同葬泉下。"帝为之动容。翌日，谓宰相曰："普有功国家，朕昔与游，今齿发衰矣，不容烦以枢务，择善地处之。因

① 太平兴国：宋太宗年号。 ② 奉朝请：指没有职掌而依旧逢一、五朝见皇帝。 ③ 廷美：太宗弟弟。 ④ 昭宪皇太后：太祖、太宗之母杜太后。顾托：暗指杜太后临终要太祖传位弟弟之事，宋代称为"金匮之盟"。 ⑤ 司徒：外加的官衔。侍中：宋初是宰相职称。 ⑥ 梁国公：爵位，后同。 ⑦ 涪陵：即秦王廷美，后来被贬为涪陵县公，故称。事败：指廷美被诬陷要发动政变之事。 ⑧ 多逊南迁：廷美被贬时，卢多逊因为和廷美交往密切，也被指为参预了廷美的阴谋，所以被流放到崖州。廷美遭贬，多逊南迁，都是赵普任宰相后的事。 ⑨ 武胜军：节镇名，治所在今河南邓州。侍中：此处是兼职，不管事。

诗什以导意。普感激泣下，朕亦为之堕泪。”宋琪对曰[1]：“昨日普至中书，执御诗涕泣，谓臣曰：‘此生余年，无阶上答，庶希来世得效犬马力。’臣昨闻普言，今复闻宣谕，君臣始终之分，可谓两全。”

雍熙三年春[2]，大军出讨幽蓟[3]，久未班师，普手疏谏(jiàn 见)曰：

伏睹今春出师，将以收复关外[4]，屡闻克捷，深快舆情。然晦朔屡更[5]，荐臻炎夏[6]，飞輓日繁[7]，战斗未息，劳师费财，诚无益也。

伏念陛下自翦(jiǎn 剪)平太原，怀徕(lái 来)闽[8]、浙[9]，混一诸夏[10]，大振英声，十年之间，遂臻广济。远人不服，自古圣王置之度外，何足介意。窃虑邪谄(chǎn 产)之辈，蒙蔽睿(ruì 锐)聪[11]，致兴无名之师，深蹈不测之地。臣载披典籍，颇识(zhì 志)前言，窃见汉武时主父

---

① 宋琪：当时任宰相。 ② 雍熙：宋太宗年号。 ③ 幽蓟：指被契丹占领的幽州、蓟州等十六州，在今河北北部(包括北京、天津)和山西北部一带。 ④ 关外：指瓦桥关、益津关以外的幽蓟十六州地区。 ⑤ 晦：阴历月终。朔：阴历初一。晦朔：指一个月。 ⑥ 荐臻：重至，接连而来。 ⑦ 飞輓：急速运送。 ⑧ 怀徕：招来。闽：指割据漳泉一带的陈洪进政权。 ⑨ 浙：指吴越国。 ⑩ 诸夏：我国古称华夏，今称中华，诸夏泛指中国。 ⑪ 睿：旧时颂扬皇帝圣明之语。聪：听觉灵敏。

偃（yǎn 眼）[①]、徐乐、严安所上书及唐姚元崇献明皇十事[②]，忠言至论，可举而行。伏望万机之暇，一赐观览，其失未远，虽悔可追。

臣窃念大发骁（xiāo 消）雄，动摇百万之众，所得者少，所丧者多。又闻战者危事，难保其必胜；兵者凶器，深戒于不虞。所系甚大，不可不思。臣又闻上古圣人，心无固必，事不凝滞，理贵变通。前书有“兵久生变”之言，深为可虑，苟或更图稽缓，转失机宜。旬朔之间，时涉秋序，边庭早凉，弓劲马肥，我军久困，切虑此际，或误指踪。臣方冒宠以守藩，曷（hé 合）敢兴言而沮众。盖臣已日薄西山，余光无几，酬恩报国，正在斯时。伏望速诏班师，无容玩敌。

四年，会诏下亲耕籍田[③]，普表求入觐（jìn 尽），辞甚恳切。上恻然谓宰相曰：“普开国元臣，朕所尊礼，宜从其请。”既至，慰抚数四，普呜咽流涕。

陈王元僖（xī 西）上言曰[④]：

---

① 汉武：汉武帝，公元前 140 年至公元前 87 年在位。主父偃：汉武帝时重要谋臣，官至中大夫。 ② 姚元崇：即姚崇，唐中期的著名宰相，与宋璟齐名，并称“姚宋”。明皇：唐玄宗。 ③ 籍田：春耕前由皇帝象征性耕田的仪式。 ④ 元禧：太宗的第二个儿子，当时任开封尹。

伏见山南东道节度使赵普①，开国元老②，参谋缔构，厚重有识，不妄希求恩顾以全禄位，不私徇人情以邀名望，此真圣朝之良臣也。窃闻憸（xiān 仙）巧之辈，朋党比周，众口嗷嗷，恶直丑正，恨不斥逐遐徼（xiá jiào 霞叫），以快其心。何者？盖虑陛下之再用普也。然公谠（dǎng 党）之人，咸愿陛下复委以政，启沃君心，羽翼圣化。

籍田礼毕，太宗欲相吕蒙正，以其新进，藉（jiè 借）普旧德为之表率，册拜太保兼侍中③。帝谓之曰："卿国之勋旧，朕所毗倚，古人耻其君不及尧、舜，卿其念哉。"普顿首谢。

时枢密副使赵昌言与胡旦④、陈象舆、董俨（yǎn 眼）、梁颢（hào 号）厚善。会旦令翟马周上封事⑤，排毁时政，普深嫉之，奏流马周，黜（chù 处）昌言等。郑州团练使侯莫陈利用骄肆僭侈（jiàn chí 见驰）⑥，大为不法，普廉得之，尽以条奏，利用坐流商州⑦，普固请诛之。其嫉恶强直皆此类。

---

① 山南东道：节镇名，治所在今湖北襄阳。 ② 开国：指宋朝建立。 ③ 太保：官名，三公之一，多为大官加衔，并非实职。 ④ 枢密副使：枢密院副长官。 ⑤ 封事：用袋装密封的上书奏事。 ⑥ 侯莫陈：是姓。利用：是名字。 ⑦ 商州：今陕西商洛。

旧制，宰相以未时归第①，是岁大热，特许普夏中至午时归私第②。明年，免朝谒（yè 叶），止日赴中书视事，有大政则召对。冬，被疾请告，车驾屡幸其第省之，赐予加等。普遂称疾笃，三上表求致仕，上勉从之。以普为西京留守③、河南尹，依前守太保兼中书令④。普三表恳让，赐手诏曰："开国旧勋，惟卿一人，不同他等，无至固让，俟首涂有日，当就第与卿为别。"普捧诏涕泣，因力疾请对，赐坐移晷（guǐ 鬼），颇言及国家事，上嘉纳之。普将发，车驾幸其第。

淳化三年春⑤，以老衰久病，令留守通判刘昌言奉表求致政，中使驰传抚问⑥，凡三上表乞骸（hái 孩）骨。拜太师⑦，封魏国公，给宰相奉料，令养疾，俟损日赴阙，仍遣其弟宗正少卿安易赍（jī 基）诏书赐之⑧，又特遣使赐普诏曰："卿顷属微疴（kē 科，旧读 ē 阿），恳求致政，朕以居守之重，虑烦耆（qí 其）耋（dié 迭）⑨，维师之命，用表

---

① 未时：十二时辰之一，十三时至十五时。 ② 午时：十二时辰之一，十一时至十三时。 ③ 西京：即河南府，今河南洛阳。留守：官名，首都或陪都、行都设，以地方长官兼。 ④ 中书令：原为中书省长官，宋代是虚职。 ⑤ 淳化：宋太宗年号。 ⑥ 中使：皇帝派出的使者，指宦官。 ⑦ 太师：官名，三公之一，大官加衔。 ⑧ 宗正少卿：官名，管皇族事务的宗正寺副长官。 ⑨ 耆耋：此处泛指老人。

尊贤。伫（zhù 住）闻有瘳（chōu 抽），与朕相见[1]。今赐羊酒如别录，卿宜爱精神，近医药，强饮食，以副朕眷遇之意。”七月卒，年七十一。

上闻之震悼，谓近臣曰：“普事先帝[2]，与朕故旧，能断大事。向与朕尝有不足，众所知也。朕君临以来，每优礼之，普亦倾竭自效，尽忠国家，真社稷臣也，朕甚惜之。”因出涕，左右感动。

普少习吏事，寡学术，及为相，太祖常劝以读书，晚年手不释卷，每归私第，阖（hé 合）户启箧（qiè 切）取书，读之竟日，及次日临政，处决如流。既薨（hōng 轰），家人发箧视之，则《论语》二十篇也[3]。

普性深沉有岸谷，虽多忌克，而能以天下事为己任。宋初，在相位者多龌（wò 握）龊（chuò 绰）循默，普刚毅果断，未有其比。尝奏荐某人为某官，太祖不用。普明日复奏其人，亦不用。明日，普又以其人奏，太祖怒，碎裂奏牍（dú 读）掷地，普颜色不变，跪而拾之以归。他日补缀（zhuì 坠）旧纸，复奏如初。太祖乃悟，卒用其人。又有群臣当迁官，太祖素恶其人，不与。普坚以为请，太

---

① 朕：皇帝自称。② 先帝：死去的皇帝，此处指太祖。③ 论语：书名，记载孔子和他的一些弟子的言行，是儒家经典之一。

祖怒曰："朕固不为迁官，卿若之何？"普曰："刑以惩恶，赏以酬功，古今通道也。且刑赏天下之刑赏，非陛下之刑赏，岂得以喜怒专之？"太祖怒甚，起，普亦随之。太祖入宫，普立于宫门，久之不去，竟得俞允。

太宗入弭（mǐ 米）德超之谗①，疑曹彬不轨②，属普再相，为彬辨雪保证，事状明白。太宗叹曰："朕听断不明，几误国事。"即日窜逐德超，遇彬如旧。

祖吉守郡为奸利，事觉下狱，案劾（hé 核），爰（yuán 元）书未具。郊礼将近③，太宗疾其贪墨，遣中使谕旨执政曰："郊赦可特勿贷祖吉④。"普奏曰："败官抵罪，宜正刑辟。然国家卜郊肆类，对越天地，告于神明，奈何以吉而隳（huī 灰）陛下赦令哉？"太宗善其言，乃止。

真宗咸平初⑤，追封韩王。

（《宋史》卷二五六）

【翻译】

赵普，字则平，幽州蓟县人。后唐时期，因为幽州节

---

① 弭德超：当时任镇州驻泊都监、酒坊使。 ② 曹彬：当时任枢密使。 ③ 郊礼：即郊祀，古代祭祀，在郊外祭祀天地。 ④ 郊赦：郊祀时，一般都要发布赦令，赦免罪犯。 ⑤ 咸平：宋真宗年号。

度使赵德钧连年用兵，人民生计困苦，因此，赵普的父亲赵回率领全族迁到了常山，后来又迁居到河南洛阳。赵普性格深沉厚重，不爱说话，镇阳有一个姓魏的豪强大族之家，把女儿嫁给了他。

后周显德初年(954)，永兴军节度使刘词征召赵普为从事。刘词临死时，又留下表章，向朝廷推荐赵普。后来当周世宗进兵攻打南唐的淮南地区，太祖攻下滁州后，宰相范质又上奏，推荐赵普担任滁州军事判官。宣祖在滁州生病，卧床不起，赵普每天早晚都为他送上药物，精心服侍。宣祖从此以同族的情分对待赵普。太祖曾经和赵普交谈，对他的见解感到惊奇赞叹。当时地方官捉到一百多个强盗，按照规定，应该在闹市处死并暴尸街头，赵普怀疑其中有无辜的人，报告太祖后又进行了一次复审，保全了许多无罪者的生命。淮南平定后，赵普调到滑州担任军事判官。太祖担任同州节度使时，征召他为推官；太祖改任宋州节度使后，向朝廷上书，任命赵普为掌书记。

显德七年(960)，太祖率军北征契丹。部队到达陈桥驿后，太祖喝醉了酒睡在营帐中。军士们要拥戴太祖当皇帝，赵普与太宗便推门直入帐中，将此事告知太祖。当太祖打着呵欠慢慢起来时，军士们都穿着盔甲，高举兵器，大声欢呼着将他簇拥到统帅旗下。待到太祖登上帝位后，赵普因为辅佐太祖建立新王朝有功，被授予右谏议大夫的官职，充任枢密直学士。

乾德二年(964)，范质等三位宰相在同一天被罢免，赵普被任命为门下侍郎、平章事、集贤殿大学士。当时，中书没有宰相来副署皇帝的敕命，赵普将此事报告太祖，太祖说："你只管把敕命交上来，我为你签署可以吗？"赵普说："这是有关部门的事，不是皇帝的事。"太祖命令翰林学士寻找以前的事例，窦仪说："现在皇弟任开封尹、同平章事，正是宰相的职任。"于是让太宗副署敕命后交给赵普。赵普当宰相后，太祖把他看作左右手，事情不论大小，都要向他询问，然后决定。当天，任命赵普兼任监修国史的职务。又任命薛居正、吕余庆为参知政事，做他的副手。委派参知政事，不发布制书。参知政事上朝排班在宰相的后面，不掌管中书的印章，不参预宰相汇报工作的活动，上朝聚会时也不领班，只是按皇帝的指示办事而已。

由于太祖屡次身着便服出宫到功臣家，因此赵普每次退朝后，都不敢换穿便服，以备太祖来访。有一天，大雪一直下到半夜，赵普以为太祖不会出来了。过了很久，听到敲门的声音，赵普急忙出门探看，见太祖站在风雪之中。赵普又慌又怕，赶紧跪下迎接。太祖说："我已经约了晋王到你家来。"不一会儿，太宗也到了，于是在大堂中间的地上铺了几层床垫，三人坐在上面，烧起了很旺的炭火来烤肉吃。赵普的妻子给他们依次斟酒，太祖称她为“嫂子”。于是，太祖和赵普商量攻打太原的事。赵普说：“太原抵挡着西北两面敌人的进攻，如果攻下了它，就得由我们单独来防卫外敌了。不如留待消灭了其他国家后再说。那时，像太原这样一块弹丸黑子似的小地方还逃脱得了覆灭的命运吗？”太祖笑着说：“我的意思正是这样，刚才不过是试试你罢了。”

乾德五年(967)，赵普劝太祖派使者分别到各地招募壮丁，造好花名册送到京城，用来补充京城的守卫；在各州设置通判，让他们掌管州上的财政。从此，宋朝开始有了精锐的军队和兵器，国家仓库的储藏也充实起来。

开宝六年(973)，太祖又来到赵普家中。当时，吴越王钱俶派遣使者送信给赵普，还送来海鲜产品十瓶，放在走廊里。正好太祖一行来到，仓猝之间，赵普来不及叫人把东西藏起来。太祖看到后，询问是什么东西，赵普如实报告了情况。太祖说：“海鲜产品肯定是很好的东西啰。”就叫人把它打开，一看，全部是瓜子形状的金块。赵普又慌又怕，一边磕头一边请罪说：“我没有看信，实在是不知道。”太祖叹息说：“收下吧，没有什么妨害，他以为国家大事都是由你这个书生决定的呢！”

赵普处理政务很是专横，朝廷的多数大臣都忌恨他。当时，政府禁止私自贩卖秦州、陇州一带的大木料。赵普曾经派遣亲信小吏去那儿购买修房的木材，扎成巨大木筏运到京城，修建自己的府第。小吏乘机私自偷运大木料，冒充赵普购买的货物，在京城贩卖。权三司使赵玭查访得知这些情况，报告太祖。太祖大为恼怒，马上下令补排朝班，准备下制书驱逐赵普出朝廷。幸亏王溥上奏章解救了他。

按照惯例，宰相、枢密使在长春殿等候皇帝召见问话的时候，是在同一间房子里休息的。太祖听说赵普的儿子承宗娶了枢密使李崇矩的女儿，马上下令，让他们分开，到两处去等候召见。赵普用空地私自调换尚食的菜园，用来扩展自己的私宅，又经营旅店谋取财利。卢多逊当翰林学士，趁太祖召对的时候，多次揭发赵普的不法行为。恰巧雷有邻到登闻鼓院击鼓，控诉堂后官胡赞和李可度受贿枉法及刘伟伪造代理官职的公文而得到官职、王洞曾经向李可度行贿、赵孚被授予西川的官职但自称有病而不去上任等等，这些事情都是赵普包庇的。太祖大发脾气，命交御史府审问，对胡赞等人全都按照所犯罪行加以惩处，并任命雷有邻为秘书省正字。自此以后，太祖对待赵普越来越淡漠，并正式下诏授权参知政事与赵普轮流掌管中书的印章，上朝聚会时可以排在队伍的前头,并有权和宰相一块儿奏报事情,以此来分割赵普的权力。不久,太祖便免去了赵普的宰相职务,派他出朝担任河阳三城节度使、检校太傅、同平章事。

太平兴国初年,赵普回到朝廷,常常受到卢多逊的谗言毁谤,奉朝请好几年,闷闷不乐,很不得意。柴禹锡、赵镕等人告发秦王廷美骄纵放肆,将有阴谋不轨之事发作。太宗召见赵普征求意见,赵普说愿意在中央担任机要职务,以便监视防范奸徒的变乱;退朝后,又向太宗上书,说自己曾经参预太祖、昭宪皇太后嘱托的事,言辞非常恳切。太宗看后很感动,特地召见他,给予安慰。不久又任命他为司徒兼侍中,封梁国公。在此以前,朝见皇帝时,秦王廷美排列班次在宰相的前面。到这时,因为赵普是元勋老臣,又第二次当了宰相,因此廷美上表,请求排班在赵普的后面,太宗应允了他的请求。及至涪陵县公廷美的事情败露,卢多逊被流放南方,都是赵普用的力。

太平兴国八年(983),赵普离朝,担任武胜军节度使、检校太尉兼侍中。太宗在宴席上写诗为他饯行,赵普捧着诗篇,流着泪说:“陛下赐给我的诗,我要刻在石头上,让它和我的朽骨一同葬入地下。”太宗听后甚为感动。第二天,太宗对宰相说:“赵普对国家有功,我早年就同他相识交游，现在他已经高年，牙齿、头发都脱落了，不能够再用中央的政务来烦劳他，所以挑选了一个好地方安置他，并且写了诗篇表达我的意思。赵普因为感激而落泪，我也为他的话掉泪了。”宋琪回答说：“昨天赵普到中书来，捧着皇上的诗篇流泪，对我说：‘我在这一生剩下的岁月里，已经无法报答皇上的恩情了，只望下一辈子能够效犬马之力。’我昨天听到赵普的话，今天又听到皇上的话，可见君臣之间各尽本分，做到善始善终，真可说是两全其美了。”

雍熙三年(986)春天，太宗派大军出征，讨伐幽、蓟一带地方，出兵很久了，还未班师回朝。赵普为此上奏疏进谏说：

今春王师出征，去收复关外失地。自出师以来，捷报频传，人心大快。然而出兵至今，已逾数月，入夏以来，又遇上酷暑，连日不消，而军运一天比一天繁忙，战斗还没有停息，这样既使军队疲乏，又耗费财力，实在没有好处。

陛下自从平定太原，招抚闽、浙，统一中华以来，大大提高了声望，在十年时间内，就使广大的地区都沐浴到了皇上的恩泽。边远地区的人不愿降服，自古以来的圣明君王都置之度外，陛下又何必放在心上呢？我很担心有奸邪谄媚的人蒙蔽陛下的聪明智慧，以致使陛下发动没有正当名义和充分理由的战争，而深深陷入那吉凶不测的地方，我广阅经典史籍，记得前人的不少言论。我曾见汉武帝时期的大臣主父偃、徐乐、严安等人所上的奏书，以及唐朝的宰相姚元崇呈给唐明皇的奏疏中谈到的十件事，那都是忠心的话语、正确的言论，可以按他们说的去做。希望陛下在处理完日常纷繁政务之后的空闲时间里，能够看一下这些奏书。错路还走得不远，只要悔悟，还来得及改正。

我认为，大规模出动精锐的军队，使上百万的民众不得安宁，是一件得不偿失的事情。我又听说，战争是危险的事情，很难有必胜的把握；兵器是不祥之物，千万要高度警惕绝不要发生什么意外。这件事关系重大，不能不深思熟虑。我又听说，古时的圣人都不固执己见，做事也不会一成不变，道理可贵就在于能够变通。以前的书中有"兵久生变"的话，很令人忧虑，不如及早撤军，免生不测之事。如果还想继续拖延下去，反会失掉最适宜的时机。再有十几天就到秋天了，边疆冷得早，敌人兵强马壮，而我军久已疲困，我很担心到那个时候，路途踪迹难寻，人马迷失方向。我刚刚蒙受皇恩，出守藩镇，哪敢任意说使众人丧气的话呢？只因我已是垂暮之年，剩下的日子也不多了，感谢皇恩报答国家，现在正是时候。希望陛下尽快下诏回军，绝不能轻敌。

雍熙四年(987),正逢太宗下诏,亲自参加籍田仪式,赵普上表章,请求入朝进见皇上,辞语十分恳切。太宗看到表章以后,不禁伤感起来,对宰相说:"赵普是开国元老,也是我所尊重的人,应该同意他的请求。"赵普到京城后,太宗再三安慰他,赵普极为感动,竟至呜咽流涕。

陈王元僖向太宗上表章说:

山南东道节度使赵普,是开国元老,参预了建国大计,为人忠厚持重有见识,不随意要求国家的恩典和照顾,以求保全自己的俸禄官位;不私自照顾人情来博取名望,这真是我们国家优秀的大臣啊!听说奸邪浮夸的人,结成党羽,排斥异己,乱叫乱喊,他们憎恶和丑化正直的人,恨不得把他们贬斥到边远的地方,才感到高兴。为什么呢?就是因为害怕陛下再起用赵普啊!但是无私正直的人,都希望陛下重新交给他政事,使他能以治国之道开导君主之心,辅佐圣明的教化。

籍田的仪式结束以后,太宗想任命吕蒙正为宰相,考虑他是新提拔上来的,有必要借助赵普的老臣德望为他做表率,就任命赵普为太保兼侍中。太宗对赵普说:"你是国家的元勋旧臣,也是我所依靠和看重的人,古人往往认为他们的君主比不上尧舜,是一件耻辱的事,请你也想到这一点吧。"赵普磕头表示感谢。

当时，枢密副使赵昌言与胡旦、陈象舆、董俨、梁颢等关系亲密。正好胡旦让翟马周向皇帝上封事，诋毁当时的朝政，赵普深恨他们，就乘此机会上书，流放了翟马周，贬黜了赵昌言等人。郑州团练使侯莫陈利用骄横放纵，非分的奢侈，做了许多违法的事情。赵普查访得知后，把他的罪行全部列条上奏，侯莫陈利用因此被流放到商州，后在赵普的坚决要求下，又被杀了头。赵普的刚强耿直、嫉恶如仇，都属于这一类。

按以前的制度规定，宰相到未时才能回府第去。这一年天气非常热，太宗特别允许赵普在最热的中夏季节，到午时就可以回家。第二年，又免去他上朝参见的礼仪，只是每天到中书去办公，有重大的政事时才召见他。这一年冬天，赵普因生病请假，太宗多次到他家中探望，并将赏赐他的东西增加一等。赵普便说自己病重，几次上表要求退休，太宗勉强同意了他的请求，任命赵普为西京留守、河南尹，仍然兼任太保兼中书令的官职。赵普又几次上表恳切辞让，太宗赐给他亲手书写的诏书说："开国的旧有功勋大臣，只剩下你一个人了，所以不能与其他人一样对待。你不要坚持辞让了，等你定了上路的日子，我还要去你家，和你话别呢。"赵普捧着诏书流下了眼泪，于是竭力支撑着病体，请求朝见太宗，太宗赐给他座位，让他坐下。赵普坐了好久，谈到很多国家的事情，太宗赞许他的意见并加以采纳。赵普将要出发的时候，太宗亲自到他家去送别。

淳化三年(992)春天，赵普因年老体衰，长期有病，便让留守通判刘昌言代他奉表进奏，请求辞去官职。太宗闻奏后，派遣中使驾着驿车急忙赶来安抚慰问。赵普前后共三次上表，请求允许他告老还乡。然而太宗不许，拜他为太师，封魏国公，给他宰相的俸禄，令他养病，等病好了再到朝廷相见；并派他的弟弟宗正少卿安易带着诏书去赐给他。太宗又特地派遣使者赐诏书给赵普说："你不久前身体偶有不适，便再三要求退休。看来我让你坐镇一方，肩负重责，想必会给你增添许多烦恼，今特拜你为太师，略表我对你的敬意，希望听到你病好的消息，能够与我相见。现在赐给你羊肉美酒，数目见所附清单。你要爱惜精神，勤用医药，勉力进点饮食，不要辜负了我的好意。"七月，赵普去世，享年七十一岁。

太宗听到赵普的死讯非常震惊，深表哀悼，并对近臣说："赵普曾经辅佐先帝，又与我是故旧，能够决断大事。他从前有对不起我的地方，这是大家都知道的。但我自当皇帝以来，总是优待尊重他，他也能够竭尽全力为我效劳，尽忠于国家，他真称得上是善于治理国家的良臣啊！对于他的死，我感到万分痛惜。"太宗说着流下了眼泪，左右的人也被感动了。

赵普从小就学习官吏办事的方法，但读书不多。到做了宰相后，太祖常常劝他读书，所以到晚年的时候，他总是手不释卷，常常一回到家就关上房门，打开箱子取出书，读上一整天。第二天处理起政务来，总是果断利落。及至他去世以后，家里的人打开箱子一看，原来是《论语》二十篇。

赵普性情非常深沉，虽然对人常常嫉妒刻薄，但是能够把治理好国家大事看成是自己的责任。宋朝初年，在宰相位子上的人大多数器量狭小，遇事缄默无言；独赵普刚毅果断，无人能比。他曾经上奏，举荐某人为某官，太祖不肯任用。第二天，他还是推荐那人，太祖仍然不肯。第三天，他又向太祖推荐那个人，太祖发怒，把奏章撕碎扔到地上。赵普脸不变色，跪下拾起奏章返回家去了。过了几天，他把撕碎的奏章补贴好，再次像以前那样上奏，太祖方才省悟，终于任用了那个人。又一次，有一个大臣应当升官，太祖素来讨厌他，不给他升。赵普坚决请求升，太祖发怒说："我就是不给他升官，看你怎么办?"赵普："刑罚是用来惩罚坏人的，赏赐是用来酬劳功绩的，这是古今一致的道理。况且，刑赏是天下的刑赏，不是陛下一个人的刑赏，怎么能因为您个人的喜怒而独断专行呢?"太祖气极了，起身离去，赵普就跟在他后面。太祖进入皇宫，赵普就站在宫门口等候，很长时间也不离去，终于得到太祖的允诺。

太宗听信了弭德超的谗言，怀疑曹彬不遵守法度，刚好这时赵普再次担任宰相，为曹彬分辨清楚并且予以担保，使事情的真相得以明白。太宗叹息说："我听断不明，几乎误了国家的事。"当天就逐放了弭德超，对待曹彬一如既往。

祖吉做地方长官时非法谋取财利，事情暴露后被关进监狱；案件审理完毕，但案卷还没有办好。正巧南郊祭天的礼仪将要举行，太宗恨他贪图财利，就派遣中使去告诉执政："郊礼大赦时，可以特地不宽免祖吉。"赵普进言说："败坏官事抵罪，应当明正典刑。国家选择郊祭的日子释放各种人，是通于天地，禀告于神明的，为什么要因为祖吉而破坏陛下的赦令呢？"太宗赞许他的话，于是不再坚持不宽免祖吉了。

咸平(998—1003)初年，宋真宗追封赵普为韩王。

杨 业 传

自唐末以来，原居我国东北地区的契丹族勃兴，他们在领袖耶律阿保机的领导下，建立了一个统一的国家，号称大辽，国力迅速壮大。在后晋石敬瑭时，夺走了原属后晋的河北、山西地区的幽云十六州之地，并经常派遣军队深入中原腹地进行骚扰。从后晋到宋真宗时期的澶渊之盟(1105)前，契丹的侵扰给中原人民带来了极大的灾难。杨业(？—986)就是在这一时期涌现出来的抗击契丹侵犯的著名将领，不论是在北汉还是在宋朝，他始终站在抗辽斗争的最前线，并留下了许多可歌可泣的动人事迹。在宋太宗雍熙三年北伐契丹的战斗中，由于同僚的妒忌和陷害，杨业被俘，绝食而死，表现了可贵的民族气节。后来，人们为了纪念这位可敬的抗辽英雄，将他及他子孙的事迹编成了一系列杨家将的故事，以戏曲、小说的形式在人民中广泛传播开来。

杨业①，并州太原人②。父信，为汉麟州刺史③。业幼倜傥（tì tǎng 涕躺）任侠，善骑射，好畋（tián 田）猎，所获倍于人。尝谓其徒曰："我他日为将用兵，亦犹用鹰犬逐雉兔尔。"弱冠事刘崇④，为保卫指挥使⑤，以骁勇闻。累迁至建雄军节度使⑥，屡立战功，所向克捷，国人号为"无敌"。

太宗征太原，素闻其名，尝购求之。既而孤垒甚危，

① 杨业：原名杨重贵，因在北汉皇帝刘崇手下做官，赐名为刘继业。北汉皇帝刘继元降宋后，宋太宗派人招他归宋，让他复姓杨，名业。但当时人们习惯称他为杨继业。 ② 并州：一般指今山西太原地区。当时的太原在今山西省太原市西南，但这里泛指山西。按五代至宋初，凡属北汉统治下的地区，习惯上都称作太原或河东。杨业实际是保德人，即今山西保德。 ③ 汉：指刘崇所建之北汉。麟州：今陕西神木北。刺史：北汉时州的最高长官。 ④ 刘崇：五代时建立北汉政权的第一个皇帝。 ⑤ 保卫指挥使：可能是北汉禁军的一种官职。 ⑥ 建雄军：节镇名，治所在今山西临汾。

业劝其主继元降①，以保生聚。继元既降，帝遣中使召见业②，大喜，以为右领军卫大将军③。师还，授郑州刺史④。帝以业老于边事，复迁代州⑤，兼三交驻泊兵马都部署⑥，帝密封橐（tuó 驼）装⑦，赐予甚厚。会契丹入雁门⑧，业领麾下数千骑自西陉而出⑨，由小陉至雁门北口，南向背击之，契丹大败。以功迁云州观察使⑩，仍判郑州、代州⑪。自是契丹望见业旌旗，即引去。主将戍边者多忌之，有潜上谤书斥言其短，帝览之皆不问，封其奏以付业。

雍熙三年⑫，大兵北征，以忠武军节度使潘美为云应

① 继元：即刘继元，是北汉最后一个皇帝。 ② 中使：帝王宫廷派出的使者，多由宦官充任。 ③ 右领军卫大将军：宋环卫官名，实为虚职。 ④ 郑州：在今河南郑州南。 ⑤ 代州：今山西代县。 ⑥ 三交：即三交口，在太原府阳曲县北。驻泊兵马：指中央派出的轮流出外戍守的军队。都部署：官名，北宋前期临时委任的地区军事长官。当时潘美为都部署，此处“都”字，疑为衍文。 ⑦ 橐装：橐，袋子。橐装，即袋中装，这里指所装珠玉之类的宝物。 ⑧ 契丹：一为族名，指原居我国辽河流域的契丹族。一为国名，指辽太祖耶律阿保机建国称契丹。雁门：指雁门关，在今山西雁门关西雁门山上。 ⑨ 西陉：即西陉砦，属代州雁门县。 ⑩ 云州：宋时属辽，今山西大同。观察使：宋官名，实为虚职。 ⑪ 判：以高官兼任低职。代州：治今山西代县。 ⑫ 雍熙：宋太宗年号。

路行营都部署①，命业副之。以西上阁门使、蔚州刺史王侁②，军器库使、顺州团练使刘文裕护其军③。诸军连拔云、应、寰（huán 还）、朔四州④，师次桑乾河⑤，会曹彬之师不利⑥，诸路班师，美等归代州。

未几，诏迁四州之民于内地，令美等以所部之兵护之。时，契丹国母萧氏⑦，与其大臣耶律汉宁、南北皮室及五押惕隐领众十余万⑧，复陷寰州。业谓美等曰："今辽兵益盛⑨，不可与战。朝廷止令取数州之民，但领兵出大石路⑩，先遣人密告云、朔州守将，俟大军离代州日，令

---

① 忠武军：节镇名，治所在今河南许昌。潘美：即戏曲小说中的潘仁美、潘洪，宋初开国有功之臣，杨业死后，潘美受降职的处分。云应路：临时划分的军事区域，指云州、应州一线。行营都部署：也是北宋前期临时委任的地区军事长官。② 西上阁门使：宋武官名。蔚州：辽州名，今河北蔚县。③ 军器库使：宋官名。顺州：辽州名，今北京顺义。团练使：官名，宋为武臣寄禄官，无实权。④ 应州：辽州名，今山西应县。寰州：在辽境内，今山西朔州东北的马邑。朔州：辽州名，今山西朔州。⑤ 桑乾河：辽境内一条大河，流经现在山西、河北两省。⑥ 曹彬之师不利：指曹彬第二次攻涿州失败。⑦ 萧氏：指辽景帝妻子、辽圣宗母亲——萧绰。当时圣宗年幼，萧绰以皇太后身份管理国政，即戏曲小说中的萧太后。⑧ 皮室：契丹语，有"金刚"之义，辽有皮室军五部，是辽国精锐部队。⑨ 辽：公元 947 年，契丹改国号为辽。⑩ 大石路：地名，代州繁峙县有大石砦，在今山西繁峙县东北。

云州之众先出。我师次应州，契丹必来拒，即令朔州民出城，直入石碣谷①。遣强弩千人列于谷口②，以骑士援于中路，则三州之众，保万全矣。”侁沮其议曰：“领数万精兵而畏懦如此。但趋雁门北川中，鼓行而往。”文裕亦赞成之。业曰：“不可，此必败之势也。”侁曰：“君侯素号无敌③，今见敌逗挠不战，得非有他志乎？”业曰：“业非避死，盖时有未利，徒令杀伤士卒而功不立。今君责业以不死，当为诸公先。”

将行，泣谓美曰：“此行必不利。业，太原降将，分当死。上不杀，宠以连帅④，授之兵柄。非纵敌不击，盖伺其便，将立尺寸功以报国恩。今诸君责业以避敌，业当先死于敌。”因指陈家谷口曰⑤：“诸君于此张步兵强弩，为左右翼以援，俟业转战至此，即以步兵夹击救之，不然，无遗类矣。”

美即与侁领麾下兵阵于谷口，自寅至巳⑥。侁使人

---

① 石碣谷：地名，辽朔州南，今山西朔州与宁武之间。 ② 强弩：此处指强弩手，即带弩的步兵。 ③ 君侯：古时称列侯为君侯，后转为对尊贵者的敬称。 ④ 连帅：古十国诸侯之长名连帅，后泛称地方长官。 ⑤ 陈家谷：地名，在辽朔州境内，今山西神池东、阳方口西南。 ⑥ 寅：指寅时，十二时辰之一，三时至五时。巳：指巳时，十二时辰之一，九时至十一时。

登托逻台望之①，以为契丹败走，欲争其功，即领兵离谷口。美不能制，乃缘灰河西南行二十里②。俄闻业败，即麾兵却走。业力战，自午至暮，果至谷口。望见无人，即拊（fǔ 府）膺（yīng 英）大恸（tòng 痛），再率帐下士力战，身被数十创，士卒殆尽，业犹手刃数十百人。马重伤不能进，遂为契丹所擒，其子延玉亦没焉。业因太息曰："上遇我厚，期讨贼捍边以报，而反为奸臣所迫，致王师败绩，何面目求活耶！"乃不食，三日死。

业不知书，忠烈武勇，有智谋，练习攻战，与士卒同甘苦。代北苦寒，人多服毡罽（jì 计），业但挟纩（kuàng 矿），露坐治军事，傍不设火，侍者殆僵仆，而业怡然无寒色。为政简易，御下有恩，故士卒乐为之用。朔州之败，麾下尚百余人，业谓曰："汝等各有父母妻子，与我俱死无益也，可走还报天子。"众皆感泣不肯去，淄（zī 兹）州刺史王贵杀数十人③，矢尽遂死。余亦死，无一生还者。闻者皆流涕。

（《宋史》卷二七二）

① 托逻台：地名，在辽朔州境，应在今山西神池县东。
② 灰河：辽朔州境内河名，为桑乾河的上游，也叫马邑川。
③ 淄州：今山东淄博南。

【翻译】

杨业是并州太原人,父亲杨信在后汉担任麟州刺史。杨业少年时性格豪爽,不拘小节,喜欢仗义行侠,善于骑马射箭,喜爱打猎。每次打猎,所得猎物总要比同伴多一倍。杨业曾对他的同伴说:“我以后当将军领兵打仗,也会像打猎时用鹰犬去追逐野鸡和兔子一样。”他青少年时代就投归北汉,奉事北汉皇帝刘崇,担任保卫指挥使,并以勇猛矫健而闻名。经过多次提升以后,出任北汉建雄军节度使。在战争中多次立功,每战必胜,北汉人民都称他为“杨无敌”。

太平兴国四年(979),宋太宗亲征北汉,兵至太原城下。因为平日早就听说杨业的名声,太宗曾经出重金想购求他。不久,太原城在宋军的包围下已成了一座孤城,形势危在旦夕,杨业劝北汉主刘继元主动投降,以保全太原城中百姓的生命。刘继元投降后,宋太宗派遣宫中的使者召见杨业。宋太宗因为得到杨业这样一员骁将,心中十分高兴,立即授予杨业右领军卫大将军的官位。出征北汉的大军凯旋回朝后,又加授杨业郑州刺史之职。后来宋太宗考虑到杨业对边防事务十分熟悉,而且具有丰富的经验,因此,又升任他为知代州兼三交驻泊兵马(都)部署,并将许多宝物密封在口袋里,赏赐给他。有一次,正当契丹军队侵入雁门关时,杨业率领部下数千(应为百)骑兵从代州北面的西陉寨出发,抄小路赶到雁门关的北口,从契丹军队的背后发动突然攻击,将契丹军队打得一败涂地。因立有战功,杨业被升为云州观察使,仍判郑州代州事。从此,契丹军队一看见杨业的军旗,就立即领兵逃走。这就引起了许多防守边境的主要将领的妒忌,有的人偷偷上书宋太宗,对杨业进行诽谤攻击。宋太宗看了这些奏疏后,都不予追问,还将那些攻击杨业的奏疏封好,交付杨业自己处理。

雍熙三年(986),宋朝军队开始了对契丹的大举征伐。宋太宗任命忠武军节度使潘美为云应路行营都部署,命令杨业为潘美的副手,并命令西上阁门使蔚州刺史王侁、军器库使顺州团练使刘文裕监护这支军队。当时,潘美手下的各路军队接连攻下契丹境内的云、应、寰、朔四州,大军已到达桑乾河边。然而,恰遇曹彬率领的部队打了败仗,各路北伐军队只好收兵回朝,潘美等人仍回归代州。

不久,宋太宗下诏书,要将云、应、寰、朔四州的居民迁往内地,命令潘美等人率领部下的军队护送这些居民。这时,契丹皇太后萧氏与他的大臣耶律汉宁、南北皮室及五押惕隐的官员一起,率领十几万军队向宋军进攻,又从宋军手中夺回寰州。杨业对潘美等人说:“现在辽国军队正处在士气最旺盛的时候,不能同他们交战。

朝廷只命令我们把四州的居民护送到内地，因此，我们只要率领军队从大石寨这条路走，先派人秘密通知云、朔二州的守将，等我们的大部队离开代州城那天，就命令云州的老百姓迅速出城。我们的军队一到达应州，在寰州的契丹军队必然会来阻止我军。这时便可命令朔州百姓迅速出城，直接进入石碣谷。我们派遣持强弩的士兵一千人列守在石碣谷口，并派一些骑兵在山谷中间的道路上作为援兵。这样，云、朔、应三州的老百姓，就可以安全撤离了。”然而，王侁对此表示反对，他说：“我们率领着几万精锐军队，岂能这样胆小畏怯？只管朝雁门关北面的平川大道上击鼓而行。”刘文裕也赞成王侁的意见。杨业说：“不能这样，这样出兵势必失败。”王侁说：“您平日被人称为‘杨无敌’，怎么现在遇到敌人却逗留徘徊，不与交战呢？莫非您还有其他的意图吗？”杨业说：“我并非贪生怕死，只是现在出兵交战对我方不利，白白牺牲士兵而不能立功。既然现在您责备我不愿牺牲，那我就首先出战。”

临出兵前，杨业流着眼泪对潘美说：“这次出兵必定失败。我本是北汉投降的将领，按理当死。太宗皇帝不仅不杀我，还十分宠信，委任我为地方长官，并授予兵权。眼下我并不是放纵敌人不去进攻，只是想等候更有利的时机，以便能多少建立功勋，报答国家对我的恩典。

现在，大家都以躲避强敌的罪名责备我，我自应首先战死在敌人跟前。”于是，杨业指着代州西北的陈家谷口说：“请各位将军在这里埋伏下步兵和弓箭手，分成左右两翼准备支援。等我战败退到这里时，你们就命令伏兵从左右两边夹击敌军救援我。不然的话，只怕我会全军覆灭，不剩一人了！”

潘美与王侁当时就带领部下士兵排好阵式，埋伏在陈家谷口，从寅时一直守到巳时。王侁派人登上托逻台瞭望前面战场，以为契丹军队被杨业打败逃走，就想与杨业争功，马上带领军队离开陈家谷口。潘美阻挡不住，也只好带领军队沿着灰河向西南前进了二十里。不久，传来了杨业兵败的消息，潘美立即指挥军队退却。杨业奋力战斗，从中午一直打到傍晚，果然退到了陈家谷口。当他见陈家谷口没有伏兵时，当即捶胸大哭，随即再次率领部下奋力拼杀，直到身上受伤达几十处，士兵们也几乎全部战死，他还亲手斩杀了百十来个敌人。后来因为战马受了重伤，无法前进，他终于被契丹军队俘虏。他的儿子杨延玉也在这次战斗中牺牲。被俘后，杨业仰天长叹道：“太宗皇帝待我恩重，我本来指望可以讨伐敌人、保卫边疆来报答皇恩，谁知却被奸臣逼迫出兵，致遭惨败，我还有什么脸面活下来呢！”于是绝食三天而死。

杨业没有读过书，但品行忠烈，武艺高强，足智多谋。平日练习攻防战术时，他总是与士兵们同甘共苦。代州北部地区气候非常寒冷，人们都穿皮毛衣服，而杨业却披着棉衣，在露天治理军中事务，并且身旁不放火炉。左右随从几乎都快冻僵倒下了，他却仍是谈笑自如，毫无寒意。杨业处理政务简易明快，统领部下有恩德，因此士兵们都乐意为他效力。朔州兵败时，杨业手下还剩一百多人，当时，杨业对他们说："你们每人都有父母妻子，和我一起战死毫无益处，你们可以逃走，回朝廷将真实情况报告天子。"大家都感动得哭泣起来，不肯离去。淄州刺史王贵杀死敌人几十名，弓箭用完才被敌人杀死，其余将士也都战死沙场，没有一个活着回来的。听到这一消息的人，没有一个不为之痛哭流泪。

寇 准 传

寇准(962—1023)是宋朝初期一位有名的政治家。

寇准一生的主要政治活动是在宋太宗、真宗两朝,而影响最大的事件则是在宋真宗景德元年成功地抵御了契丹的南侵,并促成了宋辽和议的形成,促成了以后宋辽之间近百年的和平。

寇准刚正直率,敢于坚持自己的正确意见,甚至和皇帝当面论争。宋太宗曾将他比作唐代的魏徵。然而,他的过分直率也是他政治上失败的重要原因。最高统治者的反感,奸佞的攻击,使寇准累遭贬谪,以致晚年死于岭南。

寇准虽然是一位对宋初政治有过重要贡献的政治家，但也有一些毛病，如倚仗权势压人，生活过度骄奢等，给人不少的口实。

寇准，字平仲，华州下邽（guī 规）人也①。父相，晋开运中②，应辟为魏王府记室参军③。准少英迈，通《春秋》三传④，年十九，举进士。太宗取人，多临轩顾问，年少者往往罢去。或教准增年，答曰："准方进取，可欺君邪？"后中第，授大理评事，知归州巴东⑤、大名府成安县⑥。每期会赋役，未尝辄（zhé 哲）出符移，唯具乡里姓名揭县门，百姓莫敢后期。累迁殿中丞⑦、通判郓（yùn 运）州⑧。会诏百官言事，而准极陈利害，帝益器重之。尝奏事殿中，语不合，帝怒，起，准辄引帝衣，令帝复坐，事决乃退。上由是嘉之，曰："朕得寇准，犹文皇之得魏

---

① 华州：即今陕西华阴和渭南之间。下邽：属华州，在今陕西渭南和蒲城之间。 ② 开运：后晋少帝年号。 ③ 魏王：后晋宗室中，没有封魏王的，后汉高祖刘知远的长子承训追封魏王，但开运中还不是显官。记室参军：官名，相当于今天的秘书。 ④《春秋》：相传孔子编写的春秋时期鲁国的一部史书。三传：解释《春秋》的《左传》、《穀梁传》和《公羊传》三部书。 ⑤ 归州：今湖北秭归。巴东：今湖北巴东，为归州属县。⑥ 大名府：今河北大名。成安：今河北成安，大名府属县。⑦ 殿中丞：官名，属殿中省，虚职。 ⑧ 郓州：今山东东平。

徵也。”①

淳化二年春，大旱，太宗延近臣问时政得失，众以天数对。准对曰：“《洪范》天人之际②，应若影响；大旱之证，盖刑有所不平也。”太宗怒，起入禁中。顷之，召准问所以不平状，准曰：“愿召二府至③，臣即言之。”有诏召二府入，准乃言曰：“顷者祖吉、王淮皆侮法受赇，吉赃少乃伏诛；淮以参政沔（miǎn 免）之弟，盗主守财至千万，止杖，仍复其官，非不平而何？”太宗以问沔，沔顿首谢，于是切责沔，而知准为可用矣。即拜准左谏议大夫④、枢密副使⑤，改同知院事⑥。

准与知院张逊（xùn 讯）数争事上前。他日，与温仲舒偕行⑦，道逢狂人迎马呼万岁，判左金吾王宾与逊雅相善⑧，逊嗾（sǒu 叟）上其事。准引仲舒为证，逊令宾独奏，其辞颇厉，且互斥其短。帝怒，谪（zhé 折）逊，准亦罢知青州⑨。帝顾准厚，既行，念之，常不乐。明年，召拜参

---

① 文皇：即唐太宗。魏徵：唐太宗时的大臣，以直谏敢言有名。 ②《洪范》：《尚书》中的一篇，是陈述天地大法的。③ 二府：指中书与枢密院。 ④ 左谏议大夫：谏官名，虚职。⑤ 枢密副使：枢密院的副长官。 ⑥ 同知院事：职名，枢密院有时设枢密使、副使为长官，有时设知院事，同知院事为长官，前者地位高于后者。 ⑦ 温仲舒：当时任枢密副使。⑧ 左金吾：即左金吾卫，环卫官属，不掌实事。 ⑨ 青州：今山东青州。

知政事。

至道元年①，加给事中②。时太宗在位久，冯拯等上疏乞立储贰③，帝怒，斥之岭南④，中外无敢言者。准初自青州召还，入见，帝足创甚，自褰(qiān 千)衣以示准，且曰："卿来何缓耶？"准对曰："臣非召不得至京师。"帝曰："朕诸子孰可以付神器者⑤？"准曰："陛下为天下择君，谋及妇人、中官⑥，不可也；谋及近臣，不可也；唯陛下择所以副天下望者。"帝俛(fǔ 府)首久之，屏左右曰："襄王可乎⑦？"准曰："知子莫若父，圣虑既以为可，愿即决定。"帝遂以襄王为开封尹，改封寿王，于是立为皇太子。庙见还，京师之人拥道喜跃，曰："少年天子也。"帝闻之不怿(yì 义)，召准谓曰："人心遽(jù 锯)属太子，欲置我何地？"准再拜贺曰："此社稷(jì 记)之福也。"帝入语后嫔(pín 贫)，宫中皆前贺。复出，延准饮，极醉而罢。

二年，祠南郊⑧，中外官皆进秩。准素所喜者多得台

---

① 至道：宋太宗年号。 ② 给事中：官名，属门下省，虚职。 ③ 冯拯：当时任度支判官。 ④ 岭南：指大庾岭以南的今广东、广西地区。 ⑤ 神器：指皇帝之位。 ⑥ 中官：指宫中的宦官。 ⑦ 襄王：宋太宗的第三个儿子，即后来的宋真宗，当时封襄王。 ⑧ 祠南郊：在城南祭祀天地。

省清要官①，所恶不及知者退序进之②。彭惟节位素居冯拯下，拯转虞部员外郎③，惟节转屯田员外郎④，章奏列衔，惟节犹处其下。准怒，堂帖戒拯毋乱朝制⑤。拯愤极，陈准擅权，又条上岭南官吏除拜不平数事。广东转运使康戬（jiǎn 剪）亦言⑥：“吕端⑦、张洎（jì 既）⑧、李昌龄皆准所引⑨，端德之，洎能曲奉准，而昌龄畏愞（nuò 诺），不敢与准抗，故得以任胸臆（yì 义），乱经制。”太宗怒，准适祀太庙摄事⑩，召责端等。端曰：“准性刚自任，臣等不欲数争，虑伤国体。”因再拜请罪。及准入对，帝语及冯拯事，自辩。帝曰：“若廷辩，失执政体。”准犹力争不已，又持中书簿论曲直于帝前，帝益不悦，因叹曰：“鼠雀尚知人意，况人乎？”遂罢准知邓州。

---

① 台：指御史台。省：尚书省、中书省和门下省。台省：泛指中央。 ② 序：升官的先后次序，这是有规定的。本应升到某一级而只升到低于这级的官，叫退序。 ③ 虞部：工部的一个机构，管工商业等。员外郎：官名，位于郎中之下。 ④ 屯田：工部的一个部门。在转官资序上，屯田高于虞部。 ⑤ 堂帖：宰相所下判事文书。 ⑥ 广东：即广南东路，大致相当于除去茂名市、雷州半岛的今广东省。 ⑦ 吕端：当时任宰相。 ⑧ 张洎：是参知政事。 ⑨ 李昌龄：是参知政事。 ⑩ 太庙：帝王祭祀祖先的庙。

咸平六年①，迁兵部②，为三司使。时合盐铁、度支、户部为一使，真宗命准裁定，遂以六判官分掌之③，繁简始适中。

帝久欲相准，患其刚直难独任。景德元年，以毕士安参知政事，逾月，并命同中书门下平章事，准以集贤殿大学士位士安下④。是时，契丹内寇，纵游骑掠深⑤、祁间⑥，小不利辄引去，徜徉（cháng yáng 常羊）无斗意。准曰："是狃（niǔ 扭）我也。请练师命将，简骁锐据要害以备之。"是冬，契丹果大入。急书一夕凡五至，准不发，饮笑自如。明日，同列以闻，帝大骇，以问准。准曰："陛下欲了此，不过五日尔。"因请帝幸澶（chán 馋）州⑦。同列惧，欲退，准止之，令候驾起。帝难之，欲还内。准曰："陛下入则臣不得见，大事去矣，请毋还而行。"帝乃议亲征，召群臣问方略。

---

① 咸平：宋真宗年号。 ② 兵部：在此以前，寇准的官是工部侍郎，此处指升为兵部侍郎。兵部侍郎是兵部副长官，虚职。 ③ 判官：官名，在三司中地位低于三司使和副使。 ④ 集贤殿大学士：宰相的加官。宋初，宰相为二人时，首相加监修国史，次相加集贤殿大学士。 ⑤ 深：即深州，在今河北深州南。 ⑥ 祁：即祁州，在今河北安国。 ⑦ 澶州：今河南濮阳。

既而契丹围瀛（yíng 营）州[①]，直犯贝[②]、魏[③]，中外震骇。参知政事王钦若，江南人也，请幸金陵[④]；陈尧叟[⑤]，蜀人也，请幸成都[⑥]。帝问准，准心知二人谋，乃阳若不知，曰："谁为陛下画此策者？罪可诛也。今陛下神武，将臣协和，若大驾亲征，贼自当遁去。不然，出奇以挠其谋[⑦]，坚守以劳其师，劳佚（yì 义）之势，我得胜算矣。奈何弃庙社欲幸楚、蜀远地，所在人心崩溃，贼乘势深入，天下可复保邪？"遂请帝幸澶州。

及至南城[⑧]，契丹兵方盛，众请驻跸（bì 毕）以觇（chān 掺）军势。准固请曰："陛下不过河，则人心益危，敌气未慑，非所以取威决胜也。且王超领劲兵屯中山以扼其亢（gāng 冈），李继隆、石保吉分大阵以扼其左右肘，四方征镇赴援者日至，何疑而不进？"众议皆惧，准力争之，不决。出遇高琼于屏间[⑨]，谓曰："太尉受国恩[⑩]，今日有以报乎？"对曰："琼武人，愿效死。"准复入对，琼

---

① 瀛州：今河北河间。 ② 贝州：今河北武城。 ③ 魏州：今河北大名东北。 ④ 金陵：今江苏南京，古代是楚国之地。 ⑤ 陈尧叟：当时任签书枢密院事。 ⑥ 成都：今四川成都。 ⑦ 奇：指奇兵，即乘敌不意而突袭的部队。 ⑧ 南城：当时澶州分为南北二城，分别在黄河南北。 ⑨ 高琼：当时任殿前都指挥使，领节度使。 ⑩ 太尉：禁军高级将领一般都有"检校太尉"的官衔，所以常尊称为"太尉"。

随立庭下，准厉声曰："陛下不以臣言为然，盍(hé 合)试问琼等。"琼即仰奏曰："寇准言是。"准曰："机不可失，宜趣(cù 促)驾。"琼即麾(huī 挥)卫士进辇(niǎn 碾)，帝遂渡河，御北城门楼，远近望见御盖，踊跃欢呼，声闻数十里。契丹相视惊愕，不能成列。

帝尽以军事委准，准承制专决，号令明肃，士卒喜悦。敌数千骑乘胜薄城下，诏士卒迎击，斩获太半，乃引去。上还行宫，留准居城上，徐使人视准何为，准方与杨亿饮博①，歌谑(xuè 血)欢呼。帝喜曰："准如此，吾复何忧。"相持十余日，其统军挞(tà 踏)览出督战②。时威虎军头张瑰(guī 规)守床子弩③，弩撼机发，矢中挞览额，挞览死，乃密奉书请盟。准不从，而使者来请益坚，帝将许之。准欲邀使称臣，且献幽州地。帝厌兵，欲羁縻(jī mí 机迷)不绝而已。有谮(jiàn 见)准幸兵以自取重者，准不得已许之。帝遣曹利用如军中议岁币④，曰："百万以下皆可许也。"准召利用至幄(wò 卧)，语曰："虽有敕，汝所许毋过三十万，过三十万，吾斩汝矣。"利用至军，果

---

① 杨亿：与寇准友善，当时任知制诰。 ② 统军：即统军使，挞览当时任辽的南京统军使，是统率南京汉军的长官，辽南侵时的先锋。 ③ 威虎：属侍卫步军司虎翼军。床子弩：是一种兵器，可发箭射至七百步。 ④ 岁币：即宋朝每年送给契丹的财物。

以三十万成约而还。河北罢兵，准之力也。

准在相位，用人不以次，同列颇不悦。它日，又除官，同列因吏持例簿以进。准曰："宰相所以进贤退不肖也，若用例，一吏职尔。"二年，加中书侍郎兼工部尚书。准颇自矜（jīn 今）澶渊之功，虽帝亦以此待准甚厚。王钦若深嫉之。一日会朝，准先退，帝目送之，钦若因进曰："陛下敬寇准，为其有社稷功邪？"帝曰："然。"钦若曰："澶渊之役，陛下不以为耻，而谓准有社稷功，何也？"帝愕然曰："何故？"钦若曰："城下之盟，《春秋》耻之；澶渊之举，是城下之盟也。以万乘之贵而为城下之盟，其何耻如之？"帝愀（qiǎo 巧）然为之不悦。钦若曰："陛下闻博乎？博者输钱欲尽，乃罄（qìng 庆）所有出之，谓之孤注。陛下，寇准之孤注也，斯亦危矣。"

由是，帝顾准寖（qìn 沁）衰。明年，罢为刑部尚书①、知陕州②，遂用王旦为相。帝谓旦曰："寇准多许人官，以为己恩。俟行，当深戒之。"迁兵部尚书，入判都省③。幸亳（bó 博）州④，权东京留守⑤。

天禧元年，改山南东道节度使，时巡检朱能挟内侍

---

① 刑部：尚书省六部之一。尚书：刑部的长官。刑部尚书是虚职。② 陕州：今河南三门峡。③ 都省：尚书省别称。④ 亳州：今安徽亳州。⑤ 东京：北宋首都开封。

都知周怀政诈为天书①,上以问王旦。旦曰:"始不信天书者准也。今天书降,须令准上之。"准从上其书,中外皆以为非。遂拜中书侍郎兼吏部尚书、同平章事、景灵宫使②。

三年,真宗得风疾,刘太后预政于内③。准请间曰:"皇太子人所属望,愿陛下思宗庙之重,传以神器,择方正大臣为羽翼。丁谓④、钱惟演⑤,佞(nìng泞)人也,不可以辅少主。"帝然之。准密令翰林学士杨亿草表,请太子监国,且欲援亿辅政。已而谋泄,罢为太子太傅,封莱国公。时怀政反侧不自安,且忧得罪,乃谋杀大臣,请罢皇后预政,奉帝为太上皇,而传位太子,复相准。客省使杨崇勋等以告丁谓⑥,谓微服夜乘犊(dú读)车诣曹利用计事⑦,明日以闻。乃诛怀政,降准为太常卿⑧,知相

① 内侍都知:内侍省长官。内侍省:拱侍殿中,备洒扫之职、役使杂品者隶之。然此处误,当时周怀政为入内内侍副都知,是入内内侍省副长官。入内内侍省:通侍禁中、役服亵近者隶之,比内侍省更为亲近。天书:指天上降下来的书卷,大中祥符元年(1008)真宗与王钦若首先伪造天书。 ② 中书侍郎:中书省副长官,虚衔。景灵宫:创建于大中祥符五年(1012),以宰相兼使。 ③ 刘太后:这是后人追称,就是真宗的皇后刘氏。 ④ 丁谓:当时任参知政事。 ⑤ 钱惟演:当时任翰林学士。 ⑥ 客省使:官名,负责接待工作。 ⑦ 曹利用:当时任枢密使、同平章事。 ⑧ 太常卿:太常寺的长官,虚职。

州①，徙安州②，贬道州司马③。帝初不知也，他日，问左右曰："吾目中久不见寇准，何也？"左右莫敢对。帝崩时亦言惟准与李迪可托④，其见重如此。

乾兴元年⑤，再贬雷州司户参军⑥。初，丁谓出准门至参政，事准甚谨。尝会食中书，羹（gēng 庚）污准须，谓起，徐拂之。准笑曰："参政国之大臣，乃为官长拂须邪？"谓甚愧之，由是倾构日深。及准贬未几，谓亦南窜，道雷州，准遣人以一蒸羊逆境上。谓欲见准，准拒绝之。闻家僮谋欲报仇者，乃杜门使纵博，毋得出，伺谓行远，乃罢。

天圣元年，徙衡州司马⑦。初，太宗尝得通天犀⑧，命工为二带，一以赐准。及是，准遣人取自洛中，既至数日，沐浴，具朝服⑨，束带，北面再拜，呼左右趣设卧具，就榻而卒。

① 相州：今河南安阳。 ② 安州：今湖北安陆。 ③ 道州：今湖南道县。司马：官名，州的佐官，宋代是虚职。 ④ 李迪：天禧四年（1020）六月寇准罢相后，与丁谓同任宰相。因与丁谓忿争，十一月被罢职。 ⑤ 乾兴：宋真宗最后一个年号。 ⑥ 雷州：今广东海康。司户参军：州的幕职官，此处是虚衔。 ⑦ 衡州：今湖南衡阳。 ⑧ 通天犀：是一种犀牛的角。 ⑨ 朝服：君臣朝会时所穿的礼服。

初，张咏在成都①，闻准入相，谓其僚属曰："寇公奇材，惜学术不足尔。"及准出陕，咏适自成都罢还，准严供帐，大为具待。咏将去，准送之郊，问曰："何以教准？"咏徐曰：《霍光传》不可不读也。准莫谕其意。归取其传读之，至"不学无术"，笑曰："此张公谓我矣。"

在雷州逾年。既卒，衡州之命乃至，遂归葬西京。道出荆南公安②，县人皆设祭哭于路，折竹植地，挂纸钱，逾月视之，枯竹尽生笋（sǔn 损）。众因为立庙，岁时享之。

（《宋史》卷二八一）

【翻译】

寇准，字平仲，华州下邽人，父亲寇相，后晋开运年间，应征召做魏王府的记室参军。寇准少年时英俊豪迈，通晓《春秋》三传。十九岁考取进士。当时太宗录取进士，常常到殿前的平台视察提问，对年纪轻的人，往往不予录取。因此，有人让寇准增报年龄。但他却回答说："我目前刚准备要踏上仕途，怎么能欺骗皇上呢？"后

---

① 张咏：与寇准同年考取进士，相友善，为宋初治蜀名臣。 ② 公安：今湖北沙市南。

来他考取进士，授官大理评事，先后被任命为归州巴东县、大名府成安县的知县。他在担任知县时，每到征收赋税和征发徭役的时候，不是匆忙就发公文，只是开列县中应该纳税服役者的住址、姓名，张贴在县城门口，老百姓没有敢耽搁日期的。后来他经多次提拔，升到殿中丞，做了郓州的通判。恰遇太宗下诏，让百官上书议论国家政事，寇准便大胆直言，陈说利害，因此越发受到太宗器重。曾经有一次，他在朝廷上奏事，说话不合太宗心意，太宗大怒而起，他就拉住太宗的衣服，让太宗又重新坐下来，直到事情解决了，他才退下。太宗因此赞许他，说："我得到寇准，便如唐太宗得到了魏徵一样。"

淳化二年(991)春天，大旱。太宗召见亲近大臣询问是否处理朝政有不当之处，因而触怒了上天。大臣们都说出现旱情是上天安排好了的。寇准回答说："《洪范》说，天和人之间，相互有着影子、声响一样的感应；出现了大旱灾，证明施用刑罚有不公平的地方啊！"太宗生了气，起身退入宫中。过了一会儿，又召见寇准，问他什么地方不公平，寇准说："请召中书与枢密院的大臣来，我就说。"太宗下诏，召二府大臣进入内宫，于是寇准说："不久前，祖吉、王淮都因违法接受贿赂而被治罪。但贪赃数少的祖吉被杀掉了；而王淮却因为是参政王沔的弟弟，侵盗自己所主管的财物达到千万，反而只受杖刑，还恢复了官职。这不是不公平又是什么呢?”太宗向王沔询问此事,王沔叩头谢罪。太宗于是狠狠斥责了王沔,并由此知道寇准是可以任用的人,便任命寇准为左谏议大夫、枢密副使,不久又改任同知枢密院事。

寇准与知枢密院事张逊多次为一些事情在太宗面前争执。有一天,寇准与温仲舒同行,途中碰到个狂人迎着他们骑的马高呼万岁。掌管左金吾的王宾与张逊素来很要好,张逊便唆使他向太宗报告这件事。寇准提出温仲舒做证人;张逊则要让王宾单独报告,言辞很严厉;两人还互相指责对方的短处。太宗一怒之下,把张逊降职,也罢免了寇准的同知枢密院事之职,让他外出做了青州知州。太宗一向待寇准很好,因此寇准去青州后,太宗十分想念他,并常常因他不在身边而不高兴。于是,第二年又召回寇准,任命为参知政事。

至道元年(995),寇准在原官之外,又加升给事中。当时太宗在位的时间已经很长了,冯拯等人上奏疏,请求立太子,太宗发怒,把他们贬到岭南,于是朝廷内外没有人敢再提这件事。寇准刚从青州召还,入宫参见,太宗脚伤得很厉害,自己揭起衣襟让寇准看,并说:“你为什么来得这么慢?”寇准回答说:“我不经征召是不能到京城的。”太宗说:“我的那些儿子中,谁可以继承皇位呢?”寇准说:“陛下为国家选择君主,不应该与妇女、中官商量;也不该与近臣商量;只请陛下选择能够符合天下期望的人。”太宗低头想了很久,屏退左右的人,对寇准说:“襄王可以吗?”寇准说:“了解儿子的人莫过于父亲了,皇上既然以为可以,请马上决定下来。”太宗便任命襄王为开封尹,改封寿王,立为皇太子。太子到宗庙拜见回来,京城的人夹道观看,喜悦跳跃,说:“真是个少年天子啊。”太宗得知后不高兴,召见寇准,对他说:“人心一下子归了太子,那将把我摆在什么地位呢?”寇准又一次跪下来磕头祝贺说:“太子众望所归,这是国家的福气啊!”太宗到后宫将此事告诉了皇后、嫔妃,一时后宫的人都前来祝贺。于是太宗又出来,邀请寇准喝酒,直到大醉才罢休。

至道二年(996),在南郊祭祀后,朝廷内外官员都加了官爵。寇准平常喜爱的人大多数得到了台省的清贵官职,他所讨厌的和不了解的人,就给他们升低于按资格次序应该升的官。彭惟节的官位一直在冯拯之下,冯拯升为虞部员外郎,而彭惟节升为屯田员外郎,但在章奏上排列名字官衔的时候,彭惟节仍然列名在冯拯的后面。寇准发怒,发下堂帖,警告冯拯不要扰乱朝廷的制度。冯拯气愤极了,上书诉说寇准独揽大权,又向太宗陈述岭南官吏升迁中的几件不公平事。广东转运使康戬也说:“吕端、张洎、李昌龄都是寇准所引荐的,吕端感激他的恩德，张洎只会委曲奉承寇准，而李昌龄胆小怕事，不敢和寇准抗争，所以寇准得以随心所欲，搞乱了国家的制度。”太宗听后极为生气。当时寇准恰巧去太庙代理主持祭祀，太宗就召见吕端等人，对他们进行了斥责。吕端说：“寇准性情刚烈，喜欢自己作主，我们不愿意常常争吵，恐怕那样会伤害国家的体面。”于是一再跪拜谢罪。等到寇准入朝参见，太宗谈到冯拯升官的事，寇准为自己辩解。太宗说：“如果在朝廷上争辩，就有失执政的体面了。”寇准仍然力争不止，又拿着中书的文册在太宗面前争论是非。太宗更不高兴，叹息说：“鼠类、鸟类还能体会到人的意思，何况是人呢？”于是罢免了寇准参知政事的职务，派他去做邓州的知州。

宋真宗咸平六年(1003)，寇准升为兵部侍郎，担任三司使。当时刚把盐铁、度支、户部合并为一使——三司使，真宗命令由寇准斟酌决定合并后的有关事项。于是寇准提出以六位判官分别掌管三司的事务，从而使政务的繁简得以适当。

真宗早就想任命寇准为宰相，但担心他性格刚直，不便让他一人独任。景德元年(1004)，任命毕士安为参知政事。过了一个月，寇准与毕士安一同被任命为同中书门下平章事，寇准以集贤殿大学士，位次在毕士安之下。当时，契丹南下侵犯，派遣了一支游动骑兵到深州、祁州一带掳掠，但一遇到小小的不利就急忙领兵退却，游走徘徊，没有交战的意思。寇准说："这是想麻痹我们。应当训练军队，任命将帅，并选精锐部队占据要害地方，以防备他们进攻。"当年冬天，契丹军队果然大规模侵入宋境。报告军情的紧急文书一晚上就到了五次，寇准全都不打开，只管喝酒，谈笑自如。第二天，同僚将这件事报告了真宗。真宗大惊，询问寇准。寇准说："陛下要了结这件事，不过五天时间就足够了。"于是提出请真宗御驾亲往澶州。同僚们极为害怕，纷纷打算退朝。寇准制止了他们，命令等候皇帝一同起身。真宗感到为难，想回内宫。寇准说："陛下一进去，那我就见不到您，大事就完了，请不要回宫，马上就走。"真宗这才决定讨论对契丹亲征的事，并召见大臣们询问征讨的办法。

不久，契丹包围了瀛州，直攻贝州、魏州，全国震惊。参知政事王钦若是江南人，请真宗去金陵；陈尧叟是四川人，请真宗到成都。真宗问寇准的意见如何，寇准心中十分清楚他们俩的计划，但却故意装作不知道，说："谁给陛下出的这个主意？真是该杀！现在陛下神圣英武，武将文臣都同心协力，如果您亲自出征，敌人自然会逃走。纵令敌人不逃，我们可派出奇兵去破坏他们的计划，同时坚守城池以待他们的军队疲息，如此以逸待劳，我们也稳操胜券。为什么要抛弃宗庙社稷而去江南、四川那样遥远的地方，致使所到之处，人心涣散呢？倘若敌人乘机深入我国境地，天下还能够保得住吗？”于是请真宗去到澶州。

到了澶州南城，契丹军队的气势正盛，大家都请求真宗住下来，以观察敌我形势。寇准则坚决请求说：“陛下如果不过黄河，人心就会更加恐惧，而敌人的气焰却没有压住，这样做，怎能树立军威取得胜利呢？况且，王超率领精锐强悍的部队驻扎在中山，控制着敌人的咽喉要害；李继隆、石保吉领兵分别布成了大阵，控制了左右两侧；各地来支援的军队每天都有到达的，在这种形势下，为什么还疑虑而不前进呢？”然而由于多数人都表现出畏敌情绪，尽管寇准竭力争论，真宗仍然犹疑不定。寇准退出来，在屏风间遇到了高琼，便对他说：“太尉蒙受国家的恩惠，今天能够有所报答吗？”高琼回答说：“我是军人，愿以死报效国家！”于是寇准又进去奏报，高琼跟进去站在行宫庭下。寇准大声说：“陛下如果认为我的话不对，何不问一下高琼他们！”高琼随即抬头上奏说：“寇准的意见是正确的，望陛下采纳。”寇准又对高琼说：“机不可失，应当催促皇帝赶快出发。”高琼就指挥卫士推进皇帝乘坐的车子，真宗于是渡过黄河，登上了澶州北城的门楼。远近军士们望见皇帝的伞盖，踊跃欢呼，声音传到几十里外。契丹士兵听到欢呼声，面面相觑惊愕不已，以至连队列都混乱了。

真宗到澶州后，把军务全部委托给寇准去处理。寇准按照皇帝的旨意全权指挥决定，号令严明整肃，士兵们都很高兴。不久敌人有数千骑兵乘胜进逼到城下，真宗下令士兵迎击，斩杀和俘虏了敌军大半，于是敌军退去。真宗回到行宫，留下寇准住在城楼上。过了一会儿，真宗派人去观察寇准在干什么，却见寇准正与杨亿喝酒赌输赢胜负，唱歌欢呼，打趣逗乐。真宗听到汇报后，高兴地说："寇准这样轻松，我还有什么忧虑的呢。"宋军和契丹军相持了十几天后，契丹的统军挞览出来督战。当时，威虎军头张瑰守着床子弩，发动弩机，一箭射中挞览的前额。挞览中箭身亡，于是契丹秘密送上书信，请求订立盟约。寇准不同意，契丹使者请求得更加坚决。真宗准备同意他们的要求，但寇准却想要让契丹称臣，并且献出幽州一带地方。无奈真宗厌恶打仗，只想笼络契丹，不断绝关系就行了。这时又有人攻击寇准想靠战事来提高自己的地位，寇准不得已只好同意与契丹议和。真宗派曹利用到契丹军中商量每年送给契丹财礼的事，说："百万贯以下的要求，都可以同意。"寇准把曹利用召到营帐中，告诉他："虽然皇帝有命令，但你所同意的数目不能超过三十万贯，超过了三十万贯，我就杀你的头！"曹利用到契丹军中，果然以三十万贯的数目达成和约归来。这次河北战事能够顺利结束，都是寇准的力量啊！

寇准做宰相，用人不论资排辈，同僚们很不高兴。有一天，又要任命官吏，同僚让一个小吏拿着记载惯例的本子呈进。寇准说："宰相就是要引进贤人，斥退不贤的人，如果只按惯例办，那只用一个小吏办就行了。"景德二年(1005)，加官为中书侍郎兼工部尚书。寇准很以澶渊之战的功劳而自豪，就是真宗也因此而对他特别好。王钦若因此非常嫉妒和仇恨他。有一天，大臣们在朝廷相会，寇准先退朝，真宗目送他离去，王钦若乘机上前说："陛下敬重寇准，是因为他有保卫社稷的功劳吗？"真宗说："是的。"王钦若说："澶渊那一仗，陛下不认为是耻辱，反而说寇准有保卫社稷的功劳，这是为什么呀？"真宗吃惊地说："怎么是耻辱呢？"王钦若说："兵临城下签订的盟约，在《春秋》的记载中是耻辱的事情。我们在澶渊的行动，就是城下之盟啊。以帝王这样尊贵的地位而签订城下之盟，还有比这更大的耻辱吗？"真宗脸色一沉，极不高兴。王钦若说："陛下听说过赌博吗？赌钱的人在钱快输光的时候，就把剩下的钱全部拿出来下赌注，这就叫做孤注。陛下就是寇准的孤注啊，真够危险的了！"

由于听了王钦若的一番话，真宗对待寇准逐渐疏远了。第二年，免去了寇准的宰相职务，派他担任刑部尚书、陕州知州，于是起用王旦为宰相。真宗对王旦说："寇准屡次答应给人家官职，把这当作自己对人的恩典。等他去上任的时候，要好好告诫他。"后来，寇准又升为兵部尚书，回到朝廷，掌管尚书省。真宗到亳州去时，寇准还临时担任过东京留守。

天禧元年(1017)，寇准改任山南东道节度使。当时巡检朱能伙同内侍都知周怀政假造天书，真宗问王旦这事应当如何办。王旦说："最初不相信天书的人就是寇准。现在降下了天书，就要让他来进献。"寇准按照朝廷的意思，献上了那份天书，朝廷内外人士都认为这样做不对。于是就这样任命了寇准为中书侍郎兼吏部尚书、同平章事、景灵宫使。

天禧三年(1019)，真宗得病中风，刘皇后在宫内干预朝政。寇准请求屏开左右之人，对真宗说："皇太子人望所属，希望陛下考虑到国家大事的重要，把皇位传给他，并选择端方正直的大臣辅佐。丁谓、钱惟演是奸邪小人，不能让他们辅佐年轻君主。"真宗同意了他的建议。寇准秘密地命令翰林学士杨亿起草表章，安排让太子监理国政，并且想提拔杨亿辅佐国政。不久计划泄露，他被免去职务，改任太子太傅，受封为莱国公。当时，周怀政担心伪造天书事败露，心中惶惶不安，唯恐自己被治罪，于是阴谋杀害大臣，谋请停止皇后干预政事，尊奉真宗做太上皇，而把帝位传给太子，仍然让寇准担任宰相。客省使杨崇勋等人把这件事告诉了丁谓，丁谓便在夜里身着便服，乘坐牛车赶到曹利用家中商量。第二天他们将此事报告了刘皇后。于是刘皇后下令诛杀了周怀政，并把寇准降为太常卿，派出去担任相州知州，又调换到安州做知州，接着又贬为道州司马。真宗最初不知道这些情况，后来有一天，他问左右的人说："我很久没有看到寇准了，这是什么缘故？"左右的人都不敢回答。真宗临死的时候还说，只有寇准与李迪可以托付后事。寇准就是这样为真宗所看重。

乾兴元年（1022），寇准再次被贬为雷州司户参军。当初，丁谓出寇准门下，当到了参知政事，伺奉寇准很谨慎小心。他俩曾经一道在中书吃饭，寇准的胡须沾上了汤，丁谓起身，仔细擦掉寇准胡须上的汤汁。寇准笑着说："参知政事是国家的大臣，还为官长擦胡须吗？"丁谓羞愧难当，从此日益强烈地想陷害寇准。寇准被贬斥后没有多久，丁谓也被流放到南方，途中经过雷州，寇准派人在州境上迎候，并送上一只蒸羊。丁谓要见寇准，寇准拒绝了他的要求。寇准听说家里的仆人中有人计划要报仇，就关起门来让他们赌博游戏，不许外出，等到丁谓走远了，才将仆人放出来。

大圣元年(1023),寇准改任衡州司马。当初太宗曾经得到一支通天犀,让工匠做成两条带子,把一条赐给寇准。到这时候,寇准派人从洛阳取来了犀带,过了几天,寇准洗过澡,穿上朝服,束上犀带,向北面拜了两次,招呼左右的人赶快设置卧具,上床睡下,就这样死去了。

当初,张咏在成都担任知州时,听说寇准入朝担任宰相,便对他的同僚和属下说:“寇公是个奇才,可惜学术不足啊。”等到寇准担任陕州知州时,张咏刚好从成都免职回朝廷去,路过陕州,寇准郑重地陈设了帷帐等用具,隆重款待张咏。张咏离去时,寇准送到郊外,问他:“您对我有什么教诲吗?”张咏慢吞吞地说:“《霍光传》不可以不读。”寇准不明白他的意思,回去后取出《汉书·霍光传》阅读,读到“不学无术”一句时,笑着说:“这是张公说我啊。”

寇准在雷州住了一年多。在他死后,调往衡州的任命才到。于是就将尸体运回洛阳安葬。途中经过荆州公安县时,县里的人都哭着在路旁祭奠他,大家折下竹子插在地上,挂上纸钱。过了一个月去看,那些枯竹都已长出笋来。众人因此而为他建了一座庙,每年都按时前往祭祀。

范仲淹传

在中国封建社会中，范仲淹(989—1052)是一位始终为后人敬重的政治家。“先天下之忧而忧，后天下之乐而乐”，不仅是他的人生哲学，而且是他一生的重要实践。他的一生活动，正是中国儒家士大夫强调“知行合一”、身体力行的光辉典范。

范仲淹一生主要干了两件大事，一是在西北边境展开了对西夏有效的防御，二是主持了宋仁宗庆历年间的改革。前者可以说取得了很大的成绩，而后者却失败了。然而，庆历改革虽然失败，却为宋神宗时候的王安石变法开启了先河。

范仲淹不仅是一位政治家，而且还是一位文学家，虽然他的作品留存下来的不多，但脍炙人口的名篇《渔家傲》和《岳阳楼记》，却千百年来一直传颂于人们口中。

范仲淹，字希文，其先，邠（bīn 宾）州人也①，后徙家江南，遂为苏州吴县人②。仲淹二岁而孤，母更适长山朱氏③，从其姓，名说。少有志操，既长，知其世家，乃感泣辞母，去之应天府④，依戚同文学。昼夜不息，冬月惫（bèi 备）甚，以水沃面；食不给，至以糜（mí 迷）粥继之，人不能堪，仲淹不苦也。举进士第，为广德军司理参军⑤，迎其母归养。改集庆军节度推官⑥，始还姓，更其名。

母丧去官。晏殊知应天府⑦，闻仲淹名，召置府学。上书请择郡守，举县令，斥游惰，去冗僭，慎选举，抚将

---

① 邠州：今陕西彬县。 ② 苏州吴县：今江苏苏州吴县。 ③ 长山：今山东淄博市西北，邹平县东。 ④ 应天府：今河南商丘。 ⑤ 广德军：今安徽广德。司理参军：官名，掌地方州府狱讼之事。 ⑥ 集庆军：今安徽亳州。节度推官：节度使的属官。 ⑦ 晏殊：宋仁宗时宰相，著名文学家。

帅，凡万余言。以殊荐，为秘阁校理①。仲淹泛通《六经》②，长于《易》，学者多从质问，为执经讲解，亡所倦。尝推其奉以食四方游士，诸子至易衣而出，仲淹晏如也。每感激论天下事，奋不顾身，一时士大夫矫厉尚风节，自仲淹倡之。

岁大蝗旱，江、淮、京东滋甚③。仲淹请遣使循行，未报。乃请间曰："宫掖中半日不食，当何如？"帝恻然，乃命仲淹安抚江、淮，所至开仓振之④，且禁民淫祀，奏蠲(juān捐)庐⑤、舒折役茶⑥、江东丁口盐钱⑦，且条上救敝十事。

会郭皇后废⑧，率谏官、御史伏阁争之，不能得。明日，将留百官揖宰相廷争，方至待漏院⑨，有诏出知睦州⑩。岁余，徙苏州。州大水，民田不得耕，仲淹疏五

---

① 秘阁校理：官名，掌皇宫藏书的校勘整理。 ②《六经》：指《诗》、《书》、《礼》、《乐》、《易》、《春秋》等六种儒家经典。 ③ 京东：即京东路。江：指江南东西两路。淮：指淮南路。 ④ 振：通"赈"，救济。 ⑤ 庐：指庐州，今安徽合肥。 ⑥ 折役茶：向国家交纳一定数量的茶叶，免去应服的劳役。 ⑦ 江东：指江南东路。丁口盐钱：国家按丁口征收的盐税钱。 ⑧ 郭皇后：宋仁宗天圣二年立为皇后，明道二年，被废，封净妃。 ⑨ 待漏院：百官清晨入朝准备朝见皇帝时等待的地方。 ⑩ 睦州：今浙江建德西。

河①，导太湖注之海②，募人兴作，未就，寻徙明州③，转运使奏留仲淹以毕其役④，许之。召还，判国子监⑤，迁吏部员外郎，权知开封府⑥。

时吕夷简执政，进用者多出其门。仲淹上《百官图》，指其次第曰，如此为序迁，如此为不次，如此则公，如此则私。“况进退近臣，凡超格者，不宜全委之宰相”。夷简不悦。他日，论建都之事，仲淹曰：“洛阳险固⑦，而汴为四战之地⑧，太平宜居汴，即有事必居洛阳。当渐广储蓄，缮宫室。”帝问夷简，夷简曰：“此仲淹迂阔之论也。”仲淹乃为《四论》以献，大抵讥切时政。且曰：“汉成帝信张禹⑨，不疑舅家⑩，故有新莽之祸⑪。臣恐今日亦有张禹，坏陛下家法。”夷简怒诉曰：“仲淹离间陛下君臣，所引用皆朋党也。”仲淹对益切，由是罢知饶州⑫。

---

① 五河：当指太湖西面的五条小河。 ② 太湖：即今太湖，在江苏境内。 ③ 明州：今浙江宁波。 ④ 转运使：宋代路一级的长官，掌一路财政并兼监察之职。 ⑤ 国子监：宋代的最高学府；判：指判监事，为国子监长官。 ⑥ 权知开封府：官名。权，指暂代某官职务。《宋史·职官志》：“开封府，牧、尹不常置，权知府一人，以待制以上充。” ⑦ 洛阳：宋西京，今河南洛阳。 ⑧ 汴：即开封，又称汴京，今河南开封。 ⑨ 汉成帝：西汉皇帝。张禹，汉成帝时丞相。 ⑩ 舅家：指汉成帝时外戚王氏。 ⑪ 新莽：指王莽篡位建新朝事。 ⑫ 饶州：今江西波阳。

殿中侍御史韩渎(dú 读)希宰相旨①,请书仲淹朋党,揭之朝堂②。于是秘书丞余靖上言曰③:“仲淹以一言忤(wǔ 五)宰相,遽加贬窜,况前所言者在陛下母子夫妇之间乎④? 陛下既优容之矣,臣请追改前命。”太子中允尹洙(zhū 朱)自讼与仲淹师友⑤,且尝荐己,愿从降黜。馆阁校勘欧阳修以高若讷在谏官⑥,坐视而不言,移书责之。由是三人者偕坐贬。明年,夷简亦罢,自是朋党之论兴矣。

元昊反,召为天章阁待制⑦,知永兴军⑧,改陕西都转运使⑨。会夏竦为陕西经略安抚⑩、招讨使⑪,进仲淹

① 殿中侍御史:宋监察官名,属御史台殿院,负责用仪法纠举百官违失。 ② 朝堂:指朝廷正殿,百官与帝王议事之所。 ③ 秘书丞:秘书省的属官。 ④ 这里是指范仲淹曾上疏请仁宗母亲章献太后还政和劝仁宗不要废郭皇后两件事。 ⑤ 太子中允:东宫官名,为太子的属官。尹洙:宋仁宗时人,著名古文家,欧阳修的好友,政治上支持范仲淹。 ⑥ 馆阁校勘:史馆属官,常以他官兼领,委任京官者称馆阁校勘,委任朝官者称馆阁校理。 ⑦ 天章阁:宋阁名。待制:馆阁官名。 ⑧ 永兴军:即宋京兆府,今陕西西安。 ⑨ 都转运使:兼管两路以上的转运司官员。 ⑩ 经略安抚:即经略安抚使,宋代掌管一路兵民之政的官员。 ⑪ 招讨使:为一路或数路地区统兵官,掌招抚讨伐事务。

龙图阁直学士以副之①。夷简再入相，帝谕仲淹使释前憾。仲淹顿首谢曰："臣乡论盖国家事②，于夷简无憾也。"

延州诸砦多失守③，仲淹自请行，迁户部郎中兼知延州④。先是，诏分边兵：总管领万人⑤，钤（qián 钱）辖领五千人⑥，都监领三千人⑦。寇至御之，则官卑者先出。仲淹曰："将不择人，以官为先后，取败之道也。"于是大阅州兵，得万八千人，分为六，各将三千人，分部教之，量贼众寡，使更出御贼。时塞门、承平诸砦既废⑧，用种世衡策⑨，城青涧以据贼冲⑩，大兴营田⑪，且听民得互市，以通有无。又以民远输劳苦，请建鄜（fū 夫）城为军⑫，以河中⑬、

① 龙图阁直学士：为龙图阁次于学士一级的官员。当时范仲淹和韩琦被任命为陕西经略安抚副使，同管勾都部署司事，作为夏竦的副手，所以这里说"以副之"。 ② 乡：通"曏"，从前。 ③ 延州：今陕西延安。这里指康定元年西夏围困延安、破金明寨等。 ④ 户部郎中：户部的重要官员。 ⑤ 总管：即都部署，一个地区的军事统帅。 ⑥ 钤辖：地方统兵官，位在总管、都部署下。 ⑦ 都监：地方统兵官，位在钤辖下。 ⑧ 塞门：砦名，今陕西延安西北。承平：砦名，为延州废砦。 ⑨ 种世衡：宋仁宗时抗夏名将，足智多谋。 ⑩ 青涧：城名，今陕西清涧。 ⑪ 营田：由民户经营的官田。 ⑫ 鄜城：今陕西黄龙东。军：宋地方行政区划之一。 ⑬ 河中：府名，今山西省西南部，治所在今山西永济西南。

同①、华中下户税租就输之②。春夏徙兵就食，可省籴(dí 敌)十之三，他所减不与。诏以为康定军③。

明年正月，诏诸路入讨，仲淹曰："正月塞外大寒，我师暴露，不如俟春深入，贼马瘦人饥，势易制也。况边备渐修，师出有纪，贼虽猖獗，固已慑(shè 社)其气矣。鄜④、延密迩灵⑤、夏⑥，西羌(qiāng 腔)必由之地也。第按兵不动，以观其衅，许臣稍以恩信招来之。不然，情意阻绝，臣恐偃兵无期矣。若臣策不效，当举兵先取绥、宥，据要害，屯兵营田，为持久计，则茶山、横山之民⑦，必挈(qiè 切)族来归矣。拓疆御寇，策之上也。"帝皆用其议。仲淹又请修承平、永平等砦⑧，稍招还流亡，定堡障，通斥候，城十二砦，于是羌汉之民，相踵归业。

仲淹为将，号令明白，爱抚士卒，诸羌来者，推心接之不疑，故贼亦不敢辄犯其境。元昊请和，召拜枢密副使。王举正懦默不任事，谏官欧阳修等言仲淹有相才，

---

① 同：即同州，治所在今陕西大荔。 ② 华：即华州，治所在今陕西华县。中下户：宋代主户分五等，第三等称中户，四、五等称下户。 ③ 康定军：即鄜州鄜城，今陕西洛川东南。 ④ 鄜：即鄜州，今陕西富县。 ⑤ 延：即延州。灵：即灵州，今宁夏灵武。 ⑥ 夏：即夏州，今内蒙乌审旗南。 ⑦ 茶山、横山：均为西夏境内之山名，在今陕西省北部。 ⑧ 永平砦：今陕西延安东北。

请罢举正用仲淹，遂改参知政事。帝方锐意太平，数问当世事，仲淹语人曰："上用我至矣，事有先后，久安之弊，非朝夕可革也。"帝再赐手诏，又为之开天章阁①，召二府条对，仲淹皇恐，退而上十事②：

"一曰明黜陟（zhì 制）。二府非有大功大善者不迁，内外须在职满三年，在京百司非选举而授，须通满五年，乃得磨勘③，庶几考绩之法矣。二曰抑侥倖。罢少卿④、监以上乾元节恩泽⑤，正郎以下若监司⑥、边任，须在职满二年，始得荫子⑦；大臣不得荐子弟任馆阁职⑧，任子之法无冗滥矣。三曰精贡举。进士、诸科请罢糊名法⑨，参考履行无阙者，以名闻。进士先策论，后诗赋，诸科取

---

① 天章阁：收藏真宗御制文集、御书之所。 ② 十事：即范仲淹"庆历新政"的改革纲领——《答手诏条陈十事》。 ③ 磨勘：宋代勘验官员每年劳绩过失，经吏部复查后决定升转的一种办法。 ④ 少卿：宋诸寺之副职。 ⑤ 监：宋诸监之正职。乾元节：宋仁宗生于四月十四日，故以此日为乾元节。 ⑥ 正郎：官名，指各部下面的各司的郎中。员外郎为副郎。 ⑦ 荫子：封建时代官僚子孙因先代官爵而被推恩赐官爵。 ⑧ 馆阁职：三馆、秘书省及秘阁官员称馆阁职。 ⑨ 诸科：指学究、明经、明法、三礼、三史、三传等贡举科目。糊名法：宋科举考试卷名字糊掉，以文定等第。

兼通经义者。赐第以上①，皆取诏裁。余优等免选注官②，次第人守本科选③。进士之法，可以循名而责实矣。四曰择长官。委中书、枢密院先选转运使、提点刑狱④、大藩知州⑤；次委两制⑥、三司、御史台⑦、开封府官⑧、诸路监司举知州、通判；知州、通判举知县、令⑨。限其人数，以举主多者从中书选除⑩。刺史、县令可以得人矣。五曰均公田⑪。外官廪给不均，何以求其为善耶？请均其入，第给之，使有以自养，然后可以责廉节，而不法者可诛废矣。六曰厚农桑。每岁预下诸路，风吏民言农田利害，堤堰（yàn 宴）渠塘，州县选官治之。定劝课

---

① 赐第：宋代科举经皇帝亲试后分等级录取，其等第有及第、出身、同出身等。凡被录取的一般叫做中第，由于是被皇帝取中的，故又称赐第。 ② 免选：宋铨选制的一项规定，选人不经过守选，直接赴吏部注授差遣。 ③ 守选：宋铨选制的一项规定，选人任满，须待下次到吏部注授差遣。 ④ 提点刑狱：简称提刑，路一级主管司法、刑狱官员。 ⑤ 大藩：即大节镇，原指节度使所掌控的地方大，这里指重要的州郡。 ⑥ 两制：宋代以翰林学士掌内制，知制诰掌外制，合称两制。 ⑦ 御史台：最高监察机关。 ⑧ 开封府官：即开封府尹，一般置权知府一人。 ⑨ 知县：宋县级行政区长官。 ⑩ 举主：指举荐官员的人。 ⑪ 公田：此指职田，即作为官吏在职补贴的官田。因“近日屡有臣僚乞罢职田，以其有不均之谤，有侵民之害”，故范仲淹提出此项建议。见《答手诏条陈十事》原文。

之法以兴农利，减漕运。江南之圩（wéi 围）田[1]，浙西之河塘，隳废者可兴矣。七曰修武备。约府兵法，募畿（jī几）辅强壮为卫士[2]，以助正兵。三时务农，一时教战，省给赡之费。畿辅有成法，则诸道皆可举行矣。八曰推恩信。赦令有所施行，主司稽违者，重置于法，别遣使按视其所当行者，所在无废格上恩者矣。九曰重命令。法度所以示信也，行之未几，旋即厘改。请政事之臣参议可以久行者，删去烦冗，裁为制敕行下，命令不至于数变更矣。十曰减徭役。户口耗少而供亿滋多，省县邑户少者为镇[3]，并使[4]、州两院为一，职官白直[5]，给以州兵，其不应受役者悉归之农，民无重困之忧矣。"

天子方信向仲淹，悉采用之，宜著令者，皆以诏书画一颁下；独府兵法，众以为不可而止。

初，仲淹以忤吕夷简，放逐者数年，士大夫持二人曲直，交指为朋党。及陕西用兵，天子以仲淹士望所属，拔用之。及夷简罢，召还，倚以为治，中外想望其功业。而仲淹以天下为己任，裁削幸滥，考复官吏，日夜谋虑兴致

---

① 圩田：江边、淤湖、低洼地四周筑堤围垦的耕地。② 畿辅：泛指京都地区。③ 镇：县下面的行政区划。④ 使：宋代地方官有许多"使职"，即带有"使"字的官职。范仲淹奏文中说："防团州以下，有使、州两院者，皆为一院。"故这里指州一级的团练使、防御使等。⑤ 白直：在官当直无月俸的人员。

太平。然更张无渐，规摹阔大，论者以为不可行。及按察使出①，多所举劾，人心不悦。自任子之恩薄，磨勘之法密，侥倖者不便，于是谤毁稍行，而朋党之论浸闻上矣。

会边陲有警，因与枢密副使富弼请行边②。于是，以仲淹为河东、陕西宣抚使③，赐黄金百两，悉分遗边将。麟州新罹（lí 梨）大寇，言者多请弃之，仲淹为修故砦，招还流亡三千余户，蠲其税，罢榷（què 确）酤（gū 姑）予民④。又奏免府州商税⑤，河外遂安⑥。比去，攻者益急，仲淹亦自请罢政事，乃以为资政殿学士⑦、陕西四路安抚使⑧、知邠州。其在中书所施为，亦稍稍沮罢。

（《宋史》卷三一四）

【翻译】

范仲淹，字希文，祖籍原为邠州，后来全家迁徙到江

---

① 按察使：官名，宋以各路转运使兼按察，主管对地方巡察。 ② 富弼：仁宗时宰相，曾与范仲淹一起推行“庆历新政”。 ③ 宣抚使：宋沿边地区军事长官，统率一路或数路军队。 ④ 榷酤：官府专利卖酒。 ⑤ 府州：今陕西府谷。 ⑥ 河外：指河东路的黄河以西部分。 ⑦ 资政殿学士：宋侍从官，以备顾问，无官守但资望高。 ⑧ 陕西四路：指鄜延、环庆、泾原、秦凤四路。

南，成了苏州吴县人。范仲淹两岁的时候，父亲就死了，母亲改嫁给长山一个姓朱的人，他也随继父姓朱，起名叫说。范仲淹少年时就很有志气，品行优良。长大后，他了解到自己的家世，便怀着伤感的心情，含泪辞别了母亲，来到应天府，在戚同文门下学习。他日夜不停地刻苦读书，冬天学得十分疲累的时候，就用冷水浇脸；粮食不够时，就以碎米粥来充饥，这种一般人都不能忍受的困难，范仲淹却丝毫不以为苦。后来他考上进士，被任命为广德军司理参军后，便将母亲接来赡（shàn 善）养。不久他改任集庆军节度推官，这时才恢复范姓，改名为仲淹。

范仲淹在母亲去世后辞官守丧。晏殊当时任应天府知府，因久闻范仲淹的名声，把他召来安置在府里的学校教书。在这期间，他曾向皇帝上书，请求严格选择州郡长官，精心任用各地知县，斥退游手好闲的懒人，清除庸劣不称职的官吏，认真考选人才，安抚边地将帅，全书洋洋万言。后来由于晏殊的推荐，他进入了秘阁任校理官。范仲淹知识广博，通晓《六经》，最擅长的是《易经》。不少读书人遇到问题，常爱来向他请教，每当这时，他总是拿着经书认真讲解，从不厌倦。他曾经拿出自己的俸禄款待来自各地向他学习的读书人，以至他的儿子们要轮换穿见客的衣裳才能外出，而他却毫不在意。每当谈论国家大事，他都激昂慷慨，将自身置之度外。在那一时期的士大夫中有一种正直、严肃、崇尚气节的风度，便是由于他的带头而形成的。

有一年，发生了严重的蝗灾和旱灾，江南、淮南、京东等路的情况最为严重。范仲淹请求皇帝派遣使臣到各路去巡视，皇帝没有答复。于是，他又单独求见皇帝说："如果皇宫中半天没有东西吃，将会怎么样呢？"这句话引起了皇帝的同情，于是就任命范仲淹去安抚江南、淮南等地。他每到一地，立即打开官仓救济灾民，并下令禁止民间举行不合礼制的祭祀，还蠲免了庐、舒二州的折役茶和江东路的丁口盐钱，并归纳了整治当时社会弊病的十项措施上呈皇帝。

明道二年(1032)，仁宗下诏废郭皇后，范仲淹率领谏官、御史们跪伏在殿阁之前力争，但没有成功。第二天，他准备留下文武百官，请宰相出面，到朝廷上与仁宗面争，然而刚到待漏院，皇帝已下诏命他出任睦州知州。一年多后，又迁往苏州。他到苏州后，遇上苏州涨大水，农田被淹，无法耕种。他即领导疏通五河，准备将太湖水引出，灌注入海。但当他已招募了许多民夫开始动工而还未完工的时候，又被调任到明州。当地转运使得知后，奏请仁宗，要求留下他来完成这一工程，得到了朝廷的同意。不久，他被召回朝廷，担任国子监判监事，又提升为吏部员外郎、权知开封府。

当时，吕夷简当宰相执掌朝政，政府起用的官员大都出自他的门下。范仲淹向仁宗进呈《百官图》，并指着图中升官的次序说，这样是按照资序的升迁，这样是不按资序的升迁；依前面的做法是出以公心，依后面的做法就是出自私心；“凡是提升和贬降亲近的大臣，如有超越格式的，不应该全部交给宰相去办理”。吕夷简听后很不高兴。后来，朝廷议论迁都的事，范仲淹说：“洛阳地形险固，而开封是四面无险可守、容易受到攻击的地方；天下太平的时候适宜居住在开封，一旦有战争就只能居住到洛阳去。现在应当在洛阳逐渐多储备一些钱帛粮食，并维修那里的宫殿。”仁宗问吕夷简，吕夷简说：“这是范仲淹不切实际的议论。”范仲淹于是写了《四论》上呈皇帝，大都是谴责当时朝政的言辞，其中说：“汉成帝信任张禹，不怀疑当时权势极大的外戚舅家王氏，因此，后来出了新朝王莽篡位的祸乱。我担心今天也有张禹这样的人，在破坏陛下的家法。”吕夷简怒气冲冲地向仁宗控诉说：“范仲淹离间陛下和大臣的关系，他所引用的人都是他的同伙党羽。”范仲淹的反驳越发严厉，因此，被贬出朝廷，到饶州当知州。

殿中侍御史韩渎迎合宰相吕夷简的意旨，上书请求仁宗公布范仲淹朋党的名字，贴在朝廷的正殿上示众。

于是，秘书丞余靖上书说："范仲淹因为一句话触犯了宰相，就将他贬官放逐，那么他以前所讲的涉及陛下母子、夫妇之间关系的话，又该怎么办呢？既然连那次陛下都宽容他了，我请求更改这次下达的命令。"太子中允尹洙也自称与范仲淹是师友关系，而且范仲淹还曾经推荐过他，表示愿意跟随范仲淹一起降官受贬。馆阁校勘欧阳修看到高若讷身为谏官，却眼看着这件事不说话，因而写信责备他，结果，三个人都因此获罪而被贬官。第二年，吕夷简也被罢免了宰相职务。从此，朋党的议论就开始了。

康定元年(1040)李元昊叛变反抗宋朝，朝廷召回范仲淹，任命为天章阁待制，担任永兴军知军，又改任陕西都转运使。当时，夏竦任陕西经略安抚、招讨使，仁宗又提升范仲淹为龙图阁直学士，充任夏竦的副手。不久，吕夷简再度出任宰相。仁宗告知范仲淹，要他消除对吕夷简的旧怨。范仲淹叩头谢恩说："我过去议论的都是国家的事，对吕夷简个人并没有什么怨恨。"

延州周围有许多寨子被西夏军攻破，范仲淹主动请求前往御敌。于是仁宗任命他为户部郎中兼延州知州。以前，诏书上有分边兵的规定：边境军队，总管统领一万人，钤辖统领五千人，都监统领三千人。每遇敌人来犯要进行抗御时，则由官职卑微的首先出战。范仲淹说：

“不选择将领，而以官职高低来决定出战先后，这是自取失败的办法！”于是，他大规模检阅延州军队，共得一万八千人；他将这一万八千人分为六部，每将各领三千人，分部进行教习训练。遇敌人来犯，则看敌人的人数多少，派各部轮换出战抵御。当时，塞门、承平几个寨都已经废掉，他即采纳种世衡的方策，修筑青涧城以占据敌人来往的要道；又下令大办营田，并允许边境百姓与西夏人民互相贸易，互通有无。此外，他又因百姓从很远的地方运输给养，十分劳苦，请求将鄜城建为军，让河中府及同、华二州的中下户就地交纳租税；春夏两季时，则将军队移驻到那里，就地解决军粮。这样，每年可以减少购买谷物钱的十分之三，其他方面所减省的费用还不计算在内。于是，宋仁宗下诏，以鄜城为康定军。

第二年（康定二年〔1041〕）正月，仁宗下诏，命令陕西各路军队进兵讨伐西夏。范仲淹建议说：“正月正是塞外最寒冷的时候，我军露处于野外，极为不利，不如等到春天再深入讨伐，那时敌人马瘦人饥，比较容易制服。何况那时我们的边境防御逐渐完备，军队出战更有纪律，敌人虽然猖獗，但近来也已对我有所畏惧而气焰收敛。鄜州和延州离西夏的灵州和夏州很近，是西夏侵宋的必经之地。我们只须按兵不动，观察他们内部的分裂；并望准许我多少以恩惠和信义招降他们。不然的话,羌人与我们情意阻绝,我担心战争就会没有止息的时候了!如果我的办法没有效果,那就应当出动军队,首先攻占西夏的绥州和宥州,占据要害的地方,驻扎军队,营田守卫,作持久的打算,这样,茶山和横山的居民必然会带领自己的家族来归附我们。开拓边境,抵御敌人,这是最好的办法。”仁宗全部采用了范仲淹的建议。范仲淹又请求修复承平、永平等寨,逐渐将流亡在外的居民招还,又修建了许多小土堡作为站岗放哨的地方,还修筑了城寨十二座,于是,当地的羌族和汉族居民又先后回归自己的家园,恢复了正常的生产。

范仲淹领兵戍边时,号令明白,爱护士兵,而且对各部落来归顺的羌人能推心置腹,诚意接纳,使对方不产生疑心,因此,西夏军队不敢随意侵犯他所管辖的边境。庆历三年(1043),李元昊请求与宋朝进行和平谈判,仁宗召范仲淹回朝,任命为枢密副使。当时参知政事王举正软弱无能,不能担当国家大事。谏官欧阳修等人奏称范仲淹有宰相的才能,请求罢免王举正,起用范仲淹,仁宗于是任命范仲淹为参知政事。当时宋仁宗一心想治理出一个太平盛世,几次向范仲淹询问当今的事情应该怎么办。范仲淹对别人说:“皇帝陛下对我的信任和倚重已经到了无以复加的地步,但是,办任何事都有一个先后顺序、长期的太平日子所带来的种种弊病,不是一朝一夕所能革除的啊!”仁宗再次赐给范仲淹亲笔书写的诏书,又为他专门打开天章阁,让他翻阅里面的文件档案,并召开中书和枢密院大臣会议讨论;范仲淹害怕触怒皇帝,只好回到家中,写出了《答手诏条陈十事》,向仁宗皇帝上奏:

一、明确官员的升降制度。在中书和枢密院任职的官员如没有大功劳和完美品德,不能提升,朝内与朝外的官员必须在职任满三年,在京城各个部门的官员,凡不是经过考试而授官的,必须任满五年,才可以磨勘,这样才算是有了考核官吏政绩的办法了。二、避免由意外机缘、恩遇获得职位或升迁的官员。废除少卿、监以上官员在乾元节仁宗皇帝生日享受的升迁恩典,正郎以下的官员例如在监司或在边境任职的,必须在职满二年,其子才能荫官;大臣不得推荐自己子弟进入馆阁任职。这样,任用官僚子弟才不会出现冗滥。三、精选科举的考生。请废除进士和诸科考试时把名字密封的办法,要结合品行考察,把没有缺点错误的人的名字报上去。进士先考策论,后考诗赋,诸科则录取精通经书义理的人;所有被录取的人,都由皇帝下诏书裁定。此外,考试得优等的可以免选直接注授差遣;次等的人则守本科选。用这种方法选择任用人才,就可以考察他是否名副其实了。四、选拔官员逐级负责制。委托中书和枢密院首先选任转运使、提点刑狱、大藩的知州；其次再委托两制、三司、御史台、开封府的官员和各路监察机构推荐知州和通判；知州和通判则推荐知县或县令。限定他们推荐的人数，在举荐人数多的被荐人中，由中书进行选择授官。这样做，刺史、县令就会得到合适的人选了。五、调整分配给地方官的职田。朝廷给地方官的俸禄不合理，怎能要求地方官去做善事呢？请朝廷调整他们的收入，分别情况按等第给职田，让他们能够供养家口。如此一来，才可以要求他们廉洁奉公，而对于违法的官员也就可以进行惩罚和罢免了。六、发展农业生产。每年预先降下诏书到各路，对各州军的官吏百姓大讲发展农业的利害关系；对于堤坝、水渠、池塘，各州县要选派官员进行修治。制定奖励和考核的办法来发展农业生产，减少每年的水道运粮。这样，原来毁坏废弃了的江南圩田、浙西河渠池塘，也都可以重新修复起来。七、整顿军队加强军事建设。大略如府兵法，招募京都地区的强壮百姓，担任本地区的守备，以协助正规军。这些部队，一年之中，用三个季度从事农业生产，一个季度练习行军作战，这样，就可以节省国家供养军队的费用。待京都地区有了固定的办法后，各路都可以仿效实行。八、推行朝廷的恩泽，提高朝廷的信誉。国家颁布实施的大赦命令，有关部门的主管官员要稽查违令不行的人，对他们依法严厉惩处。另外再派遣使者巡视各地，检查赦令是否得到贯彻执行。这样，全国各地就不会有阻隔皇帝恩典下达的人了。九、重视朝廷命令的制定和颁行。法令制度一定要表现出有信用；一项命令推行没有多久就更改，这就没有信誉可谈了。请让主管政事的大臣商量出可以长久实行的法令制度，删掉那些繁杂多余的部分，裁定为皇帝制书、敕书颁行天下，这样，朝廷的命令就不至于屡次变更了。十、减轻人民负担的徭役。现在，国家户口日益减少，而国家负担的供应量却越来越多；应合并一些户口少的县，所废的县改为镇，将使院和州院两套办事机构合并为一；对原设置的那些为官员白当值的人员，一律配给州兵来代替；凡属不应当服役的人，全部遣返回乡从事农业生产，这样一来，老百姓就不会为负担过重而忧急了！

宋仁宗当时正信任和敬重范仲淹，所以，范仲淹所上十事全部都被采纳施行，应该写进敕令的，都用诏书的形式统一颁发到全国去；只有府兵法，大家都认为不可推行，因而没有实行。

当初，范仲淹因为触犯了吕夷简，被放逐在外好几年，当时的士大夫各自抓住两人的是非，互相指责对方是朋党。到陕西交战时，仁宗见范仲淹在士大夫中有很高的人望，就将他提拔起用。到吕夷简罢相后，又将他召回朝廷，想依靠他来治理国家。朝廷内外举国人士都期待着范仲淹建立一番功业。范仲淹则把治理好天下大事看作自己的职责，大力裁减侥幸得官、升官和多余无用的官员，考核复查官吏，日夜思谋策划，一心想达到太平盛世。但是，他所推行的改革不是逐步渐进，规模又很阔大，很多人都认为不可能推行。及至朝廷派出按察使，检举弹劾了很多地方官员后，又引起了许多人不满。此外，自从削减了任用官员子弟的恩荫，严格规定了官员磨勘的办法以来，侥幸得官和希望侥幸得官的人感到很是不利，于是，对范仲淹的毁谤慢慢在朝廷传开，而关于朋党的议论也渐渐传到了仁宗的耳中。

这时，恰好有边境形势危急的消息，因此，范仲淹与枢密副使富弼要求到边境任职，于是，仁宗任命范仲淹为河东、陕西两路宣抚使，并赐给黄金一百两。范仲淹将黄金全部分送了戍守边境的将领。当时麟州刚遭受了西夏军队的严重劫掠，许多人都主张放弃，但范仲淹却领导修复了这里已废的营寨，招还流亡在外的居民三千多户，蠲免他们的赋税，并下令废止当地官府经销酒类专利权让百姓自己卖酒。又奏请朝廷免掉府州的商业税。河外地区于是安定下来。范仲淹离开朝廷后，对他的攻击更加激烈，他只好自己主动请求罢免参知政事的职务。仁宗于是任命他为资政殿学士、陕西四路安抚使、邠州知州。他在中央时所施行的改革，也就慢慢被人阻止而罢废了。

包 拯 传

包拯(999—1062),是中国民间传说中最著名的清官,有大量的戏剧演他的故事,有不少小说讲他的故事,“包公”、“包黑子”、“包青天”,在我国几乎是家喻户晓的人物。他在民间的影响之大,是其他宋代人物难以相比的。

历史上的包拯,与小说、戏剧中的包公有很大不同,他并没有做过宰相,也没有那许多神奇的故事。然而,历史上的包拯,确是为官清廉,刚正不阿,敢于冒犯权贵,这是与戏剧、小说中的包公一致的。

包拯生活在北宋中期,他的主要活动是在宋仁宗时期。当时因循守旧之风严重,包拯以他敏锐的办案能力、刚毅的从政作风、不畏权贵的大胆态度，给当时的政治生活吹进了一股清风，从而在民间神化起来，成为千古清官的代表。

包拯，字希仁，庐州合肥人也①。始举进士，除大理评事②，出知建昌县③。以父母皆老，辞不就。得监和州税④，父母又不欲行，拯即解官归养。后数年，亲继亡，拯庐墓终丧，犹徘徊不忍去，里中父老数来劝勉。久之，赴调，知天长县⑤。有盗割人牛舌者，主来诉。拯曰："第归，杀而鬻之。"寻复有来告私杀牛者，拯曰："何为割牛舌而又告之？"盗惊服。徙知端州⑥，迁殿中丞⑦。端土产砚（yàn 厌），前守缘贡，率取数十倍以遗权贵。拯命制者才足贡数，岁满不持一砚归。

寻拜监察御史里行⑧，改监察御史。时张尧佐除节

---

① 合肥：今安徽合肥。 ② 大理评事：官名，大理寺的低级官员。北宋前期是授予初及第人的官，实无职掌。 ③ 建昌县：今江西永修西北。 ④ 和州：今安徽和县。 ⑤ 天长县：今安徽天长县。 ⑥ 端州：今广东肇庆。 ⑦ 殿中丞：殿中省的官员，殿中省为掌管皇帝日常生活的总机构。 ⑧ 监察御史里行：官名，属御史台察院，是官卑而任监察御史的人的授职，负责监察政府机构。

度、宣徽两使[①]，右司谏张择行[②]、唐介与拯共论之，语甚切。又尝建言曰："国家岁赂契丹，非御戎之策，宜练兵选将，务实边备。"又请重门下封驳之制[③]，及废锢（gù固）赃吏，选守宰，行考试补荫弟子之法。当时诸道转运加按察使，其奏劾官吏多摭（zhí 直）细故，务苛察相高尚，吏不自安，拯于是请罢按察使。

去使契丹，契丹令典客谓拯曰[④]："雄州新开便门[⑤]，乃欲诱我叛人，以刺疆事耶？"拯曰："涿州亦尝开门矣[⑥]，刺疆事何必开便门哉？"其人遂无以对。

为三司户部副使[⑦]。秦陇斜谷务造船材木[⑧]，率课取于民[⑨]；又七州出赋河桥竹索，恒数十万，拯皆奏罢之。契丹聚兵近塞，边郡稍警，命拯往河北调发军食。拯曰：

① 张尧佐：是仁宗所宠贵妃张氏的伯父。宣徽使：官名，宣徽院的长官，地位仅次于执政。② 右司谏：官名，原名右补阙，端拱元年(988)改，隶属于中书省，凡朝政阙失、用人不当，都可以进谏。③ 门下封驳：即诏书有不当处，门下省官吏可以封好驳回。④ 典客：官名，负责接待。⑤ 雄州：今河北雄县，当时属宋。⑥ 涿州：今河北涿州，时属契丹。⑦ 三司户部：三司分三个机构——户部、盐铁、度支，户部分掌五案——户税、上供、修造、麴(专卖)、衣粮。⑧ 斜谷务：设于斜谷镇的船务——造船场。斜谷镇：在今陕西眉县西南，当时属凤翔府。⑨ 课：即课役，课纳财赋或分派劳役。

"漳河沃壤[1]，人不得耕，邢、洺、赵三州民田万五千顷[2]，率用牧马，请悉以赋民。"从之。解州盐法率病民[3]，拯往经度之，请一切通商贩。

除天章阁待制、知谏院[4]。数论斥权倖大臣，请罢一切内除曲恩。又列上唐魏郑公三疏，愿置之坐右，以为龟鉴。又上言，天子当明听纳，辨朋党，惜人才，不主先入之说，凡七事；请去刻薄，抑侥倖，正刑明禁，戒兴作，禁妖妄。朝廷多施行之。

除龙图阁直学士、河北都转运使。尝建议无事时徙兵内地，不报。至是，请："罢河北屯兵，分之河南兖[5]、郓、齐[6]、濮(pú 仆)[7]、曹[8]、济诸郡[9]，设有警，无后期之忧。借曰戍兵不可遽减，请训练义勇[10]，少给糇(hóu 侯)粮，每岁之费，不当屯兵一月之用，一州之赋，则所给者多矣。"不报。徙知瀛州[11]，诸州以公钱贸易，积岁所负十

---

① 漳河：约在今河北清河西至河北东光一段。 ② 邢州：今河北邢台。洺州：今河北永年；赵州：今河北赵县。 ③ 解州：今山西运城解州。 ④ 知谏院：谏院的长官。谏院管左右司谏、左右正言等监察官员。 ⑤ 兖州：今山东兖州。 ⑥ 齐州：今山东济南。 ⑦ 濮州：今山东菏泽鄄城北。 ⑧ 曹州：今山东曹县西北。 ⑨ 济州：今山东巨野。 ⑩ 义勇：军名。从河北、河东、陕西民家抽丁，在手背刺字后组成的军队，驻在各州。 ⑪ 瀛州：今河北河间。

余万，悉奏除之。

召权知开封府，迁右司郎中①。拯立朝刚毅，贵戚宦官为之敛（liàn 练）手，闻者皆惮（dàn 但）之，人以包拯笑比黄河清②。童稚妇女，亦知其名，呼曰"包待制"。京师为之语曰："关节不到，有阎罗包老。"③旧制，凡讼诉不得径造庭下。拯开正门，使得至前陈曲直，吏不敢欺。中官势族筑园榭（xiè 谢）侵惠民河④，以故河塞不通，适京师大水，拯乃悉毁去。或持地券自言，有伪增步数者⑤，皆审验劾奏之。

迁谏议大夫、权御史中丞⑥。奏曰："东宫虚位日久⑦，天下以为忧，陛下持久不决，何也？"仁宗曰："卿欲谁立？"拯曰："臣不才备位，乞豫建太子者，为宗庙万世计也。陛下问臣欲谁立，是疑臣也。臣年近七十，且无子，非邀福者。"帝喜曰："徐当议之。"请裁抑内侍，减节

---

① 右司郎中：官名，属尚书省。 ② 黄河清：黄河水混难清，因此人们比喻罕见难得的事情为"黄河清"。 ③ 阎罗包老：此处是说关节托不到阎王与包公处。 ④ 惠民河：古运河名，从今河南开封市向西南延伸，至今河南长葛北接溟水。⑤ 步：长度单位。 ⑥ 御史中丞：监察机构——御史台的长官。 ⑦ 东宫：指太子。

冗费，条责诸路监司①，御史府得自举属官，减一岁休暇日，事皆施行。

张方平为三司使，坐买豪民产，拯劾奏罢之；而宋祁代方平，拯又论之；祁罢，而拯以枢密直学士权三司使。欧阳修言："拯所谓牵牛蹊（xī 奚）田而夺之牛②，罚已重矣，又贪其富，不亦甚乎！"拯因家居避命，久之乃出。其在三司，凡诸管库供上物，旧皆科率外郡，积以困民。拯特为置场和市③，民得无扰。吏负钱帛多缧（léi 雷）系，间辄逃去，并械其妻子者，类皆释之。迁给事中，为三司使。数日，拜枢密副使。顷之，迁礼部侍郎，辞不受。寻以疾卒。年六十四。赠礼部尚书，谥孝肃。

拯性峭直，恶吏苛刻，务敦厚，虽甚嫉恶，而未尝不推以忠恕也。与人不苟合，不伪辞色悦人，平居无私书，故人、亲党皆绝之。虽贵，衣服、器用、饮食如布衣时。尝曰："后世子孙仕宦，有犯赃者，不得放归本家，死不得葬大茔（yíng 营）中。不从吾志，非吾子吾孙也。"

（《宋史》卷三一六）

---

① 监司：诸路转运使司、提点刑狱司、提举常平司等机构的总称，这些机构都有监察各州官吏的责任。 ② 蹊：践踏、踏过。 ③ 和市：官民议价买卖。

【翻译】

包拯，字希仁，庐州合肥人。刚考中进士时，朝廷授予他大理评事的官称，派他做建昌知县。他因为父母年老，没有就职。随后受任监和州税，父母又不愿随他到任，于是他便辞了官，回家侍养父母。过了几年，双亲相继去世，他就在父母墓旁搭茅棚守丧。守丧期满，仍然徘徊不忍离去。乡里的父老们多次劝说，勉励他出去做官。过了一段时间，他才应命就任天长县知县。天长县内有个盗贼偷偷割了人家一头牛的舌头，牛的主人到县衙门告状。包拯说："你暂且回去，把牛杀了卖掉吧。"不久就有人来告发，说有人私自宰杀耕牛，包拯说："你为什么割了人家牛舌头又来告发呢？"偷割牛舌的盗贼吃了一惊，只得认罪。包拯又被调任端州知州，升为殿中丞。当时，端州产砚台，以前的知州总要借着向皇帝进贡的名义，索取数十倍于进贡数的砚台，用来赠送给权贵们。包拯到任后，命令制作之数刚够进贡用就行，他自己则到期满离任时都没有带走一个砚台。

不久，包拯被任命为监察御史里行，又改任监察御史。当时，张尧佐被授予节度、宣徽两使，右司谏张择行、唐介和包拯共同上奏争论这件事，言词非常恳切。他又曾经上书建议："国家每年给契丹送财物，这不是抵御敌人的办法，应该训练士兵，挑选将领，大力充实边境的战备力量。”他又提请重视门下省封驳的制度，并建议对赃官贪吏革职永不起用，有选择地任用地方长官，官员的子弟凭恩荫补官时要进行考试。当时，各路的转运使都加了按察使头衔，他们弹劾官吏常是故意搜罗人家的小过，用苛刻的审察来标榜自己高尚，致使地方官吏都不安心，于是，包拯请求罢免转运使所加的按察使职衔。

包拯出使契丹时，契丹派遣接待官去对包拯说：“雄州新开放了一座便门，是要招诱我方叛变的人，以便刺探边境的事情吗？”包拯说：“你们涿州也曾开了一座便门啊，刺探边境的事情何必要待开便门呢？”使接待官无话可说。

包拯担任三司户部副使的时候，秦州、陇州和斜谷造船场的造船木材，都是作为课役从民间征取的，还有七个州要交纳河桥竹索的税钱，经常有几十万贯，包拯奏请废止了这些课税的征收。契丹在靠近宋朝边塞的地方集结军队，边境州、军的形势逐渐紧张，朝廷命令包拯向河北调发部队的军粮。包拯说：“漳河一带土壤肥沃，而人们不能够耕种；邢、洺、赵三州的民田一万五千顷，都用来牧马；请全部交给百姓，让他们耕种交租。”朝廷同意了。又解州的盐法总是危害民众，包拯前去经营规划，请求在解州所有的盐产地都让商贩去运盐来卖。

包拯被任命为天章阁待制、知谏院。他多次上奏疏，斥责那些倚仗皇帝宠信而又滥用威权的大臣，请求废止一切由皇帝从宫里下达的加官进爵的恩命。他又抄录了唐朝魏征的三项奏疏上呈，希望皇帝放在座旁，作为借鉴警戒自己。他还上言说，天子应该善于听取和采纳好的意见，分辨清楚什么是“朋党”和谁是朋党，应当爱惜人才，不要坚持先入为主的看法，这些意见共有七条；他请求不用刻薄的人为官吏，抑制侥倖得官升官的人，整顿刑法，明确禁令，不要大兴土木，禁止借妖邪惑众的人。这些意见大多数都被朝廷采纳实行。

包拯改任龙图阁直学士、河北都转运使。他曾经建议，边境没有事的时候，调动一部分军队到内地，但朝廷没有答复。到此时，他再次请求说：“屯驻河北的军队，可分派到黄河以南的兖、郓、齐、濮、曹、济等州去，即使有警报传来，也可以不必担心会来不及支援。如果说驻守的军额不能一下子削减很多，那么，请训练义勇，多少发给他们一些干粮，这样做，每年花费的还不到驻屯军一个月的费用；这样一个州的财力，能够养活的部队就多了。”朝廷还是没有答复。包拯又被调到瀛州做知州，当时，各州都用公家的钱来做买卖，日积月累共亏损了十几万贯，包拯上奏，把亏损全部注销，不必再偿还。

朝廷召回包拯，派他权知开封府，官职升为右司郎中。包拯在朝刚强果断，贵戚宦官因而有所收敛，听到他的名字的人都害怕他，人们把包拯笑比作黄河清一样难得。就连儿童和妇女也知道他的名字，称他做“包待制”。京师流传着关于他的民谣说：“关节不到，有阎罗包老。”原来的制度规定，凡是告状的人，不能够直接进到官衙庭下来。包拯让打开正门，使告状的人都能够到庭前陈述是非曲直，于是，办事的衙吏就不敢再欺骗长官、欺凌下民了。宦官和豪门大族修建园亭台榭的时候，侵占了惠民河的地方，所以河水堵塞不通，正好碰到京城发大水，包拯就将那些园亭台榭全部拆毁。有人拿着地券来表白申诉，其中有作假私增土地面积的，包拯都查明验实，奏报了朝廷。

包拯升为谏议大夫、权御史中丞。他上奏说：“太子的位子空了很久，天下的人都为这件事忧虑，陛下这么长久的时间还不作决定，是为了什么呢？”仁宗说：“你想立谁呢？”包拯说：“我以微末才能，充数供职朝廷，所以请求预先确立太子，是为皇朝江山能延续千秋万代而考虑。陛下问我要立谁，这是怀疑我了。我已经快七十岁了，而且没有儿子，并不希图追求富贵。”仁宗高兴地说：“好！这件事会慢慢商议。”不久，包拯又请求裁减和抑制宦官，减少不必要的开支以节省费用，并写成条文，责成各路的监察机构进行督察；御史府可以自己举荐所属的官吏;减少每年的休假日;这些事都得到朝廷的批准施行。

张方平任三司使,因为购买豪民的产业,包拯上奏弹劾其有罪,因而被罢免了职务;宋祁代替方平担任三司使,包拯又抨击他;宋祁被免职,而包拯却以枢密直学士官阶任职权三司使。欧阳修说:"包拯这样做,就是人们所讲的:有人牵牛践踏了某人的田,这人就夺了他的牛作为处罚;这样的惩罚已经够重了,还要贪图他的财富,这不是太过分了吗!"包拯因此在家回避任命,很久以后才出任就职。他在三司的时候,所有仓库里供应宫廷的物品,原来都是摊派给外地州郡进贡的,因此给老百姓增加了很多负担。包拯特地设置机构——场,购买这些物品,民间才免除了这些负担。以往三司的小吏欠了钱帛后常常被囚禁起来,得到机会往往逃走,于是把他的妻子与儿女也一并囚禁;包拯把属于这类情况的人全部释放。包拯又升为给事中,正式被任命为三司使。几天后,被任命为枢密副使。不久又升为礼部侍郎,包拯辞谢不肯接受。很快他就因病去世了,享年六十四岁。朝廷追赠他为礼部尚书,谥号孝肃。

包拯性情严峻刚直,厌恶官吏的苛刻,行事力求敦厚,虽然非常憎恨恶行,但并不是不以宽厚之心推诚待人的。他和人相处时不随意附和,不说假话装笑脸让别人高兴，平时没有私人书信往来，同熟人、亲戚都断绝了交往。他虽然当了高官，但是衣服、器用、饮食仍然和没有做官时一样。他曾经说："我的后代子孙出去做官，如果有犯贪污罪的，不许回到我家，死后也不能葬进家族的墓地。如果不遵照我的意志，就不是我的子孙！"

欧阳修传

欧阳修(1007—1072),北宋中期的重要政治人物,曾参预范仲淹主持的政治改良运动,与范仲淹、余靖、杜衍合称为“庆历四君子”。

然而,欧阳修在历史上的最大影响并不在于他参加了政治改革,而在于他对北宋文学改革运动所作出的卓越贡献。他一方面反对晚唐以来的不良文风,一方面提倡继承韩愈的道统和文统,以致在北宋中叶形成了一场规模浩大的古文运动,欧阳修因此一举成为北宋中叶的文坛领袖。欧阳修又是一位具有多方面文学才能的作家,在散文、诗、词及诗歌理论方面都很有成就,在史学上亦有建树,曾著《新五代史》,

并和宋祁合著《新唐书》。

欧阳修的晚年趋于保守，在王安石变法运动中，这位一度曾颇为激进的革新派却站到对立面去了。

欧阳修，字永叔，庐陵人①。四岁而孤，母郑，亲诲(huì 会)之学，家贫，至以荻(dí 敌)画地学书。幼敏悟过人，读书辄成诵。及冠②，嶷(nì 逆)然有声。

宋兴且百年，而文章体裁，犹仍五季余习③。锼(sōu 搜)刻骈(pián)偶，淟(tiǎn 忝)涊(niǎn 碾)弗振，士因陋(lòu 漏)守旧，论卑气弱。苏舜元、苏舜钦、柳开、穆修辈④，咸有意作而张之，而力不足。修游随⑤，得唐韩愈遗稿于废书簏(lù 路)中⑥，读而心慕焉。苦志探赜(zé 责)，至忘寝食，必欲并辔(pèi 佩)绝驰而追与之并。

举进士，调西京推官。始从尹洙游，为古文，议论当世事，迭相师友；与梅尧臣游，为歌诗相倡和，遂以文章

---

① 庐陵：今江西吉安。 ② 冠：古时男子二十岁称“冠”，表示已是成人了。 ③ 五季：指梁、唐、晋、汉、周五代，史称后梁、后唐、后晋、后汉和后周。 ④ 苏舜元、苏舜钦、柳开、穆修：都是宋初有名的文人，苏氏兄弟以诗章雄健著名，柳、穆是古文大家，他们都倡导古文运动。 ⑤ 随：即随州，今湖北随州。 ⑥ 韩愈：唐朝文学家、政治家，唐宋八大家之首。

名冠天下。入朝，为馆阁校勘。

范仲淹以言事贬，在廷多论救，司谏高若讷（nà 纳）独以为当黜（chù 处）。修贻（yí 移）书责之，谓其不复知人间有羞耻事。若讷上其书，坐贬夷陵令①。庆历三年②，知谏院。

时仁宗更用大臣，杜衍（yǎn 眼）、富弼、韩琦、范仲淹皆在位，增谏官员，用天下名士，修首在选中。每进见，（劝）帝延问执政③，咨所宜行。既多所张弛，小人翕翕（xì 系）不便。修虑善人必不胜，数为帝分别言之。

初，范仲淹之贬饶州也④，修与尹洙、余靖皆以直仲淹见逐，目之曰"党人"。自是，朋党之论起，修乃为《朋党论》以进。其略曰："君子以同道为朋，小人以同利为朋，此自然之理也。臣谓小人无朋，惟君子则有之。小人所好者利禄，所贪者财货，当其同利之时，暂相党引以为朋者，伪也。及其见利而争先，或利尽而反相贼害，虽兄弟亲戚，不能相保，故曰小人无朋。君子则不然，所守者道义，所行者忠信，所惜者名节。以之修身，则同道而相益，以之事国，则同心而共济，终始如一，故曰：惟君子

---

① 夷陵：今湖北宜昌。 ② 庆历：宋仁宗年号。 ③《四朝国史》欧阳修本传作"劝帝延问执政"，见《欧阳文忠公集》附录四。《宋史》脱"劝"字，此据《国史》本传加。 ④ 饶州：今江西波阳。

则有朋。纣(zhòu 咒)有臣亿万①,惟亿万心,可谓无朋矣,而纣用以亡。武王有臣三千②,惟一心,可谓大朋矣,而周用以兴。盖君子之朋,虽多而不厌故也。故为君但当退小人之伪朋,用君子之真朋,则天下治矣。"

修论事切直,人视之如仇,帝独奖其敢言,面赐五品服③。顾侍臣曰:"如欧阳修者,何处得来?"同修起居注④,遂知制诰⑤。故事,必试而后命,帝知修,诏特除之。

奉使河东⑥。自西方用兵,议者欲废麟州以省馈(kuì 溃)饷(xiǎng 响)。修曰:"麟州天险,不可废,废之,则河内郡县⑦,民皆不安居矣。不若分其兵,驻并河内诸堡,缓急得以应援,而平时可省转输,于策为便。"由是州得存。又言:"忻⑧、代、岢岚多禁地废田⑨,愿令民得耕之,不然将为敌有。"朝廷下其议,久乃行,岁得粟数百万

① 纣:商朝最后一个君主。 ② 武王:即周武王,周朝的开国君主,率兵灭商。 ③ 五品服:欧阳修当时是谏官,为正七品,赐五品服,是一种提高其地位的奖赏。 ④ 起居注:记录皇帝言行的言行录。 ⑤ 知制诰:官名,负责起草皇帝的各种诏令,如制、诰、诏、令、赦书等。 ⑥ 河东:指河东路,大致相当于今山西省。 ⑦ 河:即黄河;河内:指黄河自河套以下由北而南的一段以东之地,即今之山西省,这里主要指今之山西省西北部。 ⑧ 忻:即忻州,今山西忻州。 ⑨ 岢岚:即岢岚军,今山西岢岚。

斛。凡河东赋敛过重民所不堪者，奏罢十数事。

使还，会保州兵乱①，以为龙图阁直学士、河北都转运使。陛辞，帝曰："勿为久留计，有所欲言，言之。"对曰："臣在谏职得论事，今越职而言，罪也。"帝曰："第言之，毋以中外为间。"贼平，大将李昭亮、通判冯博文私纳妇女，修捕博文系狱，昭亮惧，立出所纳妇。兵之始乱也，招以不死，既而皆杀之，胁从二千人，分隶诸郡。富弼为宣抚使，恐后生变，将使同日诛之，与修遇于内黄②，夜半，屏人告之故。修曰："祸莫大于杀已降，况胁从乎？既非朝命，脱一郡不从，为变不细。"弼悟而止。

方是时，杜衍等相继以党议罢去，修慨然上疏曰："杜衍、韩琦、范仲淹、富弼，天下皆知其有可用之贤，而不闻其有可罢之罪。自古小人谗害忠贤，其说不远。欲广陷良善，不过指为朋党，欲动摇大臣，必须诬以专权。其故何也？去一善人，而众善人尚在，则未为小人之利；欲尽去之，则善人少过，难为一一求瑕（xiá 霞），唯指以为党，则可一时尽逐。至如自古大臣，已被主知而蒙信任，则难以他事动摇，唯有专权是上之所恶，必须此说，方可倾之。正士在朝，群邪所忌，谋臣不用，敌国之福也。今此四人一旦罢去，而使群邪相贺于内，四夷相贺

① 保州：今河北保定。 ② 内黄：今河南内黄。

于外，臣为朝廷惜之。”于是邪党益忌修，因其孤甥张氏狱傅致以罪，左迁知制诰、知滁州①。居二年，徙扬州、颍州②。复学士，留守南京③，以母忧去。服除，召判流内铨④，时在外十一年矣。帝见其发白，问劳甚至，小人畏修复用，有诈为修奏，乞澄汰内侍为奸利者。其群皆怨怒，谮之，出知同州，帝纳吴充言而止。迁翰林学士，俾修《唐书》。奉使契丹，其主命贵臣四人押宴，曰：“此非常制，以卿名重故尔。”

知嘉祐二年贡举⑤。时士子尚为险怪奇涩之文，号“太学体”，修痛排抑之，凡如是者辄黜。毕事，向之嚣薄者伺修出，聚噪于马首，街逻不能制；然场屋之习，从是遂变。

加龙图阁学士，知开封府。承包拯威严之后，简易循理，不求赫赫名，京师亦治。旬月，改群牧使⑥。《唐书》成，拜礼部侍郎兼翰林侍读学士⑦。修在翰林八年，知无不言。

---

① 滁州：今安徽滁州。 ② 颍州：今安徽阜阳。 ③ 南京：宋之南京为应天府，治所在今河南商丘。 ④ 流内铨：官署名，属吏部，负责对幕职州县官以下的官员进行考核。 ⑤ 嘉祐：宋仁宗年号。 ⑥ 群牧使：群牧司长官，主管全国各地有关饲养国马的事务。 ⑦ 翰林侍读学士：官名，为皇帝进读书史、讲释经义，备顾问应对。

台谏论执中过恶①,而执中犹迁延固位。修上疏,以为“陛下拒忠言,庇愚相,为圣德之累”。未几,执中罢。修尝因水灾上疏曰:“陛下临御三纪,而储宫未建。昔汉文帝初即位②,以群臣之言,即立太子,而享国长久,为汉太宗③。唐明宗恶人言储嗣事④,不肯早定,致秦王之乱⑤,宗社遂覆。陛下何疑而久不定乎?”其后建立英宗,盖原于此。

五年,拜枢密副使。六年,参知政事。修在兵府⑥,与曾公亮考天下兵数及三路屯戍多少⑦、地理远近,更为图籍。凡边防久缺屯戍者,必加蒐(sōu 搜)补。其在政府⑧,与韩琦同心辅政⑨。凡兵民、官吏、财利之要,中书所当知者,集为总目,遇事不复求之有司。时东宫犹未定,与韩琦等协定大议。英宗以疾未亲政,皇太后垂帘⑩,左右交构,几成嫌隙。韩琦奏事,太后泣语之故。

---

① 陈执中:当时任宰相。 ② 汉文帝:西汉第三个皇帝。 ③ 太宗:指开国第二代皇帝,亦指对巩固皇朝做出大贡献的非开国皇帝,此处指后者。 ④ 唐明宗:五代后唐的皇帝,926—933年在位。 ⑤ 秦王:指后唐明宗的儿子李从荣,他曾起兵要夺取帝位,未成功,被杀。 ⑥ 兵府:指枢密院。 ⑦ 曾公亮:当时任枢密使。 ⑧ 政府:指中书。 ⑨ 韩琦:当时任宰相。 ⑩ 皇太后垂帘:皇太后或皇后临朝听政,殿上用帘子遮隔,叫做“垂帘”。此处指仁宗的曹皇后。她在英宗即位后被尊为皇太后。

琦以帝疾为解，太后意不释，修进曰："太后事仁宗数十年，仁德著于天下。昔温成之宠①，太后处之裕如，今母子之间，反不能容邪？"太后意稍和，修复曰："仁宗在位久，德泽在人。故一日晏驾，天下奉戴嗣君，无一人敢异同者。今太后一妇人，臣等五六书生耳，非仁宗遗意，天下谁肯听从？"太后默然，久之而罢。

修平生与人尽言无所隐。及执政②，士大夫有所干请③，辄面谕可否，虽台谏官论事，亦必以是非诘（jié）之，以是怨诽益众。

修以风节自持，既数被污蔑，年六十，即连乞谢事，帝辄优诏弗许。及守青州④，又以请止散青苗钱⑤，为安石所诋，故求归愈切。熙宁四年⑥，以太子少师致仕。五年，卒，赠太子太师，谥曰文忠。

修始在滁州，号醉翁，晚更号六一居士。

（《宋史》卷三一九）

---

① 温成：即仁宗的张贵妃，死后谥温成，追册为皇后。② 执政：指担任宰相、参知政事、枢密使、枢密副使等中央政府的首脑。③ 士大夫：指有官职的读书人。④ 青州：今山东青州。⑤ 青苗钱：王安石当政时颁布的新法之一，春天刚下种时由政府发放贷款，等秋天作物成熟时再偿还。⑥ 熙宁：宋神宗年号。

【翻译】

欧阳修，字永叔，庐陵人。他四岁时死了父亲。母亲姓郑，亲自教他学习。由于家中贫穷，他不得不用芦苇杆当笔在地上练写字。欧阳修从小聪明过人，书读过以后即能背诵。到了二十岁左右，已因为才华出众而出了名。

当时，宋朝建立已将近百年，然而文章的体裁，还是沿袭五代的余风，刻意追求骈文的对偶排比，污浊不振，读书人守着粗劣陈旧的成规，议论卑下，气格软弱。苏舜元、苏舜钦、柳开、穆修一班人，都有意以创作来振兴文风，但是才力不足。欧阳修寄居随州时，曾在书筐中得到唐朝韩愈的遗稿，读完以后心中非常倾慕，于是苦心探求其中的奥秘玄妙，以至忘记了睡眠饮食，一心要快马加鞭追上韩愈，与他并驾齐驱。

欧阳修考取进士以后，调任西京推官。这时才开始跟尹洙交游，写作古文，议论世间时事，彼此互相做老师和朋友；他又和梅尧臣交游，作诗相唱和，于是以文章超群而名冠天下。后来入朝，任馆阁校勘。

范仲淹因为上书言事被贬黜，在朝廷的大臣多数都争论救解，只有司谏高若讷认为应当贬黜。欧阳修写信责备高若讷，说他不再知道人间有羞耻事。高若讷把信上交朝廷，欧阳修因此被贬为夷陵县令。庆历三年

(1043),担任知谏院。

当时,仁宗更换大臣,杜衍、富弼、韩琦、范仲淹都身居要职。仁宗又决定增加谏官的人数,任用天下的名士,欧阳修因此首先被选中。他每次进见时就劝仁宗向执政询问情况,征求关于哪些事应该做的意见。政事既然有了不少兴革,小人感到不安,群相呼应,认为不便。欧阳修忧虑好人必然不能取胜,因而多次为仁宗陈说、分析这些情况。

当初范仲淹被贬到饶州时,欧阳修和尹洙、余靖都因为支持范仲淹而遭到贬逐,并被看做是“党人”。从此以后,“朋党”的说法就出现了。欧阳修为此专门写了《朋党论》,进献给仁宗。这篇文章的大略是:“君子因为道义上一致而结为朋党,小人因为利害相同而结为朋党,这是自然的道理。我认为,小人并没有朋党,只有君子才有。小人喜欢的是优厚的俸禄,贪图的是非分的钱财,当他们有共同利益的时候,暂时互相勾结、引荐,成为朋党。这朋党是假的。等到他们见到好处就争先抢夺,或是好处抢光就互相残害的时候,即使是兄弟亲戚,也不能够互相保全。所以说,小人没有朋党。君子就不一样,他们坚持的是道义,实行的是忠信,爱惜的是名节。用这些来提高道德修养,就可以因为志同道合而互相得到补益,用这些来为国家尽力,就可以同心协力而共同办好国事，自始至终都一样；所以说：只有君子才有朋党。纣有臣民亿万人，亿万人就有亿万条心，可以说没有结朋党了，但纣因而灭亡。武王有臣下三千人，只有一条心，可以说是大朋党了，但周朝却因而兴起。这是因为，君子的朋党纵然人数多，人们也不会嫌多的缘故。因此，当君主的只要屏退小人的假朋党，进用君子的真朋党，就可以使政治清明，国家兴盛了。”

欧阳修议论政事，痛切直率，有些人把他视为仇人，惟独仁宗赞赏他敢于说话，当面赐给他五品官的服饰。仁宗还对侍臣们说：“像欧阳修这样的人，从什么地方才能够找得来啊！”欧阳修升任同修起居注，担任知制诰。按照惯例，知制诰一定要经过考试才能任命，仁宗了解欧阳修，直接下诏让他担任了这一职务。

欧阳修奉命出使河东。自从西部边境发生战事以来，有人就建议放弃麟州，以便节省运输粮饷的力量。欧阳修说：“麟州是天然险要之地，不能放弃；放弃了它，那么黄河内侧郡县的人民，就都不能安居了。不如分散麟州的兵力，驻扎到靠近黄河的各个寨堡去，有紧急情况时能够进行援助，平时又可以省却辗转运输，这是方便适宜的办法。”因此麟州得以保留下来。他又说：“忻州、代州、苛岚军一带，有许多禁止耕种的荒田，请允许农民去耕种，不然，这些地方就要为敌人占有了。”朝廷发下他的建议讨论，很长时间后才得以施行。施行后，每年都收得谷子数百万斛。在河东赋税中，凡征敛过重而人民不能负担的，欧阳修上奏废止了十几件。

欧阳修出使河东归朝，恰巧遇到保州发生兵乱，朝廷因此又派他任龙图阁学士、河北都转运使。他上殿告辞时，仁宗说："你不要做长久停留的打算，有什么话要陈说的，就说吧！"欧阳修回答说："我在谏官的职位上可以议论政事，现在越职而说，是有罪的。"仁宗说："你只管说来，不要因为在朝中任职或出外到地方任职，就有所分别。"兵乱平定后，大将李昭亮、通判冯博文私下把妇女弄到家中做姬妾，欧阳修把冯博文逮捕入狱，李昭亮害怕了，立刻把所收纳的妇女送了出去。兵士们刚作乱时，官方曾用不杀投降者来进行招降，但这些人投降后却全部被杀掉；对于在威胁之下跟从作乱的二千人，则分别发配到各州去。富弼当时任宣抚使，恐怕以后再发生变乱，准备在同一天全部杀掉这二千人。他在内黄县遇到欧阳修，半夜，遣开从人，告诉欧阳修这件事。欧阳修说："祸患没有比杀害已投降的人更大的了，何况是受胁迫跟着干的呢？再说这又不是朝廷的命令，如果有一个州不听从，发生的变故就不会小。"富弼省悟，因而停止了这件事。

就在这时，杜衍等人陆续因为朋党的争议罢官去职，欧阳修慨然上疏说："杜衍、韩琦、范仲淹、富弼，天下的人都知道他们有可用的品德才能，没有听说他们有应该罢官的罪行。从古以来，小人进谗言陷害忠良，所用的说法并不深奥。要大批陷害善良的人，不过是指为朋党；要动摇大臣的地位，必须诬陷他专权。这是什么原因呢？因为，只去掉一个好人，而众多的好人还在，那对小人并不够有利；如要想去掉所有的好人，则好人的过失又少，难以一一找出他们的缺点错误；因此只有指责他们是朋党，才可以把他们一齐赶走。至于大臣，自古以来，凡已经得到君主了解并蒙受信任的，很难用其他的事情动摇他，只有专权是君主所厌恶的，必须用这种说法，才可以倾陷他们。朝廷之上有正人君子存在，最为一切邪恶小人所忌恨；能出谋划策的臣子不被重用，是敌国的福音。现在如果这四个人一下子罢去，而使众多奸邪小人在朝廷内部互相庆贺，四方的外族在境外互相庆贺，我为朝廷感到惋惜。"因此，邪党更加仇恨欧阳修，借着他那幼年失父的外甥女张氏犯法的案件，强行把他牵连定罪，降职为知制诰，出任滁州知州。他在滁州两年，又调到扬州、颍州。后来恢复了龙图阁直学士的官职，担任南京留守，不久由于母亲去世而离任。守丧完毕，被召回朝廷，任职判流内铨；到这时欧阳修已经离开朝廷十一年了。仁宗见他头发已白，对他亲切慰问安抚。小人们害怕欧阳修又被重用,便有人假造欧阳修的奏疏;要求淘汰宦官中作奸谋利的人。于是宦官们都怨恨欧阳修,说他的坏话。他因此又被派出去任同州知州。后来仁宗听从了吴充的话,才停止了他的外任,升他为翰林学士,以便参加编修《唐书》的工作。不久他又奉命出使契丹。契丹君主派四个贵臣陪他饮宴,并解释说:"这不是例行规矩,而是因为你的名声大才这样招待的。"

嘉祐二年(1057),欧阳修奉命主持当年的科举考试。当时,读书人喜欢做险怪奇涩的文章,称作"太学体"。欧阳修坚决予以排斥抵制,对写这样文章的人,一律不予录取。考试录取完毕,一向喜欢喧嚷闹事的轻薄考生等候欧阳修出门,一看到他出来就群聚在他的马前大吵大闹,巡街的兵士也制止不住。但是,科举考试的风气,从此以后却有了改变。

欧阳修又加官龙图阁学士,担任开封府知府。在包拯威严治事之后,他继任知府,简易为政,按理办事,不追求大名声,京师也很安定。一个月后,他改任群牧使。到《唐书》写成,被任命为礼部侍郎兼翰林侍读学士。他在翰林院前后八年,知无不言。

御史和谏官上奏疏,陈说宰相陈执中的恶劣行为和过失,但陈执中仍然拖延不肯辞职,一心想保住官位。欧阳修为此上奏疏,认为:"陛下拒绝忠诚的言论,包庇愚昧的宰相,使皇上神圣的德望受到了损害。”不久,陈执中被罢去宰相职务。欧阳修又曾因为发生了水灾而上奏疏说:“陛下登上皇位已有三十多年,但是太子还没有确立。以前,汉文帝刚登上帝位,因为听了群臣的话,就立了太子,所以能长期统治天下,成为汉朝的太宗。唐明宗讨厌人们说到继承人的事,不愿意及早确定下来,结果引起了秦王作乱,国家终于倾覆灭亡。陛下为什么长期疑虑不决呢?”后来仁宗择立英宗为太子,就是听了这些话才开始考虑的。

嘉祐五年(1060),欧阳修担任了枢密副使。六年,任参知政事。他在枢密院时,与曾公亮调查天下军队的数量以及河北、河东三路屯驻军队的多少、地理方位的远近,重新制作地图和户口簿册。对于边防上很久没有派军队去屯戍的地方,则必定要抽调军队去驻扎。他在中书时,与韩琦同心辅佐皇帝处理政务。把凡是中书应当知道的一切有关兵民、官吏、财利的要点都汇集成总目,这样,遇事就不必再到有关机构去查找。当时东宫的人选尚未确定,他与韩琦等人共同协助皇帝商定了这项重大的决策。英宗因病没有亲自过问政事,皇太后垂帘听政,两人身边的宦官虚构情节扩大事态,使两人彼此猜疑,几乎形成仇怨。韩琦奏事时,太后哭着告诉他不和的原因。韩琦用皇帝有病来劝解,太后没有想通,仍然有怨意。欧阳修上前说："太后服事仁宗数十年，仁义德行，天下著名。过去温成皇后受仁宗宠爱，太后不加计较，从容对待。现在母子之间，反而不能容忍了吗？"太后的情态稍见缓和。欧阳修又说："仁宗在位的时间长，功德恩泽存在于人们心中。所以他去世之后，天下拥护继位的君主，没有一个人敢表示不同意见。现在，太后是一个妇人，我们不过是五六个书生，如果不是仁宗的遗意，天下谁肯听从号令呢？"太后默然不语，过了很长时间，终于放开了这件事。

欧阳修平生与人谈话畅所欲言，不加隐藏。到做了执政后，每当士大夫有所求而来找他，他总是当面告知是否可以办；就是台谏官议论政事，他也一定要以是非曲直来质问他们，因此怨恨和诽谤他的人就更多了。

欧阳修以刚劲正直的风骨和气节作为自己生活的规范。由于多次遭受污蔑，所以年纪刚到六十岁，就接连上书，请求辞去官职，神宗总是下达称许的诏书，不答应他的要求。及至他担任青州知州以后，又因为请求停止发放青苗钱，被王安石所诋毁，因而要求辞职回乡的心情更加迫切。熙宁四年（1071），他以太子少师退休。第二年即去世，朝廷赠官太子太师，谥号"文忠"。

欧阳修当初在滁州时，别号叫"醉翁"，晚年又改为"六一居士"。

王安石传

王安石(1021—1086),中国十一世纪的伟大改革家。在宋神宗时期,他主持发动了一场声势浩大的变法运动,针对北宋王朝的各种弊政进行了全面的改革,以求达到富国强兵的目的。由于改革触动了属于统治阶层的大地主、大官僚们的切身利益,他领导的变革运动遭到了保守派的强烈反对与攻击,被迫辞职,新法不久也被全部废除,王安石含着悲愤的心情去世了。

对王安石领导的变法运动,虽然有不少人攻击,然而,对于王安石个人的道德品质和学术文章,却是众口一辞地称颂。他不仅是一位杰出的政治家、思想家，同时也是一位极为出色的文学家。

王安石性格坚毅，为人刚直不阿，反对派直呼其为“拗相公”，这里面除了反映他那独立完整的人格外，多少也能说明王安石确有固执己见的缺点。他对人才的使用，他的某些变法措施的不切实际，他的急于求成的心态，不能不说是他变法运动失败的部分原因。鹰有时候比鸡飞得低，但它毕竟是鹰，王安石就是高翔在时代上空的一只雄鹰。

王安石，字介甫，抚州临川人①。安石少好读书，一过目终身不忘。其属文动笔如飞，初若不经意，既成，见者皆服其精妙。友生曾巩携以示欧阳修，修为之延誉。擢进士上第，签书淮南判官②。再调知鄞（yín 银）县③，起堤堰，决陂（bēi 碑）塘，为水陆之利；贷谷与民，出息以

① 抚州：今江西抚州；临川：属抚州，抚州治所在此，亦即今江西抚州。② 签书：京官以上充州府判官时用此名；淮南：当时称淮南节度使，治扬州，今江苏扬州；判官：即节度判官，节度使属官。③ 鄞县：今浙江宁波。

偿，俾新陈相易，邑人便之。通判舒州①。文彦博为相②，荐安石恬（tián 田）退，乞不次进用，以激奔竞之风。寻召试馆职，不就。修荐为谏官，以祖母年高辞。修以其须禄养言于朝，用为群牧判官③，请知常州④。移提点江东刑狱⑤，入为度支判官，时嘉祐三年也。

安石议论高奇，能以辨博济其说；果于自用，慨然有矫（jiǎo 搅）世变俗之志。于是上万言书，以为："今天下之财力日以困穷，风俗日以衰坏，患在不知法度，不法先王之政故也⑥。法先王之政者，法其意而已。法其意，则吾所改易更革，不至乎倾骇天下之耳目，嚣（xiāo 消）天下之口，而固已合先王之政矣。因天下之力以生天下之财，收天下之财以供天下之费，自古治世，未尝以财不足为公患也，患在治财无其道尔。在位之人才既不足，而闾（lǘ 驴）苍草野之间亦少可用之才，社稷之托，封疆之守，陛下其能久以天幸为常，而无一旦之忧乎？愿监苟且因循之弊，明诏大臣，为之以渐，期合于当世之变。臣之所称，流俗之所不讲，而议者以为迂阔而熟烂者也。"

---

① 舒州：今安徽潜山。 ② 文彦博为相：在庆历八年(1048)至皇祐三年(1051)。 ③ 群牧判官：管理养马事务的群牧司的属官，以京朝官充任。 ④ 常州：今江苏常州。 ⑤ 江东：指江南东路；提点刑狱：掌一路的诉讼事。 ⑥ 先王：指古代的圣贤的君王。

后安石当国，其所注措，大抵皆祖此书。

俄直集贤院①。先是，馆阁之命屡下，安石屡辞；士大夫谓其无意于世，恨不识其面。朝廷每欲畀（bì 毕）以美官，惟患其不就也。明年，同修起居注②，辞之累日。阁门吏赍敕就付之，拒不受；吏随而拜之，则避于厕；吏置敕于案而去，又追还之；上章至八九，乃受。遂知制诰，纠察在京刑狱，自是不复辞官矣。

以母忧去，终英宗世，召不起。

神宗在颍邸，（韩）维为记室③，每讲说见称，辄曰："此非维之说，维之友王安石之说也。"及为太子庶子④，又荐自代。帝由是想见其人，甫即位，命知江宁府⑤。数月，召为翰林学士兼侍讲⑥。熙宁元年四月，始造朝。入对，帝问为治所先，对曰："择术为先。"帝曰："唐太宗何如？"曰："陛下当法尧、舜，何以太宗为哉？尧、舜之道，至简而不烦，至要而不迂，至易而不难。但末世学者不

① 直集贤院：即三馆之一的集贤院的官员，简称直院。 ② 起居注：记录皇帝言行的书。同修起居注：官名。 ③ 记室：亲王府属官。 ④ 太子庶子：太子东宫官。 ⑤ 江宁府：今江苏南京。 ⑥ 翰林学士兼侍讲：翰林学士院掌制、诰、诏、令撰述之事，宋代惟资历最深的才正式除授翰林学士。侍讲是皇帝经筵官，掌进读书史，讲解经义，备顾问应对，一般都是兼职。

能通知，以为高不可及尔。”帝曰：“卿可谓责难于君，朕自视眇（miǎo）躬，恐无以副卿此意。可悉意辅朕，庶同济此道。”

二年二月，拜参知政事。上谓曰：“人皆不能知卿，以为卿但知经术，不晓世务。”安石对曰：“经术正所以经世务，但后世所谓儒者，大抵皆庸人，故世俗皆以为经术不可施于世务尔。”上问：“然则卿所施设以何先？”安石曰：“变风俗，立法度，最方今之所急也。”上以为然。于是设制置三司条例司①，命与知枢密院事陈升之同领之。安石令其党吕惠卿任其事。而农田水利、青苗、均输、保甲、免役、市易、保马、方田诸役相继并兴，号为新法，遣提举官四十余辈，颁行天下。

御史中丞吕诲论安石过失十事②，帝为出诲，安石荐吕公著代之。韩琦谏疏至③，帝感悟，欲从之，安石求去。司马光答诏④，有“士夫沸腾，黎民骚动”之语，安石怒，抗章自辨，帝为巽（xùn 逊）辞谢，令吕惠卿谕旨，韩绛又劝帝留之⑤。安石入谢，因为上言中外大臣、从官、台谏、朝士朋比之情，且曰：“陛下欲以先王之正道胜天下流俗；

---

① 制置三司条例司：官署名，变法时的立法机构。 ② 御史中丞：为监察机关御史台的长官。 ③ 韩琦：当时判相州。相州：今河南安阳。韩琦谏疏，是反对散青苗钱。 ④ 司马光：当时任翰林学士。 ⑤ 韩绛：当时任枢密副使。

故与天下流俗相为重轻。流俗权重，则天下之人归流俗；陛下权重，则天下之人归陛下。权者与物相为重轻，虽千钧之物，所加损不过铢（zhū 朱）两而移。今奸人欲败先王之正道，以沮陛下之所为，于是陛下与流俗之权适争轻重之时，加铢两之力，则用力至微，而天下之权，已归于流俗矣，此所以纷纷也。”上以为然。安石乃视事，琦说不得行①。

三年十二月，拜同中书门下平章事。

欧阳修乞致仕，冯京请留之②，安石曰：“修附丽韩琦，以琦为社稷臣。如此人，在一郡则坏一郡，在朝廷则坏朝廷，留之安用？”乃听之。富弼以格青苗解使相③，安石谓不足以阻奸，至比之共、鲧（gǔn 滚）④。灵台郎尤瑛言天久阴⑤，星失度，宜退安石，即黥（qíng 情）隶英州⑥。唐坰（jiōng）本以安石引荐为谏官，因请对极论其罪，谪死。文彦博言市易与下争利⑦，致华岳山崩。安石曰：“华山之变，殆天意为小人发。市易之起，自为细民久

---

① 琦说：指韩琦乞罢青苗法。 ② 冯京：当时任参知政事。 ③ 富弼：当时以镇海军节度使、同平章事判河阳，宋代这类官职都称使相。 ④ 共、鲧：指共工、鲧，都是传说中的人物，治水都不成功，有的史书把他们列入“四凶”。 ⑤ 灵台郎：官名，属太史局官员。 ⑥ 英州：今广东英德。 ⑦ 文彦博：当时任枢密使。

困，以抑兼并尔，于官何利焉。”阏（è饿）其奏，出彦博守魏。

七年春，天下久旱，饥民流离，帝忧形于色，对朝嗟（jiē）叹，欲尽罢法度之不善者。安石曰：“水旱常数，尧、汤所不免①，此不足招圣虑，但当修人事以应之。”帝曰：“此岂细事？朕所以恐惧者，正为人事之未修尔。今取免行钱太重②，人情咨怨，至出不逊语。自近臣以至后族，无不言其害。两宫泣下③，忧京师乱起，以为天旱更失人心。”安石曰：“近臣不知为谁，若两宫有言，乃向经④、曹佾（yì义）所为尔⑤。”冯京曰：“臣亦闻之。”安石曰：“士大夫不逞者以京为归，故京独闻此言，臣未之闻也。”监安上门郑侠上疏，绘所见流民扶老携幼困苦之状，为图以献，曰：“旱由安石所致。去安石，天必雨。”侠又坐窜岭南。慈圣、宣仁二太后流涕谓帝曰：“安石乱天下。”帝亦疑之，遂罢为观文殿大学士⑥、知江宁府。

吕惠卿服阕（què雀），安石朝夕汲引之，至是，白为

---

① 尧：古代传说中的帝王。汤：商朝的开国君主。 ② 免行钱：行户向官府交纳免除科配应交物资的钱，亦称免行役钱。 ③ 两宫：即后文所言慈圣、宣仁二太后。慈圣曹后：仁宗的皇后。宣仁高后：英宗的皇后。 ④ 向经：神宗皇后向氏之父。 ⑤ 曹佾：仁宗皇后曹氏之弟。 ⑥ 观文殿大学士：官名，备顾问，无具体职掌，凡曾任宰相者才授此职。

参知政事，又乞召韩绛代己。二人守其成模，不少失，时号绛为“传法沙门”，惠卿为“护法善神”。而惠卿实欲自得政，忌安石复来，因郑侠狱陷其弟安国，又起李士宁狱以倾安石。绛觉其意，密白帝请召之。八年二月，复拜相，安石承命，即倍道来。《三经义》成，加尚书左仆射兼门下侍郎①，以子雱（páng 旁）为龙图阁直学士。雱辞，惠卿劝帝允其请，由是嫌隙愈著。惠卿为蔡承禧（xǐ 喜）所击②，居家俟命。雱风（fěng 讽）御史中丞邓绾（wǎn 宛），复弹惠卿与知华亭县张若济为奸利事③，置狱鞫之，惠卿出守陈④。

华亭狱久不成，雱以属门下客吕嘉问、练亨甫共议，取邓绾所列惠卿事，杂他书下制狱，安石不知也。省吏告惠卿于陈⑤，惠卿以状闻，且讼安石曰：“安石尽弃所学，隆尚纵横之末数，方命矫令，罔（wǎng 网）上要君。此数恶力行于年岁之间，虽古之失志倒行而逆施者，殆不如此。”又发安石私书曰“无使上知”者。帝以示安石，安石谢无有，归以问雱，雱言其情，安石咎之。雱愤恚（huì 惠），疽（jū 居）发背死。安石暴绾罪，云“为臣子弟

---

① 尚书左仆射：尚书省长官。门下侍郎：门下省副长官。当时都是加给宰相的官衔。② 蔡承禧：当时为御史。③ 华亭：此处指属秀州的华亭，今上海松江。④ 陈：即陈州，今河南淮阳。⑤ 省吏：指中央政府的吏员。

求官及荐臣婿蔡卞”，遂与亨甫皆得罪，皆斥。

安石之再相也，屡谢病求去，及子雱死，尤悲伤不堪，力请解机危。上益厌之，罢为镇南军节度使①、同平章事、判江宁府。哲宗立，加司空②。

元祐元年③，卒，年六十六，赠太傅。绍圣中④，谥曰文。

（《宋史》卷三二七）

【翻译】

王安石，字介甫，抚州临川人。王安石从小喜欢读书，一过目就终身不会忘记。他写文章时动笔如飞，开始好像并不在意，完成后，看到的人都佩服他文章精妙。他的朋友曾巩把他的文章拿去给欧阳修看，欧阳修大为赞赏，并到处称颂他。庆历年间，他考中进士，名列上等，被派为签书淮南节度判官。又调任鄞县知县。在鄞县，他筑起堤坝，挖掘池塘，发展了水利，便利了交通；将谷子借贷给人民，偿还时付利息给公家，使公家仓库中

① 镇南军：治洪州，今江西南昌。 ② 司空：三公（太尉、司徒、司空）之一，加给大官的虚衔。 ③ 元祐：哲宗即位后的第一个年号。 ④ 绍圣：哲宗的第二个年号。

储藏的粮食能够不断更新，鄞县的人民感到很方便。又任舒州通判。文彦博做宰相，向仁宗推荐王安石，说他为人淡于名利，请求破格提拔，借以阻止那种奔走争官的风气。不久，朝廷召他来参加馆阁职务的考试，他不肯来。欧阳修推荐他任谏官，他以祖母年老为借口辞谢。欧阳修对朝廷说，王安石需要俸禄供养亲人，于是朝廷任用他为群牧判官，他又请求做常州知州。后来调任提点江东刑狱，以后又回到朝廷，任度支判官，当时是嘉祐三年(1058)。

王安石的议论高深新奇，并能够以广博的知识进行辩论，以发扬自己的学说；敢于坚持按照自己的想法办事，慷慨奋发，有矫正世事改变传统风俗习惯的志向。于是，他向仁宗上万言书，认为："现在，天下的财力一天比一天贫困，风俗一天天衰败，出现这种令人忧虑的情况，其原因在于不知道法度，不效法先王的政治。效法先王的政治，就是要效法先王的用意。只要效法先王的用意，那么我们的改革，既不至于惊世骇俗，又不至于使天下的人吵吵嚷嚷地反对，就已经符合先王的政治了。应该以天下的力量来创造天下的财富，征收天下的财富来供应天下的消费；自古以来的太平盛世，从来没有出现过财富不足的大患，问题只在治理财政时不得法罢了。现在，当官任职的人中间，人才已经不足，而民间也缺乏可用的有才能的人；向谁托付国家大事，靠谁来守卫边境地区，陛下能够长期靠老天爷赐给的幸运，而不担心有突然的忧患吗？我希望皇上能看到苟且因循的弊病，公开下诏告诉大臣，准备逐步改变它，以便能够符合当前形势的变化。我所说的事，庸庸碌碌的俗人是不会讲的，而一些议论国事的人又把这当作人人知道的陈词滥调。”后来王安石执政时，他所施行的办法，差不多都来源于这封万言书。

不久，王安石任直集贤院。以前，任命王安石担任馆阁职务的命令屡次下达，王安石屡次辞谢；士大夫认为他是无意于高官厚禄，都以不认识他为遗憾。朝廷多次想任命他担任较好的官职，但都因怕他不肯就任而作罢。第二年，任命他为同修起居注，他又推辞了多天。阁门的小吏带来任命书交给他，他也拒绝不肯接受；小吏追上他下拜，他就躲入厕所内；小吏把任命书放在桌子上离去，他又追上去把任命书还给小吏；这样上章辞谢了八九次，才接受新职的任命。于是担任知制诰，负责纠察在京师的刑事案件。此后，便不再辞官了。

王安石因母亲去世而离任，在整个英宗当政时期，朝廷屡次召他，都不肯来。

神宗当颍王的时候，韩维任记室，每当他的话受到神宗称赞时，就说：“这不是我的话，是我的朋友王安石的话！”韩维升任太子庶子时，又推荐王安石代替自己继任记室职位。神宗因此很想见到王安石本人。后来神宗刚一即位，就任命他为江宁府知府。几个月后，召回朝廷，任命为翰林学士兼侍讲。熙宁元年(1068)四月，王安石才到达朝廷。他入宫朝见回答皇帝的询问时，神宗问治理国家应当先做什么事，他回答说：“应当首先选择适当的政策。”神宗说：“按唐太宗的办法做怎么样?”他说：“陛下应当效法尧、舜，为什么要以唐太宗为榜样呢？尧、舜治国的办法，非常简略而不繁杂，扼要而不迂阔，容易而不烦难。只是后代的学者不能完全了解，才认为高不可及。”神宗说：“你这可以说是用难做的事情来要求君主了，我自顾力量微薄，恐怕无法符合你的期望。你可以全心全意地辅佐我，以便能够共同成就这事。”

熙宁二年(1069)二月，王安石就任参知政事。神宗对他说：“人们都不能了解你，以为你只知道研究经书，不了解世间的事务。”安石回答：“研究经书正是为了处理世间的事务，但是后代所谓儒者的人，差不多都是些庸人，所以社会上都习惯地认为，研究经书是不可能用来处理世事的。”神宗说：“那么，你要先进行什么工作呢?”安石说：“改变风俗，确立法度，是当前最为急迫的事。”神宗认为很对。于是，设立制置三司条例司，任命王安石和知枢密院事陈升之共同掌管。王安石派他的党徒吕惠卿承担条例司的具体事务。于是,陆续制订了农田水利、青苗、均输、保甲、免役、市易、保马、方田等法,称为新法,并派遣了四十多个提举官到全国各地去颁布推行。

御史中丞吕诲指责王安石犯下十大错误,神宗为此将吕诲派到外地去做官;王安石推荐吕公著继任吕诲的职务。不久韩琦反对青苗法的谏疏到了朝廷,神宗有所感悟,打算依从韩琦的意见,王安石就请求辞职离任。司马光在起草答复王安石的诏书中,有"士夫沸腾,黎民骚动"的话,激怒了王安石,他上章疏为自己辩解。神宗用谦逊和婉的言词道歉,并命吕惠卿传达旨意。后经韩绛劝说,神宗又留下了他。王安石入朝谢恩,因而对神宗诉说中外大臣、从官、台谏、朝士结党,相互依附勾结的情况,并说:"陛下要用先王的正道来战胜天下的庸流末俗,所以陛下和天下的庸流末俗是互为轻重的。流俗之辈的权力重了,那么天下的人就归向流俗;陛下的权力重,那么天下的人就归向陛下。秤锤与物品互为轻重,虽然是千钧重物,只要在秤锤上增加或减少极轻微的重量,就能移动位置。现在奸人要败坏先王的正道,用以阻挠陛下所做的事。这正是陛下与庸流末俗的秤锤较量轻重的时候,如果在流俗方面增加极轻微的力量，那么所用的力量虽小，但天下的权力，已经归属于流俗了。这就是议论纷纷的缘故。”神宗认为确是这样。于是王安石到中书重新任职，而韩琦的意见就没有能够施行。

熙宁三年(1070)十二月，王安石担任了同中书门下平章事。

欧阳修要求退休，冯京请求留下他，王安石说：“欧阳修依附韩琦，认为韩琦是关系国家安危的大臣。这样的人，在一个郡就败坏一个郡的政事，在朝廷就败坏朝廷的政事，留下他有什么用呢?”于是皇帝同意欧阳修退休。富弼因为阻挠青苗法的实施，被解除了使相之职，王安石说这还不能够阻止奸人；他甚至还把富弼比作是共工和鲧。灵台郎尤瑛说：天阴了很长时间，星星都乱了秩序，这是天象示警，所以应该黜退王安石。朝廷立即把尤瑛刺字发配到英州。唐垧本来是因为王安石的引荐才当谏官的，只因他乘向皇帝奏对的机会，极力陈述王安石的罪过，结果遭到贬谪而死去。文彦博说市易法是与庶民争利益，以致使华山崩塌。王安石说：“华山的灾变，那是天意为小人而发作的。制定市易法，就是因为平民百姓久被困扰，是用来抑制兼并的，于当官的，有什么利益呢?”于是压下文彦博的章奏不上报，并把他派出去做魏州的地方长官。

熙宁七年(1074)春天,全国都长时间的干旱,饥民流离失所,神宗忧容满面,上朝时感叹不已,想要全部罢去那些不好的法令。王安石说:"水旱是平常的事,即使是尧、汤的时候也不能避免,这事不足以让皇上忧虑,只要整治世事来应付它就是了。"神宗说:"这怎么是小事呢?我所以害怕,就是因为世事没有整治好啊。现在征收免行钱太重了,人们怨叹,甚至说出不敬的话来。从近臣到皇后家族的人,没有不说它有害的。两宫还流下了眼泪,很忧虑京师有变乱发生,认为天旱就更加失去了人心。"安石说:"近臣不知道是指谁?如果两宫有这些话,那就是向经、曹佾干的事。"冯京说:"我也听说了。"安石说:"士大夫中心怀不满的人归附冯京,所以只有冯京听到这些话,我却没有听说。"管理安上门的郑侠上疏,把所见到的流民扶老携幼的困苦情形画成图献上,说:"天旱是王安石引来的,罢去王安石,老天必然下雨。"郑侠又因此被贬到岭南。慈圣、宣仁两位太后流着泪对神宗说:"王安石扰乱了天下。"神宗也怀疑王安石,便罢免了他的宰相职务,任命他为观文殿大学士、知江宁府。

吕惠卿守丧期满时,王安石早晚不停地推荐他;此刻自己将要离任,便向神宗建议,任命吕惠卿为参知政事,又请求召回韩绛来继任宰相。两人奉行王安石已经制定的法规，没有丝毫改变，所以当时人们称韩绛是“传法沙门”，吕惠卿是“护法善神”。但是，吕惠卿实际上想自己掌握政权，深怕王安石再来，所以，在办理郑侠的案件时，就乘机陷害王安石的弟弟王安国，又制造了李士宁的案件来陷害王安石。韩绛发觉了吕惠卿的意图，秘密报告神宗，请求召回王安石。熙宁八年二月，王安石再次被任命为宰相；他接到任命后，马上以加倍的速度赶来京师。《三经义》成书，王安石加官尚书左仆射兼门下侍郎，神宗又任命他的儿子王雱为龙图阁直学士。王雱辞官，吕惠卿劝神宗答应他的请求，因此，王、吕两人之间的矛盾和不满更加明显。吕惠卿被蔡承禧抨击，在家等候皇帝的处理。王雱唆使御史中丞邓绾又弹劾吕惠卿与华亭县知县张若济相互勾结、违法谋利的事，于是立案审查他们，吕惠卿因此罢职出朝，去任陈州的长官。

华亭的案子很久不能解决，王雱把它交给门下的谋士吕嘉问、练亨甫共同商议，他们取来邓绾所列的吕惠卿的事项，混在其他文书中发到审讯罪人的机关，王安石并不知道这些事。省吏到陈州告知吕惠卿，吕惠卿就上书把这些事报告皇帝，并且控告王安石说：“王安石完全丢弃了自己所学的东西，崇尚纵横家的末流手段，违抗君命，假传号令行事，欺骗和要挟君主。在这一年多的时间内,极力推行这些坏事,就是古代丧失志节而倒行逆施的人,恐怕也没有这样的。”吕惠卿又揭发王安石在私人信件中说过“不要让皇上知道”的话。神宗把报告交给王安石看,王安石谢罪,说没有此事。王安石回家问王雱,王雱告诉他实际情况,王安石听后很生气,责备了王雱。王雱愤怒怨恨,背上的痈疽发作而死去。王安石公开宣布了邓绾的罪行,说他“为我的儿子、兄弟求取官职及推荐我女婿蔡卞”,于是,邓绾和练亨甫都定为有罪,遭到贬斥。

王安石再次当宰相以后,多次称病要求去职,他儿子王雱死后,更是悲伤不堪,坚决要求解除中枢职务。神宗更加厌恶他,罢免了他宰相的职务,任命为镇南军节度使、同平章事、判江宁府。哲宗即位后,加官司空。

元祐元年(1086),王安石死去,年六十六岁,赠官太傅。绍圣年间,赐谥号为“文”。

司马光传

司马光(1019—1086),是宋代历史上一位争议较大的政治家,在北宋中后期变法派与反变法派的斗争中,他是后一派的领袖人物。宋神宗时,他极力反对王安石变法,提出了“祖宗之法不可变”的政治主张;宋哲宗即位初,他主持朝政,数月之间,将新法全部废除,将新党全部罢黜,史称“元祐更化”。可以说,司马光在政治上是一位保守派。

然而,不能因为政治上的保守,就对司马光这个历史人物加以全部否定。作为一个封建士大夫,他的忠君报国,他的爱民思想,他的个人品德都有许多可取之处,特别是他呕心沥血,用十九年的时间完成了一部不朽的史学巨著——《资治通鉴》。这一文化史上的伟大贡献，就能使司马光的名字永远也不会黯淡失色。

司马光，字君实，陕州夏县人也①。父池，天章阁待制。光生七岁，凛然如成人，闻讲《左氏春秋》，爱之，退为家人讲，即了其大指。自是手不释书，至不知饥渴寒暑。群儿戏于庭，一儿登瓮（wèng 翁去声），足跌没水中，众皆弃去，光持石击瓮破之，水迸，儿得活。其后，京、洛间画以为图②。仁宗宝元初，中进士甲科。

仁宗始不豫③，国嗣未立，天下寒心而莫敢言。谏官范镇首其议④，光在并州闻而继之，且贻书劝镇以死争。至是，复面言："臣昔通判并州，所上三章，愿陛下果断力行。"帝沉思久之，曰："得非欲选宗室为继嗣者乎？此忠臣之言，但人不敢及耳。"光曰："臣言此，自谓必死，不意陛下开纳。"帝曰："此何害，古今皆有之。"光退未闻命，复上疏曰："臣向者进说，意谓即行，今寂无所闻，此必有小人言陛下春秋鼎盛，何遽为不祥之事。小人无远虑，

---

① 陕州：今河南三门峡西；夏县：今山西夏县。 ② 京：指汴京，即今河南开封。洛：即洛阳。 ③ 不豫：指天子生病。④ 范镇：仁宗时谏官，曾连上十九章劝仁宗立嗣。

特欲仓卒之际，援立其所厚善者耳。'定策国老'、'门生天子'之祸，可胜言哉?"帝大感动曰："送中书。"光见韩琦等曰："诸公不及今定议，异日禁中夜半出寸纸，以某人为嗣，则天下莫敢违。"琦等拱手曰："敢不尽力。"未几，诏英宗判宗正①，辞不就，遂立为皇子，又称疾不入。光言："愿以臣子大义责皇子，宜必入。"英宗遂受命。

神宗即位，擢为翰林学士，光力辞。帝曰："古之君子，或学而不文，或文而不学，惟董仲舒②、扬雄兼之③。卿有文学，何辞为?"对曰："臣不能为四六④。"帝曰："如两汉制诰可也；且卿能进士取高第，而云不能四六，何邪?"竟不获辞。

光常患历代史繁，人主不能遍览，遂为《通志》八卷以献。英宗悦之，命置局秘阁，续其书。至是，神宗名之曰《资治通鉴》，自制《序》授之，俾日进读。

西戎部将嵬(wēi 威)名山欲以横山之众⑤，取谅祚以降⑥，诏边臣招纳其众。光上疏极论，以为："名山之众，未必能制谅祚。幸而胜之，灭一谅祚，生一谅祚，何

---

① 判宗正：即判宗正寺事，宋由皇族担任判宗正事，管理皇家宗族事务。 ② 董仲舒：西汉哲学家，今文经学大师。③ 扬雄：西汉文学家、哲学家、语言学家。 ④ 四六：骈文多以四字、六字为对偶相间成句，故又称"四六"。 ⑤ 嵬名山：西夏银州监军司监军。 ⑥ 谅祚：李元昊遗腹子，西夏第二代皇帝。

利之有？若其不胜，必引众归我，不知何以待之？臣恐朝廷不独失信谅祚，又将失信于名山矣。若名山余众尚多，还北不可，入南不受，穷无所归，必将突据边城以救其命。陛下不见侯景之事乎？”①上不听，遣将种谔②，发兵迎之，取绥州③，费六十万，西方用兵，盖自此始矣。

执政以河朔旱伤④，国用不足，乞南郊勿赐金帛。诏学士议，光与王珪、王安石同见，光曰：“救灾节用，宜自贵近始，可听也。”安石曰：“常衮辞堂馔（zhuàn 撰）⑤，时以为衮自知不能，当辞位不当辞禄。且国用不足，非当世急务，所以不足者，以未得善理财者故也。”光曰：“善理财者，不过头会（kuài 快）箕敛尔。”安石曰：“不然，善理财者，不加赋而国用足。”光曰：“天下安有此理？天地所生财货百物，不在民，则在官，彼设法夺民，其害乃甚于加赋。此盖桑羊欺武帝之言⑥，太史公书之以见其不明耳⑦。”争议不已。

---

① 侯景：初为北朝大将，后归附梁朝，封河南王，又举兵叛变，攻破建康，到处烧杀抢掠，长江下游地区惨遭破坏，史称“侯景之乱”。 ② 种谔：北宋力主开边的重要将领，名将种世衡之子。 ③ 绥州：今陕西绥德。 ④ 河朔：朔为北，泛指黄河以北。 ⑤ 堂馔：唐宋时政事堂准备的公用膳食。 ⑥ 桑羊：即桑弘羊，汉武帝时著名理财家。 ⑦ 太史公：即司马迁，汉武帝时人，我国历史上著名史学家，《史记》的作者。

安石得政，行新法，光逆疏其利害。迩英进读，至曹参代萧何事①，帝曰："汉常守萧何之法不变，可乎？"对曰："宁独汉也，使三代之君常守禹、汤、文②、武之法③，虽至今存可也。汉武取高帝约束纷更④，盗贼半天下，元帝改孝宣之政⑤，汉业遂衰。由此言之，祖宗之法不可变也。"

安石以韩琦上疏，卧家求退。帝乃拜光枢密副使，光辞之曰："陛下所以用臣，盖察其狂直，庶有补于国家。若徒以禄位荣之，而不取其言，是以天官私非其人也⑥。臣徒以禄位自荣，而不能救生之患，是盗窃名器以私其身也⑦。陛下诚能罢制置条例司，追还提举官，不行青苗、助役等法，虽不用臣，臣受赐多矣。今言青苗之害者，不过谓使者骚动州县，为今日患耳。而臣之所忧，乃在十年之外，非今日也。夫民之贫富，由勤惰不同，惰者长乏，故必资于人。今出钱贷民而敛其息，富者不愿取，

---

① 曹参：西汉开国元勋，接替萧何为相，一依萧何成规。萧何：西汉开国元勋，第一位丞相。史称"萧曹"。 ② 文：即周文王，名姬昌，周族领袖。 ③ 武：即周武王，名姬发，西周王朝的建立者。 ④ 汉武：指汉武帝刘彻；高帝：指汉高祖刘邦。⑤ 元帝：指汉元帝刘奭（shì 式）。孝宣：指汉宣帝刘询。⑥ 天官：古以冢宰为天官，为百官之长，这里指枢密院长官。⑦ 名器：古代表示等级称号和仪制等，泛指名誉地位。

使者以多散为功，一切抑配[①]。恐其逋负，必令贫富相保，贫者无可偿，则散而之四方；富者不能去，必责使代偿数家之负。春算秋计，展转日滋，贫者既尽，富者亦贫。十年之外，百姓无复存者矣。又尽散常平钱谷，专行青苗，它日若思复之，将何所取？富室既尽，常平已废，加之以师旅，因之以饥馑（jǐn 紧），民之羸（léi 雷）者必委死沟壑（hè 贺），壮者必聚而为盗贼，此事之必至者也。"抗章至七八，帝使谓曰："枢密，兵事也，官各有职，不当以他事为辞。"对曰："臣未受命，则犹侍从也[②]。于事无不可言者。"安石起视事，光乃得请，遂求去。

元丰五年，忽得语涩（sè 色）疾，疑且死，豫作遗表置卧内[③]，即有缓急，当以畀（bì 币）所善者上之。官制行[④]，帝指御史大夫曰："非司马光不可。"又将以为东宫师傅[⑤]。蔡确曰："国是方定，愿少迟之。"《资治通鉴》未就，帝尤重之，以为贤于荀悦《汉纪》[⑥]，数促使终篇，赐以

---

① 抑配：强行摊征税物。 ② 侍从：宋代诸殿阁学士皆称侍从，无职掌，在皇帝身边备咨询。 ③ 遗表：古大臣临死前写好的奏章，死后上奏，称遗表。 ④ 官制行：指元丰五年宋神宗改用的一套新官制的实行。 ⑤ 东宫师傅：指太子的师傅。 ⑥ 荀悦：东汉史学家，将《汉书》改写成编年体的《汉纪》三十卷。

颍邸旧书二千四百卷①，及书成，加资政殿学士。凡居洛阳十五年，天下以为真宰相，田夫野老皆号为“司马相公”，妇人孺子亦知其为君实也。

帝崩，赴阙临，卫士望见，皆以手加额曰：“此司马相公也。”所至，民遮道聚观，马至不得行，曰：“公无归洛，留相天子，活百姓。”哲宗幼冲，太皇太后临政②，遣使问所当先，光谓：“开言路。”诏榜朝堂，而大臣有不悦者，设六语云：“若阴有所怀，犯非其分，或扇摇机要之事，或迎合已行之令，上以徼倖希进，下以眩惑流俗。若此者，罚无赦。”后复命示光，光曰：“此非求谏，乃拒谏也。人臣惟不言，言则入六事矣。”乃具论其情，改诏行之，于是上封者以千数。

起光知陈州③，过阙，留为门下侍郎④。苏轼自登州召还⑤，缘道人相聚号呼曰：“寄谢司马相公，毋去朝廷，厚自爱以活我。”是时，天下之民引领拭目以观新政⑥，而议者犹谓：“三年无改于父之道。”但毛举细事，稍塞人言。光曰：“先帝之法，其善者虽百世不可变也，若安石、

① 颍邸：宋神宗原封颍王，颍邸即颍邸王府旧邸。 ② 太皇太后：即英宗高皇后，神宗即位尊称皇太后，哲宗即位尊称为太皇太后。 ③ 陈州：今河南淮阳。 ④ 门下侍郎：门下省副职主管官员，当时是副宰相之职。 ⑤ 登州：今山东蓬莱。 ⑥ 引领拭目：伸长颈项，擦亮眼睛，喻迫切期待之意。

惠卿所建，为天下害者，改之当如救焚拯溺，况太皇太后以母改子，非子改父。”众议甫定。遂罢保甲团教①，不复置保马②，废市易法③，所储物皆鬻（yù 浴）之，不取息，除民所欠钱；京东铁钱及茶盐之法④，皆复其旧。或谓光曰：“熙丰旧臣⑤，多憸（xiān 先）巧小人，他日有以父子义间上，则祸作矣。”光正色曰：“天若祚宗社，必无此事。”于是天下释然，曰：“此先帝本意也。”

元祐元年复得疾，诏朝会再拜，勿舞蹈⑥。时青苗、免役、将官之法犹在⑦，而西戎之议未决⑧。光叹曰：“四患未除，吾死不瞑目矣！”折简与吕公著云⑨：“光以身付医，以家事付愚子，惟国事未有所托，今以属公。”乃论免役五害，乞直降敕罢之。诸将兵皆隶州县⑩，军政委守令

① 保甲团教：王安石新法之一，称保甲法，将民户分为保甲，并要以保甲为单位进行军事训练。 ② 保马：即保马法，王安石新法之一，规定由民户养马，养马户免赋税，马归国家。 ③ 市易法：王安石新法之一，旨在限制和抑制城市豪商兼并。 ④ 京东：即北宋京北两路。 ⑤ 熙、丰旧臣：指熙宁、元丰年间推行新法的大臣。 ⑥ 舞蹈：古代朝拜帝王的礼节。 ⑦ 将官之法：王安石新法之一，即将兵法，宋神宗时对旧有军事制度的改革。 ⑧ 西戎之议：指元祐元年西夏向宋索取兰州及米脂等寨的和议。 ⑨ 折简：简，亦作柬。折简，即写信。吕公著：元祐名臣，与司马光同为宰相，废除新法。 ⑩ 将：宋军队编制单位。

通决。废提举常平司①，以其事归之转运、提点刑狱。边计以和戎为便②。谓监司多新进少年③，务为刻急，令近臣于郡守中选举④，而于通判中举转运判官⑤。又立十科荐士法⑥。皆从之。

拜尚书左仆射兼门下侍郎⑦，免朝觐，许乘肩舆，三日一入省。光不敢当，曰："不见君，不可以视事。"诏令子康扶入对，且曰："毋拜"。遂罢青苗钱，复常平粜（tiào 跳）籴法。两宫虚己以听⑧。辽、夏使至，必问光起居，敕其边吏曰："中国相司马矣，毋轻生事，开边隙。"光自见言行计从，欲以身徇社稷，躬亲庶务，不舍昼夜。宾客见其体羸，举诸葛亮食少事烦以为戒⑨，光曰："死生，命也。"为之益力。病革，不复自觉，谆谆如梦中语，然皆朝廷天下事也。是年九月薨（hōng 轰），

---

① 提举常平司：神宗时，为推行新法，设提举常平司，主管各路役钱、青苗钱、义仓、赈济、水利、茶盐等事。 ② 和戎：古代称汉族与少数民族结盟友好为和戎，这里戎指西夏。 ③ 监司：指监察地方属吏的官。 ④ 近臣：皇帝左右亲近之臣。 ⑤ 转运判官：转运司中的属官。 ⑥ 十科荐士法：司马光当宰相时，设立十个科目，让朝中高官进行推荐，并写状保任，如推荐不当，推荐人获罪。 ⑦ 尚书左仆射：尚书省长官，当时尚书左仆射即宰相。 ⑧ 两宫：指高太后和宋哲宗。 ⑨ 诸葛亮：三国时期著名政治家，蜀国丞相。

年六十八。

（《宋史》卷三三六）

【翻译】

司马光，字君实，陕州夏县人，父亲司马池，曾任天章阁待制。司马光七岁时就严肃庄重，像一个成年人；听有人讲解《左氏春秋》后，极为喜爱，回来讲给家里人听，就已能了解这部书中的大意。从此书不离手，以至不知道饥饿和口渴，冬寒或夏热。有一次，一群孩子在庭院中玩耍，有一个孩子爬上一个大水缸，不小心失足掉进水缸中，其他的孩子都丢开这个孩子跑掉了，司马光却拿了一块石头朝水缸砸去，水缸破了，缸里的水流出来，掉进水缸的那个孩子才得救。后来，汴京和洛阳一带，还有人将这件事画成了图画。宋仁宗宝元元年(1038)，司马光考中了进士甲科。

宋仁宗最初生病时，还没有确立皇位继承人，朝廷士大夫都对这件事感到恐惧担心，却不敢发表意见。谏官范镇首先提出立太子的建议，司马光在并州听到后也紧跟着提出，并写信劝范镇对这件事要以死力争。司马光进京后，又当面向仁宗进言："我过去任并州通判时，曾上了三份奏章，希望陛下果断决定，尽力而行。"仁宗思索了很久，说：“是不是挑选一位皇家宗室子弟为皇位继承人？这是忠臣的言论，只是一般人不敢提及罢了。”司马光说：“我说这件事，以为必然会被处死，想不到还能被陛下考虑采纳。”仁宗说：“这有什么害处？从古到今都有这样的事。”司马光退朝后许久，却没有听到仁宗下达建立皇储的诏令，又上奏章说：“我前些时进献的建议，以为陛下会立即施行，但至今还没有听到一点消息，这肯定是有小人进言，说陛下正是年富力强的时候，为什么要这么早准备那些不吉利的事。小人不作长远考虑，主要是想等陛下百年之后，在匆忙慌乱的时候，扶立和他们关系密切的宗室子弟，这样，他们就成了定策拥立皇帝的国家元老，而皇帝就成了他们的门生天子，这里面蕴藏的灾祸，能说得尽吗？”宋仁宗大为感动说：“立即将司马光的建议送到中书去。”司马光见到韩琦等人说：“各位大人不赶快趁现在决定这件事，以后有一天从宫中半夜里送出一张小纸条来，说是立某人为皇太子，到那时，天下人都不敢违抗了。”韩琦等人都拱手作揖说：“我们不敢不尽力而为。”不久，仁宗下诏命英宗判宗正寺事，英宗推辞不就职；于是，仁宗将英宗立为皇子，英宗又说有病，不进宫中。司马光说：“希望陛下用臣子应尽的职责来督促皇子，他必定会进宫来。”这样，英宗才接受诏命。

宋神宗继位当皇帝后，司马光被提升为翰林学士，他极力推辞。宋神宗说："古代的君子，有的有学问而不会写文章，有的会写文章而又没有学问，只有董仲舒、扬雄才是既有学问又会写文章的人。您二者兼有，为什么要推辞呢？"司马光回答说："我不会做四六骈文。"宋神宗说："只要写得像两汉时代的制书和诏令一样就行了，况且您能够考上进士高第，却说不会写四六骈文，这是为什么？"司马光终于没有辞掉翰林学士之职。

司马光常常感到以往各朝的历史书太繁杂琐碎，怕皇帝不能全部阅览，于是，他写了一部八卷本的《通志》献给皇上，宋英宗很赏识这部书，命令在秘阁开设史局，继续修撰。到宋神宗时，这部书被命名为《资治通鉴》，神宗还亲自撰写了《序》，交给司马光，并让司马光每日进宫把《通鉴》讲给他听。

西夏境内的党项族将领嵬名山想用他所控制的横山地区的部众，俘虏谅祚来归降宋朝，宋神宗下诏，命令守御边境的大臣招纳嵬名山的部众。司马光上奏章竭力争论这件事，他认为："嵬名山的力量，不一定能够制服谅祚。即使侥倖战胜了谅祚，岂不是消灭了一个谅祚，又产生了一个谅祚？这对我们又有什么好处呢？如果他不能战胜谅祚，必然会带领部众归附我朝，那如何对待他们呢？到那时，我担心朝廷就不仅仅是失信于谅诈，又将要失信于嵬名山了！如果嵬名山留下的部众还有很多，回北面去不可能，到南边来又不能接受，穷途末路无家可归，必定会突袭占据我方的边境城市。陛下您难道不知道侯景的故事吗？”宋神宗没有听从司马光的劝告，派大将种谔发兵去迎接嵬名山，并夺取夏国的绥州城，耗费了六十万贯经费。宋朝对西方作战，就是从这时候开始的。

执政官因为黄河以北地区遭到旱灾的危害，国家的经费不够开支，请求宋神宗在南郊大祀的时候不要再赏赐给臣子们钱物。宋神宗下诏命令学士们讨论，司马光和王珪、王安石一同去见皇帝。司马光说：“抢救灾荒，节约开支，应该从地位尊贵的人开始；执政的意见可以听从。”王安石说：“常衮辞掉堂馔，当时大家都认为常衮既然自知没有才能，那就应当辞掉官位，但不应当辞掉俸禄。况且，国家费用不够开支，并不是现在最急迫的事情，费用所以不够开支，那是因为没有找到善于治理国家财政的人啊！”司马光说：“所谓善于治理财政的人，不过是按人头盘剥税利，用簸箕搜刮粮食而已。”王安石说：“不是这样，善于治理财政的人，不必增加赋税就会使国家的经费充足。”司马光说：“天底下哪里有这样的道理？天地所产生的诸般财富，不在民间，就在官府；你想办法去夺取民间的财富，那种祸害比增加赋税更厉害。这原是桑弘羊欺骗汉武帝的说法，司马迁记载这件事，不过是要显示汉武帝知人见事不明罢了！”两人争论不休。

王安石掌握政权后推行新法，司马光上书预先陈述新法的种种危害。他到迩英阁给神宗讲书时，讲到曹参代萧何为丞相的事，宋神宗说：“假如汉朝长期保持萧何制定的法律不改变，能行吗？”司马光回答说：“岂止汉朝，假如三代的君主长期保持禹、汤、文、武的法规，就是存在到今天也是可能的。汉武帝乱改汉高祖的规约，盗贼遍布半个天下；汉元帝改变汉宣帝的政治，汉朝的大业就衰落。由此说来，祖宗制订的法规是不可以改变的！”

王安石因为韩琦上奏章弹劾自己，躲在家中不出，请求引退。宋神宗于是任命司马光为枢密副使，司马光辞让不肯就职，说：“陛下之所以起用我，是因为看到我是一个耿直的人，希望对国家有所补益。如果只是用俸禄官位来尊荣我，而又不采纳我的意见，这是把天官当作给私人的赏赐，却又赏给了不适当的人。我如果只能以俸禄官位来使自己增添荣耀，不能解救黎民百姓的艰难困苦，那就是盗窃了名誉地位来谋自身的私利。陛下如果真能废除制置条例司，将派到各地的提举官下诏追回，不再推行青苗、助役等法，就是不起用我，我受到的恩赐也是够多的了。今天说青苗法危害的人，不过是说派下去的使者骚扰惊动了地方州县，成为今天的灾难。而我所担忧的，却是在今后十年以外，并不指今天。须知人民的贫穷与富裕，是由于他们勤劳和懒惰的程度不同，懒惰的人经常缺这少那，因此必然要依靠别人。现在国家出钱借给人民而收取他们的利息，富裕人家不会愿意领取贷款，朝廷的使者则以多散发青苗钱为有功，所以一律都要强行摊派。又害怕借钱的人负债逃跑，必然就命令贫户和富户互相担保，贫穷的人无法偿还，于是逃散流落四方；富裕人家不能离开，必然就要被迫代替偿还几家所欠的债。每年春天借贷的钱秋天偿还，一年年增多，贫穷人户逃光了，富裕人户也变穷了，十年之外，百姓都将逃亡光了。还有，把常平仓里的钱粮散发光，专门去推行青苗法，以后如果想要恢复它，又将从哪里去取得这些钱粮呢？富裕人家已经空了，常平仓已经废了，如果出现了战争，饥荒随之而来，人民中间的老弱病残必然会大量死亡，弃尸于山谷沟渠之中；强壮的人则必然会聚众造反，成为盗贼，这是事情发展的必然结果啊！”司马光辞不就职的奏章递上了七八次，神宗派人对他说：“枢密，是掌管军事的，每一种官位都有自己的职责，不应当牵涉其他的事情作为借口。”司马光回答说：“我没有接受任命之前，就还是侍从官，任何事没有不可以谈的。”到王安石又被神宗起用执掌朝政，司马光的请求才被批准，于是，司马光便请求离开朝廷到外地去。

元丰五年(1082)，司马光忽然得了说话艰难、口舌不灵的病，他担心自己快要死了，预先写好一份遗表放在卧室，准备一旦自己病情危急，就将遗表交给要好的朋友上呈给皇帝。实行新官制时，宋神宗指着御史大夫的职位说：“这个官职非司马光担任不可。”又准备委任司马光为东宫的师傅。蔡确说：“国家的大计才制定，希望能稍等一等再任命他。”当时，《资治通鉴》一书还未完成，神宗特别重视这件事，认为《资治通鉴》胜过荀悦的《汉纪》，几次催促司马光完成这部书，并将过去自己在颍王府邸时收藏的二千四百卷书赐给他。到《资治通鉴》完成时，给司马光加官为资政殿学士。司马光在洛阳共住了十五年，天下的百姓都把他当做真宰相，种地的老农都称他为“司马相公”，连妇女小孩也知道他的表字是君实。

神宗逝世，司马光到朝廷哭吊，宫中的卫士看见，都把双手放在额前说：“这是司马相公啊！”他所到之处，老百姓都挤在路上看他，以至他的马都无法前进。百姓们对他说：“您不要回洛阳去了，留在皇帝身边当宰相，救我们百姓的命吧！”哲宗即位时还是一个幼童，由太皇太后代为掌握朝政。她派遣使者去问司马光，当今首先要做的是什么事，司马光说："让大家说话。"于是，太皇太后就下达征求意见的诏令，张贴在朝堂之上。大臣中有一些人不高兴这件事，代太皇太后草拟了六句话说："如果别有用心，不守本分侵犯别人的权限，或煽惑人心动摇国家机要大政，或迎合现今推行的命令，对上希求侥倖升官，对下迷乱世俗之人，凡属于上述情况而提意见的人，严厉惩罚，决不赦免。"太皇太后又命令将诏书拿给司马光看，司马光说："这不是求别人提意见，是拒绝别人提意见了！臣子们除非不讲话，一讲话就会给套进这六条。"司马光又上书详细地论述了这件事，太皇太后改写了诏书，颁行全国，于是，向朝廷进献意见书的数以千计。

朝廷起用司马光任陈州知州。他经过京城时被留下任门下侍郎。苏轼从登州被朝廷召回，沿途的百姓都围聚一起大声呼叫："请代我们致谢司马相公，要他千万不要离开朝廷，珍重爱护他自己，这样才能救活我们！"当时，天下的百姓都迫不及待地等着观看朝廷的新政，然而，朝中有些议论政事的大臣还在说："父亲去世三年之内，不可以改变他所制定的法度。"他们仅仅粗略地列举了一些琐碎的小事进行变更，想稍微搪塞一下舆论。司马光说："先帝的立法，其中好的部分，就是千百年也不应该改变！如果是王安石、吕惠卿所定的法规，又成为天下祸害的，就该像救火和救快要淹死的人一样，赶快改变它。更何况太皇太后是以母亲的身份改变儿子的政策，并不是以儿子去改变父亲的施政。”众说纷纭的议论这才安定下来。于是就废除了保甲团教法，不再推行保马法，又废除了市易法，市易仓库中所储藏的物资全部卖掉，不收取利息，免除民间所欠的钱；京东地区的铁钱法和茶盐法，也都恢复了原来的规章制度。有人对司马光说：“熙宁、元丰年间推行新法的大臣，其中大多数是逢迎弄巧的人，以后如有人用父子之间的道义在皇帝面前拨弄是非，那祸害就会兴起了！”司马光严肃地说：“天如果赐福于宗庙社稷，必然不会有这样的事。”于是，全国的人才消除疑虑，都说：“这正是先帝本来的意思！”

元祐元年(1086)，司马光又得了病，太皇太后下诏，让司马光朝见时只拜两次，不必舞蹈。当时，青苗、免役、将官等新法还没有罢废，同西夏的和议也没有决定。司马光叹息说：“这四大患害没有消除，我是死也不会闭上眼睛的！”然后写信给吕公著说：“我把身体交付给医生，将家事交付给我的儿子，只有国家大事还没有交付委托，现在就全部委托给您了。”于是，上书论免役法的五大危害，请求太皇太后直接下敕令罢除。将原来各个将领的军队全部隶属于州县，军队事务委任州县长官统一指挥。废掉提举常平司，将它原来所掌管的事务划归转运司和提点刑狱司管理。提出守御边境的主要方针以同西夏结盟为好。他又说，监察官大多是新提拔上来的年轻人，他们办事力图严酷苛刻，应该命令近臣从各州郡的长官中挑选、推荐监察官；从各州郡通判中推荐转运判官。又设立十科荐士之法，等等。这些建议，都获得太皇太后的批准。

朝廷又任命司马光为尚书左仆射兼门下侍郎，免去他朝觐皇帝的礼仪，允许他进宫时可以乘坐轿子行走，每三天去政府办公一次。司马光不敢承受如此重大的恩典，说："没有见到君王，是不可以处理国家政务的。"太皇太后下诏，让他的儿子司马康扶他进宫和皇帝面谈，还说："不要跪拜。"于是罢除了青苗钱，恢复了常平仓所实行的每年在夏秋谷贱时向农民增价收购、遇谷贵则减价出售的办法。高太后和宋哲宗都虚心听取司马光的意见。辽国和西夏的使臣到宋朝来时，必定要询问司马光的日常生活情况，并且还告诫本国边境上的官吏说："宋朝现在是司马光当宰相了，不要随意挑起事端，引发边境战争。"司马光看到太皇太后对自己几乎是言听计从，便更想为国家献出自己的全部生命，于是不分昼夜地亲自处理国家的各种事务。客人们见他身体很虚弱，便举诸葛亮食少事烦，心力劳竭而死的先例，劝他引以为戒，司马光说："生和死，听天由命而已！"办事更加卖力。到病危将死时，已不再有任何知觉，只嘴里还断断续续吐出一些像梦呓一样的话，但所说的全部都是朝廷和国家的大事。这一年九月，司马光去世，享年六十八岁。

沈 括 传

在太阳系众多的行星中，有几颗是以我国古代科学家的名字命名的，其中有一颗星就命名为沈括。

沈括（1033—1097）在政治上并不是一位十分重要的人物，虽然他也曾积极地投入到那一时代的变革运动中，虽然他也曾在军事、外交、理财等方面做过一些有实际意义的工作，但是，这一些活动并没有给他在历史上带来多大的影响。他之所以能得到今天人们的重视，主要是他在中国古代科技史上所作出的辉煌贡献。他在天文、数学、历法、地理、物理、生物、医药、文学、史学、音乐等各门学科中，都有卓越成就，为举世所公认，特别是他的《梦溪笔谈》一书，被英国著名科学史家李约瑟博士誉为“中国科学史上的里程碑”。

沈括，字存中，以父任为沭（shù 术）阳主簿①。擢进士第，编校昭文书籍②，为馆阁校勘，删定三司条例。故事，三岁郊丘之制，有司按籍而行，藏其副，吏沿以干利。坛下张幔（màn 漫），距城数里为园囿（yòu 右），植采木；刻鸟兽绵络其间。将事之夕，法驾临观，御端门，陈仗卫以阅严警，游幸登赏，类非斋祠所宜。乘舆一器，而百工侍役者六七十辈③。括考礼沿革，为书曰《南郊式》。即诏令点检事务，执新式从事，所省万计，神宗称善。

迁太子中允④、检正中书刑房⑤、提举司天监⑥。日官皆市井庸贩，法象图器，大抵漫不知。括始置浑仪、景（yǐng，影的本字）表、五壶浮漏⑦，招卫朴造新历⑧，募天

---

① 沭阳：今江苏沭阳。 ② 昭文馆：官署名，宋三馆之一，藏有经、史、子、集四部图书。 ③ 百工：各种手工业工人的总称。 ④ 太子中允：太子府属官。 ⑤ 检正中书刑房：官名，中书属官，掌管监督中书所属五房之一的刑房。 ⑥ 提举司天监：司天监长官，司天监是负责观看天象、写造历书等事的机构。 ⑦ 浑仪、景表、浮漏：都是观象仪器。 ⑧ 卫朴：北宋淮南人，精通历法。

下上太史占书①，杂用士人，分方技科为五②，后皆施用。

淮南饥③，遣括察访，发常平钱粟④，疏沟渎（dú独），治废田，以救水患。迁集贤校理⑤，察访两浙农田水利。时大籍民车，人未谕县官意，相挻（shān山）为忧；又市易司患蜀盐之不禁⑥，欲尽实私井而辇解池盐给之⑦。言者论二事如织，皆不省，括侍帝侧，帝顾曰："卿知籍车乎？"曰："知之。"帝曰："何如？"对曰："敢问欲何用？"帝曰："北边以马取胜，非车不足以当之。"括曰："车战之利，见于历世。然古人所谓兵车者，轻车也，五御折旋，利于捷速。今之民间辎（zī资）车重大，日不能三十里，故世谓之太平车，但可施于无事之日尔。"帝喜曰："人言无及此者，朕当思之。"遂问蜀盐事，对曰："一切实私井而运解盐，使一出于官售，诚善。然忠⑧、万⑨、戎⑩、泸间夷界小井尤多⑪，不可猝绝也，势须列候加警，臣恐

---

① 太史：掌天文历法。 ② 方技科：指录取天文、医学等方面人才的考试科目。 ③ 淮南：指淮南东西两路。 ④ 常平：即常平仓，用以平准粮价的粮仓。 ⑤ 集贤校理：官名，属集贤院。集贤院负责收藏、校勘书籍。 ⑥ 市易司：官署名，掌贸易、平衡物价等事。 ⑦ 解池：指解州的盐池。解州：今山西运城西南解州。解池在运城与解州之间。 ⑧ 忠：忠州，今重庆忠县。 ⑨ 万：万州，今重庆万州。 ⑩ 戎：戎州，今四川宜宾。 ⑪ 泸：泸州，今四川泸州。

得不足偿费。”帝颔(hàn 憾)之。明日,二事俱寝。擢知制诰,兼通进、银台司①。自中允至是才三月。

为河北西路察访使。先是,银冶,转运司置官收其利。括言:“近宝则国贫,其势必然;人众则囊橐(náng tuó)奸伪何以检颐?朝廷岁遗契丹银数十万,以其非北方所有,故重而利之。昔日银成县②、银坊城皆没于彼③,使其知凿山之利,则中国之币益轻,何赖岁饷,邻衅将自兹始矣。”

时赋近畿户出马备边,民以为病。括言:“北地多马而人习骑战,犹中国之工强弩也。今舍我之长技,强所不能,何以取胜?”又边人习兵,唯以挽强定最,而未必能贯革,谓宜以射远入坚为法。如是者三十一事,诏皆可之。

辽萧禧来理河东黄嵬地④,留馆不肯辞,曰:“必得请而后反。”帝遣括往聘。括诣枢密院阅故牍,得顷岁所议疆地书,指古长城为境,今所争盖三十里远,表论之。帝以休日开天章阁召对,喜曰:“大臣殊不究本末,几误国事。”命以画图示禧,禧议始屈。赐括白金千两使行。至

---

① 通进、银台司:官署名,隶给事中,掌抄录进呈奏疏等文件及颁布之事,二司分工稍有不同。 ② 银成县:在今河北,当时宋辽边境处,具体方位不清。 ③ 银坊城:在今河北涞源东南,当时属辽。 ④ 黄嵬地:在今山西原平县西北。

契丹庭，契丹相杨益戒来就议，括得地讼之籍数十，预使吏士诵之，益戒有所问，则顾吏举以答。他日复问，亦如之。益戒无以应，谩曰："数里之地不忍，而轻绝好乎？"括曰："师直为壮，曲为老。今北朝弃先君之大信，以威用其民，非我朝之不利也。"凡六会，契丹知不可夺，遂舍黄嵬而以天池请①。括乃还，在道图其山川险易迂直，风俗之纯庞，人情之向背，为《使契丹图抄》上之。拜翰林学士、权三司使。

尝白事丞相府，吴充问曰②："自免役令下，民之诋訾(zī资)者今未衰也，是果于民何如？"括曰："以为不便者，特士大夫与邑居之人习于复除者尔，无足恤也。独微户本无力役，而亦使出钱，则为可念。若悉弛之，使一无所预，则善矣。"充然其说，表行之。

蔡确论括首鼠乖刺③，阴害司农法，以集贤院学士知宣州④。明年，复龙图阁待制、知审官院⑤，又出知青州⑥，未行，改延州⑦。至镇，悉以别赐钱为酒，命廛(chán蝉)市良家子驰射角胜，有轶群之能者，自起酌酒以劳之，边人欢激，执弓傅矢，唯恐不得进。越岁，得彻

---

① 天池：即天池庙，在今山西宁武西南管涔山上。 ② 吴充：当时任宰相。 ③ 蔡确：当时任御史。 ④ 宣州：今安徽宣城。 ⑤ 知审官院：官名，掌管审官院。审官院：官署名，掌管京中朝官考核。 ⑥ 青州：今山东青州。 ⑦ 延州：今陕西延安。

札超乘者千余，皆补中军义从，威声雄他府。以副总管种谔（è恶）西讨拔银[1]、宥（yòu右）功[2]，加龙图阁学士。朝廷出宿卫之师来戍，赏赉（lài赖）至再而不及镇兵。括以为卫兵虽重，而无岁不战者，镇兵也。今不均若是，且召乱。乃藏敕书，而矫制赐缗钱数万，以驿闻。诏报之曰："此右府颁行之失[3]，非卿察事机，必扰军政。"自是，事不暇请者，皆得专之。蕃汉将士自皇城使以降[4]，许承制补授。

谔师次五原，值大雪，粮饷不继，殿直刘归仁率众南奔[5]，士卒三万人皆溃入塞，居民怖骇。括出东郊饯河东归师，得奔者数千，问曰："副都总管遣汝归取粮，主者为何人？"曰："在后。"即谕令各归屯。及暮，至者八百，未旬日，溃卒尽还。括出按兵，归仁至，括曰："汝归取粮，何以不持军符？"归仁不能对，斩以徇。经数日，帝使内侍刘惟简来诘叛者[6]，具以对。

大将景思谊、曲珍拔夏封磨崖、葭（jiā家）芦、浮图

---

① 银州：今陕西榆林南。② 宥州：今陕西靖边西北。银州、宥州当时均属西夏。③ 右府：指枢密院。④ 皇城使：宋代官名，无职掌，仅为迁转之阶。⑤ 殿直：武将官名，属禁军殿前司。⑥ 内侍：皇宫的宦官。

城①，括议筑石堡以临西夏②，而给事中徐禧来，禧欲先城永乐③。诏禧护诸将往筑，令括移府并塞，以济军用。已而禧败没，括以夏人袭绥德④，先往救之，不能援永乐，坐谪均州团练副使⑤。元祐初，徙秀州⑥，继以光禄少卿分司⑦，居润八年卒⑧，年六十五。

括博学善文，于天文、方志、律历、音乐、医药、卜算，无所不通，皆有所论著。又纪平日与宾客言者为《笔谈》⑨，多载朝廷故实、耆旧出处，传于世。

（《宋史》卷三三一）

【翻译】

沈括，字存中。由于父亲的官位，他享受朝廷恩荫，担任了沭阳县主簿的官职。考中进士后，被派编集校对昭文馆的书籍，担任馆阁校勘，删节制定三司的条例。

---

① 磨崖、浮图城：两城大约在今陕西子洲和米脂以北地区。葭芦：今陕西佳县。 ② 石堡：即石堡城，在银、夏州之间。 ③ 永乐：在今陕西米脂西北。 ④ 绥德：今陕西绥德，在永乐之南。 ⑤ 均州：今湖北十堰东。 ⑥ 秀州：今浙江嘉兴。 ⑦ 光禄少卿：官名，属光禄寺，为副长官，此处为虚职。光禄寺掌管祭祀时的供品安排等事。分司：官职名，此处指分司南京，在南京支取俸禄。 ⑧ 润州：今江苏镇江。 ⑨ 笔谈：即《梦溪笔谈》。

按照惯例，皇帝每三年一次往南郊举行祭祀天地的礼仪，是由有关机构按照典籍记载安排，然后收藏起副本。办事人员往往借机谋求私利。祭祀前，在祭坛下面张起帐幕，在宫城外几里的地方修建园林，种植树木，装饰得色彩斑斓，雕刻飞鸟走兽，绵延不断放置于林木之间。将要从事祭祀的那一天傍晚，皇帝亲自来观赏园林景色，登上端门的南面正门，陈设仪仗卫队，检阅戒严警卫的部队，游览赏玩，这些都不是斋戒祭祀时所应该有的景象。皇帝使用的一个器物，就需要六七十个工匠制作。沈括考察了礼制的发展变化，写成一本书《南郊式》。朝廷于是命令他掌管郊祀的事务，按照新礼仪办事，这样一来，每次省下的经费数以万计，宋神宗十分满意。

不久，沈括升为太子中允、检正中书刑房、提举司天监。当时，掌管天文历数的官员都是些庸庸碌碌的人，对于天体的现象、图象及观象的器械，几乎一窍不通。沈括任提举司天监后，才设置了浑仪、景表、五壶浮漏，并招请卫朴修成新的历法，向天下征集太史用的观测天象的书，此外他还在司天监中任用读书人，把方技科分为五项，这些办法后来都被施行采用。

淮南发生饥荒，朝廷派沈括去巡视调查。他到达淮南后，便下令发放常平仓的钱和粮食，同时组织疏通河渠,修治荒废的田地,以此来消除水灾造成的困难。随后他又升任集贤校理,奉命巡视调查两浙地区的农田水利情况。当时,朝廷大量征集民间的车辆,人们不了解官家的意思,都引以为忧;市易司忧虑四川禁止不了私贩贩盐谋取暴利,想要全部填塞私人的盐井,而运解州的盐去解决四川的吃盐问题。上书议论这两件事的奏疏多得像织机上的纱线,但都没有把问题讲清楚。沈括侍立在神宗身旁,神宗看着他说:"你知道征集车辆的事吗?"沈括回答说:"知道。"神宗问:"这事怎么样?"沈括说:"请问征集车辆要做什么用途呢?"神宗说:"北面的辽军用马来取胜,没有车是不足以抵挡他们的。"沈括说:"车战的好处,在历代都可以看到。但是,古人所说的兵车,是轻车,有五匹马来拉,有利于快速进军。现在民间的载货车笨重庞大,每天走不了三十里路,所以人们都叫作'太平车',只能够在平时用用罢了。"神宗高兴地说:"别人的话没有说到这些,我要好好考虑一下。"又问他川盐的事,他回答说:"把所有的私人盐井都填塞掉而运解州的盐去,使盐都由官府发售,当然好。但是,忠州、万州、戎州、泸州一带少数民族居住的地方,小盐井特别多,是不能够一下子禁绝的,势必要派人去守卫它们,这样一来,恐怕就得不偿失了。"神宗点头,认为很对。第二天,两件事都停止了。随即又提升沈括为知制诰,兼管通进、银台司。从升任太子中允之职到这时候,才不过三个月。接着沈括又出任河北西路察访使。按以前的惯例凡是河北西路有人炼银的地方,转运司就设置官员,收取利息。沈括发表意见说:"靠近宝藏就会使国家贫穷,这是必然的事。人如果多了,那么窝藏的奸伪之徒怎样检查呢?朝廷每年送给契丹数十万两银子,正因为它不是北方所有的东西,所以他们看重它,认为获得它是有利的。现在,原来的银成县、银坊城都在他们境内,假如他们知道开凿山中矿产的利益,中国的货币就更被看轻了,每年拿什么东西送给他们呢?与邻国契丹的矛盾就要从这儿开始了。"

当时,朝廷要靠近京畿的居民每户都交出马匹来作赋税,用来守卫边境,人民认为这是一种灾难。沈括说:"北方的契丹地区马匹多,人人熟悉骑马作战,这就好比中国擅长用强劲的弓箭。现在舍弃我们擅长的技艺,勉强去做不擅长的事,怎么能取胜呢?"另外,边境的人们学习军事技术时,只用拉开弓的强度来确定高下,但不一定能射穿皮革;沈括说,应该考核他们射箭的距离和射入硬物的程度。沈括提出的类似建议有三十一件,朝廷都下诏同意施行。

辽国的萧禧来争论河东黄嵬一带地方,留在宾馆不肯辞去,说:"我一定要达到目的,才能返回。"神宗派沈括出使辽国。沈括到枢密院翻看以前的档案文件，查找到往年商定边境的文件，文件上指定以古代的长城为边界，而现在所争的地方与长城相差三十里远，就上表论述这件事。神宗特地在休假日打开天章阁，召见沈括，让他陈述。神宗听后，高兴地说："大臣们根本不去探讨事情的本末原委，几乎误了国家大事。"于是，神宗命令，将所画地图拿给萧禧看。萧禧理屈辞穷，才不再争论了。神宗赏赐了沈括白金一千两，让他出发去辽国。他到了契丹宫廷，契丹宰相杨益戒来同他面议。沈括找到争论土地的文件数十件，预先让办事人员和幕僚背熟它。杨益戒提出问题，沈括就让办事人员举例回答。另一天再提问，还是同样回答。杨益戒无话可答，傲慢地说："你们连几里的地方也不愿意放弃，难道想轻易断绝两国的交好吗？"沈括说："出兵有道理，士气就高，没有道理，士气就低落。现在你们北朝舍弃你们以前皇帝的重大信誓，用暴力来役使你们的人民，这对我们宋朝没有什么不利。"总共会晤了六次，契丹方面知道沈括的意志不会屈服，就丢开黄嵬地区不谈，只要求将天池一带地方划归他们。沈括于是启程回朝。他在路上画下沿途山川的险峻和平缓，道路的迂曲和顺直，风俗的单纯和复杂，人心的拥护和不满，写成《使契丹图抄》一书，献给朝廷。朝廷任命他为翰林学士、权三司使。

沈括曾经到丞相府中报告事情，吴充问他："自从下了免役令以后，人民诋毁攻击它，到现在还没有能减轻一些。这件事到底对人民怎样？"沈括说："认为不方便的，只是士大夫和城中历来被免除徭役的人，这不必怜惜他们。只是，贫穷寒微的人户本来没有出力役的，现在也要让他们出钱，那是应该考虑的。如果对这些人全部放宽，不收他们的钱，就好了。"吴充认为他说得对，上表报告朝廷，施行了这项建议。

蔡确抨击沈括，说他前后不一致，暗中危害司农寺颁布的法令，因此，沈括以集贤院学士的职名被派出去担任宣州知州。第二年，复官龙图阁待制、知审官院，再次被派出朝，担任青州知州；他还没有去青州上任，就又改任延州知州。到延州后，他把朝廷额外赐给的钱全部买成酒，命令街道平民中清白人家的子弟参加骑马射箭，比赛高下，每当看到有超群出众的，就亲自起身，斟酒慰劳。边境上的人们因而欢欣奋发，拿着弓箭，唯恐不能参加。过了一年，沈括共选得能够射穿箭靶、跳跃上车的人一千多名，都补充到中军做志愿兵，因此，延州军队的威名和声望超过其他州府。由于副总管种谔攻下西夏银州、宥州立了功，沈括也因功加官为龙图阁学士。朝廷将守卫京师的部队派出到边疆驻防，两次赏赐他们财物，却没有赏给地方的士兵，沈括认为，京师的卫兵虽然重要，但是每年都参加战斗的还是地方的士兵，像现在这样的赏赐不均，会引起变乱。于是藏起敕书，假称有命令，赐给地方士兵几万贯钱，并通过驿站报告朝廷。神宗下诏回答他说："这是枢密院颁布赏赐时的失误，如果不是你看到事情的要害，必然会扰乱军政。"从这以后，办事时有来不及报告的，沈括都可以自己作主决定。汉族与少数民族的将士中，自皇城使以下的官职，也允许他以朝廷的名义补充授官。

有一次，种谔率领部队到达五原，遇到下大雪，粮食给养没有及时运来，殿直刘归仁率领部下向南逃去，三万多士兵全部溃散退入边关，当地居民十分害怕。沈括出城，在东郊用酒食接待回来的河东部队，见到逃回的人有几千人，问他们说："副都总管派你们回来取粮食，为首的人是谁呢？"他们说："在后面。"便命令他们各自回到兵营去。到晚上，又到了八百人。不到十天，溃散的士兵全部回到营房。沈括去检查部队，刘归仁来到，沈括说："你回来取粮食，为什么没有拿军符呢？"刘归仁无法回答，沈括就将他斩首示众。过了几天，神宗派内侍刘惟简来查询叛乱的人，沈括将处理的情况报告了朝廷。

大将景思谊、曲珍攻下西夏的磨崖、葭芦、浮图城后，沈括提议修筑石堡城来对付西夏。但是，给事中徐禧来到，他要先修建永乐城。朝廷命令徐禧指挥将领们前去筑城，命令沈括把他的帅府移到边界，以便接济军用物资和出兵救援。不久，徐禧失败战死，沈括因为西夏军队袭击绥德，先去援救绥德，因而没有能够援救永乐城，被贬为均州团练副使。元祐初年(1086)，又被改派到秀州安置。接着，被任命为光禄少卿，在南京领取俸禄，居住在润州。八年后去世，享年六十五岁。

沈括学问广博，善于写文章，对于天文、方志、律历、音乐、医药、卜算，没有不通晓的，而且都有论述和著作。他又把平时与宾客谈论的事记录下来，写成《笔谈》一书，记载了许多朝廷中的典故、事实、故旧老臣的情况，流传于世上。

宗 泽 传

北宋末年，女真人崛起于东北，建立金国，随即挥兵南进，先灭辽国，进而攻灭北宋，俘掳了徽宗、钦宗两个皇帝，中原陆沉，人民遭难。宗泽(1060—1178)正是在这混乱时期涌现出来的杰出的抗金将领。

宗泽原是一位读书人，喜欢谈论经术。当金兵南下，国难当头之际，他毅然出任河北前线的地方官，整军经武，组织起民兵队伍，他力劝康王赵构即位当皇帝，直接促成了南宋政权的建立。他曾经多次率兵与金人浴血奋战，招纳黄河南北的民间武装力量，击退金兵的多次进攻，形成中原抗金力量，声威远震。他多次上书，要求高宗返回故都开封，以便领导收复失地。但是，高宗惧敌，奸相阻挠，宗泽的要求无人理睬。忧愤中，他痈疽溃发，临死仍三次高呼“过河”，念念不忘收复失地。“出师未捷身先死，长使英雄泪满襟”，宗泽的抗战业迹，永远鼓舞着中国人民的爱国热忱，他的死，给人们留下了不少的怅惘和遗憾。

宗泽是一位永远令后人景仰的民族英雄。

宗泽，字汝霖，婺（wù 务）州义乌人①。泽自幼豪爽有大志，登元祐六年进士第。廷对极陈时弊，考官恶直，寘（zhì 治）末甲。

调衢（qú 渠）州龙游令②。民未知学，泽为建庠序，设师儒，讲论经术，风俗一变，自此擢科者相继。

通判登州③。境内官田数百顷，皆不毛之地，岁输万余缗，率横取于民。泽奏免之。朝廷遣使由登州结女真④，盟海上，谋夹攻契丹。泽语所亲曰：“天下自是多事

① 婺州：今浙江金华。义乌：今浙江义乌。 ② 衢州：今浙江衢州。龙游：今浙江衢州东北龙游镇。 ③ 登州：今山东蓬莱。 ④ 结女真：女真，即建立金国的民族。宋徽宗政和五年(1115)，女真完颜阿骨打称帝，建国号为“金”。宋徽宗宣和元年(1118)二月，宋朝遣使由海道赴女真，约夹攻辽。

矣。”退居东阳①，结庐山谷间。

靖康元年②，命知磁州③。时太原失守，官两河者率托故不行④。泽曰：“食禄而避难，不可也。”即日单骑就道，从羸卒十余人。磁经敌骑蹂躏（lìn 吝）之余，人民逃徙，帑廪枵（xiāo 肖）然。泽至，缮城壁，浚隍（huáng 皇）池，治器械，募义勇，始为固守不移之计。上言：“邢⑤、洺⑥、磁、赵⑦、相五州各蓄精兵二万人⑧，敌攻一郡则四郡皆应，是一郡之兵常有十万人。”上嘉之，除河北义兵都总管。

康王再使金⑨，行至磁，泽迎谒（yè 叶）曰：“肃王一去不反⑩，今敌又诡辞以致大王，愿勿行。”王遂回相州。

有诏以泽为副元帅，从王起兵入援。时康王开大元帅府，檄（xí 席）兵会大名⑪。泽履冰渡河见王，谓京城受围日久，入援不可缓。会签书枢密院事曹辅赍蜡封钦宗手诏⑫，至自京师，言和议可成。泽曰：“金人狡谲（jué

---

① 东阳：今浙江东阳。② 靖康：宋钦宗年号。③ 磁州：今河北磁县。④ 两河：宋代合称河东、河北地区为两河。⑤ 邢州：今河北邢台。⑥ 洺州：今河北永年东。⑦ 赵州：今河北赵县。⑧ 相州：今河南安阳。⑨ 康王：赵构，即后来的高宗，徽宗第九子，曾使金。⑩ 肃王：徽宗第五子赵枢，当时在金营为人质。⑪ 大名：今河北大名。⑫ 签书枢密院事：官名，枢密院官员，地位在枢密使、副使之下。

决)，是欲缓我师尔。君父之望入援，何啻(chì赤)饥渴，宜急引军直趋澶渊，次第进垒，以解京城之围。万一敌有异谋，则吾兵已在城下。”汪伯彦等难之①，劝王遣泽先行。自是泽不得预府中谋议矣。

二年正月，泽至开德②，十三战皆捷，以书劝王檄诸道兵会京城。

泽兵进至卫南，③度将孤兵寡，不深入不能成功。先驱云前有敌营，泽挥众直前与战，败之。转战而东，敌益生兵至，王孝忠战死，前后皆敌垒。泽下令曰：“今日进退等死，不可不从死中求生。”士卒知必死，无不一当百，斩首数千级。金人大败，退却数十余里。泽计敌众十倍于我，今一战而却，势必复来，使悉其铁骑夜袭吾军，则危矣。乃暮徙其军。金人夜至，得空营，大惊，自是惮泽，不敢复出兵。泽出其不意，遣兵过大河袭击，败之。王承制以泽为徽猷阁待制④。

王即位于南京⑤，泽入见，涕泗交颐(yí移)，陈兴复大计。时与李纲同入对⑥，相见论国事，慷慨流涕，纲奇之。上欲留泽，潜善等沮之。除龙图阁学士、知襄

---

① 汪伯彦：当时为副元帅。② 开德府：今河南濮阳，即澶渊。③ 卫南：今河南濮阳西南。④ 徽猷阁：大观二年(1108)建，收藏哲宗文集。⑤ 南京：今河南商丘。⑥ 李纲：著名抗金派大臣，高宗时用为相。

阳府①。

开封尹阙，李纲言，绥（suí 随）复旧都，非泽不可。寻徙知开封府。时敌骑留屯河上，金鼓之声，日夕相闻，而京城楼橹尽废，兵民杂居，盗贼纵横，人情恟恟（xiōng 匈）。泽威望素著，既至，首捕诛舍贼者数人。下令曰："为盗者，赃无轻重，并从军法。"由是盗贼屏息，民赖以安。

王善者，河东巨寇也。拥众七十万，车万乘，欲据京城。泽单骑驰至善营，泣谓之曰："朝廷当危难之时，使有如公一二辈，岂复有敌患乎？今日乃汝立功之秋，不可失也。"善感泣曰："敢不效力！"遂解甲降。时杨进号没角牛，兵三十万，王再兴、李贵、王大郎等各拥众数万，往来京西②、淮南③、河南北④，侵掠为患。泽遣人谕以祸福，悉招降之。上疏请上还京。俄有诏：荆⑤、襄、江⑥、淮悉备巡幸。泽上疏言："开封物价市肆，渐同平时。将士、农民、商旅、士大夫之怀忠义者，莫不愿陛下亟归京师，以慰人心。其唱为异议者，非为陛下忠谋，不过如张

---

① 襄阳：今湖北襄阳。 ② 京西：大致包括河南南部、湖北北部、安徽西部一带。 ③ 淮南：大致包括今长江以北的安徽、江苏两省。 ④ 河南北：指黄河南北。 ⑤ 荆：即今湖北荆州，此系沿袭古称，当时称江陵府。 ⑥ 江：即江南路，大致包括今安徽的长江以南，江苏的南京、镇江，以及江西省。

邦昌辈①,阴与金人为地尔。”除延康殿学士②、京城留守、兼开封尹。

真定③、怀④、卫间⑤,敌兵甚盛,方密修战具为入攻之计,而将相恬不为虑,不修武备,泽以为忧。乃渡河约诸将共议事宜,以图收复,而于京城四壁,各置使以领招集之兵。又据形势立坚壁二十四所于城外,沿河鳞次为连珠砦,连接河东、河北山水砦忠义民兵,于是陕西、京东西诸路人马咸愿听泽节制。有诏如淮甸,泽上表谏,不报。

秉义郎岳飞犯法将刑⑥,泽一见奇之,曰:“此将材也。”会金人攻汜水⑦,泽以五百骑授飞,使立功赎罪。飞大败金人而还。遂升飞为统制⑧。飞由是知名。

泽视师河北还,上疏言:“陛下尚留南都⑨,道路籍籍,咸以为陛下舍宗庙朝廷,使社稷无依,生灵失所仰戴。陛下宜亟回汴京,以慰元元之心。”不报。

---

① 张邦昌:北宋末大臣,金人南侵,力主和议,曾被金人立为皇帝,建立傀儡政权“大楚”。 ② 延康殿:即原端明殿,宋徽宗政和中改此名,是西京正衙殿。 ③ 真定:今河北正定。 ④ 怀州:今河南沁阳县。 ⑤ 卫州:今河南卫辉。 ⑥ 秉义郎:武官名,原名西头供奉官,系三班小使臣,政和二年(1112)改此名。 ⑦ 汜水:即汜水关,在今河南汜水镇西。 ⑧ 统制:官名,统兵官。 ⑨ 南都:宋将商丘称南京,今河南商丘。

诏遣官迎奉六宫往金陵①，泽上疏曰："京师，天下腹心也。两河虽未敉(mǐ 米)宁，特一手臂之不信尔。今遽欲去之，非惟一臂之弗瘳(chōu 抽)，且并与腹心而弃之矣。昔景德间，契丹寇澶渊，王钦若江南人，即劝幸金陵，陈尧叟蜀人，即劝幸成都，惟寇准毅然请亲征，卒用成功。臣何敢望寇准，然不敢不以章圣望陛下②。"又条上五事，其一言黄潜善、汪伯彦赞南幸之非。泽前后建议，经从三省③、枢密院，辄为潜善等所抑，每见泽奏疏，皆笑以为狂。

金将兀术(wù zhú 务烛)渡河④，谋攻汴京。诸将请先断河梁，严兵自固，泽笑曰："去冬，金骑直来，正坐断河梁耳。"乃命部将刘衍趋滑⑤，刘达趋郑⑥，以分敌势，戒诸将极力保护河梁，以俟大兵之集。金人闻之，夜断河梁遁去。

二年，金人自郑抵白沙⑦，去汴京密迩(ěr 而)，都人震恐。僚属入问计，泽方对客围棋(qí 棋)，笑曰："何事

---

① 六宫：泛指皇后妃嫔。金陵：今江苏南京。 ② 章圣：指真宗。 ③ 三省：中书省、门下省、尚书省总称。北宋元丰改制后，三省即中央政府，唯枢密院仍掌军事。 ④ 兀术：金太祖第四子，进攻宋朝的主要军事统帅。 ⑤ 滑州：今河南滑县东。 ⑥ 郑州：今河南郑州。 ⑦ 白沙：当时属开封府，在今河南中牟西。

张皇？刘衍等在外必能御敌。”乃选精锐数千，使绕出敌后，伏其归路。金人方与衍战，伏兵起，前后夹击之，金人果败。

刘衍还，金人复入滑，部将张㧑（huī 挥）请往救，泽选兵五千付之，戒毋轻战以需援。㧑至滑迎战，敌骑十倍，诸将请少避其锋，㧑曰：“避而偷生，何面目见宗公。”力战死之。泽闻㧑急，遣王宣领骑五千救之。㧑死二日，宣始至，与金人大战，破走之。泽迎㧑丧归，恤（xù）其家，以宣权知滑州。金人自是不复犯东京。

山东盗起[①]，执政谓其多以义师为名[②]，请下令止勤王[③]。泽疏曰：“自敌围京城，忠义之士愤懑（mèn 闷）争奋，广之东西、湖之南北、福建、江、淮，越数千里，争先勤王。当时大臣无远识大略，不能抚而用之，使之饥饿困穷，弱者填沟壑，强者为盗贼。此非勤王者之罪，乃一时措置乖谬所致耳。今河东、西不从敌国而保山砦者，不知其几；诸处节义之夫，自黥其面而争先救驾者[④]，复不知其几。此诏一出，臣恐草泽之士一旦解体，仓卒有急，

---

① 山东：指太行山以东地区。 ② 义师：勤王的军队多称义师。 ③ 勤王：指出兵来援救皇朝。 ④ 自黥其面：指王彦率领的“八字军”。王彦是有名的抗金将领，他的部下为表示与他共同抗金到底的决心，相约在脸上刺“赤心报国，誓杀金贼”八个字。

谁复有愿忠效义之心哉?”

泽威声日著,北方闻其名,常尊惮之,对南人言,必曰宗爷爷。

泽前后请上还京二十余奏,每为潜善等所抑,忧愤成疾,疽发于背。诸将入问疾,泽矍(jué 决)然曰:“吾以二帝蒙尘①,积愤至此。汝等能歼敌,则我死无恨。”众皆流涕曰:“敢不尽力!”诸将出,泽叹曰:“出师未捷身先死,长使英雄泪满襟②!”翌日,风雨昼晦(huì 会)。泽无一语及家事,但连呼“过河”者三而薨(hōng 轰)。都人号恸。遗表犹赞上还京。赠观文殿学士③、通议大夫④,谥忠简。

(《宋史》卷三六〇)

【翻译】

宗泽,字汝霖,婺州义乌人。他从小性格豪爽,有远大志向,考中元祐六年(1091)的进士。在朝廷回答皇帝

① 二帝蒙尘:指徽宗、钦宗被金人俘虏带往东北。② “出师未捷身先死,长使英雄泪满襟”:这是杜甫歌颂诸葛亮的一首七律《蜀相》诗中的两句。③ 观文殿:庆历八年(1048),改延恩殿为观文殿,置学士,非曾任执政者不除,除者乃异恩。④ 通议大夫:即原给事中,元丰改制后改名。

问题时，他极力陈说当时的弊病，考官厌恶他过于直率，把他录取在进士甲科的最末。

宗泽被调任衢州龙游县令。县中的民众不知道学习，宗泽为他们建立了学校，聘请读书人做老师，讲解经书讨论学术，使当地的风俗完全改变，从此以后，考中科举的人不断出现。

他又任登州通判。登州境内有官田几百顷，都是不能生长谷物的地方，但每年要交税一万多缗，都是从民间强行征取而来的。宗泽上奏章，免除了上交任务。朝廷派遣使者从登州渡海交结女真，并和他们在海上订立了盟约，计划夹攻契丹。宗泽对自己的亲信说："天下从此要多事了。"于是辞掉官职，退居东阳郡，在山谷间建房隐居下来。

靖康元年(1126)，宗泽被任命为磁州知州。当时太原已经失守，任命到两河做官的人都找理由不去。宗泽说："吃皇家的饭而逃避艰难，这是不可以的。"当天就单人独马上路，只有十几个瘦弱士兵跟随他。磁州经过敌人骑兵蹂躏之后，人民逃亡迁徙，仓库的粮食空虚。宗泽到任后，修缮城墙，开通护城河，修造武器军械，招募义勇军，开始作坚守磁州的长远打算。他向朝廷建议说："邢、洺、磁、赵、相五州各准备精兵二万人，敌人攻一郡则其他四郡都来救应，这样一郡的军队就常有十万人了。”钦宗对他进行了嘉奖，任命为河北义兵都总管。

康王再次出使金国，走到磁州，宗泽迎见康王，说：“肃王已经一去不回，现在敌人又用假话来骗大王去，请不要去了。”康王于是回到相州，不去金国。

朝廷有诏书到，任命宗泽为副元帅，跟随康王，调遣军队援救京师。当时康王建立大元帅府，召集军队到大名府集合。宗泽踏着冰渡过黄河，进见康王，说京城被包围的时间已经很久了，前去救援的事不能迟缓。正好签书枢密院事曹辅带着用蜡封起来的钦宗手写的诏书，从京师赶来，说和议能够达成。宗泽说：“金人是狡猾的，这是要延缓我们进军啊！皇帝盼望救援的军队，何止是像饥渴的人想吃饭喝水？应该赶快率军直接去澶渊，按照次序建立堡垒，逐步向前推进，以解救被围困的京城。万一敌人有其他打算，那我们的军队也已经在城下了。”汪伯彦等人阻难宗泽的建议，劝康王派遣宗泽先行进军。从此，宗泽就不能够参预大元帅府中商议计划的会议了。

(靖康)二年(1127)正月，宗泽到达开德府，打了十三仗，都获得胜利，他写信给康王，建议下达文书征调各地军队会战京师。

宗泽率军前进到卫南，考虑到自己的将士太少，不深入敌军就不能成功。先行部队报告说，前面有敌人的军营，宗泽指挥部众一直前进与敌人交战，击败敌军。转战到东面，敌人增调的生力军来到，部将王孝忠战死，前后都是敌人的营垒。宗泽下令说："今天，进和退都一样是死，不能不从死中求生。"士兵们知道必然要死，无不以一当百，杀死敌人数千人，把金军打得大败，退却了几十里地。宗泽考虑，敌军是我军的十倍，今天一交战就退却，势必还要再来；如果他们派全部精锐骑兵在夜里来袭击，那就危险了。于是他在傍晚转移了自己的军队。金军夜里来袭击，看到的是一个空空的营垒，大为吃惊，从此害怕宗泽，不敢再出兵交战。宗泽又乘金人没有防备时，派兵渡过黄河袭击金军，又一次击败了他们。康王以朝廷名义，任命宗泽为徽猷阁待制。

康王在商丘就了皇帝位，宗泽入朝参见，泪流满面，陈述复兴故国的方针。当时，他与李纲一同入朝见皇上，两人相见后纵谈国家大事，宗泽慷慨激昂，热泪盈眶，李纲对他十分敬佩。高宗想留下宗泽，黄潜善等人加以阻挠。结果他被任命为龙图阁学士，襄阳府知府。

开封缺知府，李纲说，安抚和恢复故都，非宗泽不可。不久，调宗泽任开封府知府。当时敌人的骑兵还驻扎在黄河边上，军鼓的声音，从早到晚都可以听到，而京城的城楼和瞭望敌人的望楼都坏了，军队和百姓混居在一起，小偷强盗横行无忌，人心恐慌不安。宗泽一直威望很高，到开封后，首先逮捕、杀掉了好几个窝藏盗贼的人，并颁布命令说："凡是做盗贼的，不管偷盗多少东西，一律按军法处置！"因此，盗贼都不敢乱动了，人民才安定下来。

王善是河东地区的大强盗，手下有七十万人，一万辆战车，想要占据京城。宗泽独自一人骑马来到王善营中，流着泪对他说："朝廷在危难的时候，如果有像你这样的一、两个人，怎么还会再有敌人的危害呢？现在正是你立功的时候，不能失去机会啊！"王善感动得哭了起来，说："我怎么敢不效力呢！"于是放下兵器投降。当时杨进号称没角牛，拥有三十万军队，王再兴、李贵、王大郎等人也各有部众几万，在京西、淮南、黄河南北一带，掳掠危害民众。宗泽派人去劝说，向他们指出什么是祸，什么是福，并全部招降了他们。宗泽上奏疏，请皇上回到东京开封。不久，有诏书来说：荆州、襄阳、江南、淮南都在准备迎接皇上驾临巡视。宗泽上疏说："开封的物价与市场，已经逐渐恢复得同原先一样了。将士、农民、商人、士大夫中胸怀忠义的人，都希望陛下赶快回到京城，以便安慰人心。那些提出不同意见的人，并不是忠心为陛下谋划，不过是像张邦昌一流人，暗中为与金人勾结留地步罢了！"他被任命为延康殿学士、京城留守，并任开封尹。

真定、怀州、卫州一带，敌军力量很强，正在秘密准备战斗器械，计划南下进攻；而宋朝的大将和宰相，却仍然像没事一样无忧无虑，并不修整武器装备；宗泽因此很是忧愁，于是渡过黄河，召集各位将领来共同商议，以图收复失地。宗泽在京城的四面军营中，每一处都安排了使臣，以统率招集来的士兵；又根据地势，在城外建立了牢固的军营二十四处，沿着黄河像鱼鳞一样依次排列成连珠砦，以便联络接应河东、河北山水砦的忠义民兵。于是，陕西、京东西各路的人马都愿意听从宗泽的指挥。高宗下诏要去淮南，宗泽上表劝阻，但没有得到答复。

秉义郎岳飞犯了法将要受刑，宗泽一见他就很惊异，说："这是大将的材料啊。"正好金兵来进攻汜水，宗泽交给岳飞五百骑兵，让他立功赎罪。岳飞把金人打得大败，回来后，宗泽就提升岳飞为统制。岳飞从此出名。

宗泽从河北巡视军队回来，上奏疏说："陛下还留在南都，道路的人们纷纷议论，都认为陛下舍弃了祖宗的祠庙和朝廷，使得国家没有依靠，人民失去了尊奉拥戴的对象。陛下应该赶快回到汴京，以安抚百姓的心情。"仍然没有答复。

高宗下诏书，派遣官员迎接六宫到金陵去。宗泽上疏说："京城是国家的心脏。两河地区虽然还没有安定，只是一只手臂不能起作用而已。现在突然要舍弃京城，就不只是一只手臂治不好的问题，而是要把心脏和一只手臂一块儿丢掉了。早先景德年间，契丹军队侵犯澶渊，王钦若是江南人，就劝真宗皇帝到金陵去；陈尧叟是四川人，就劝真宗到成都去，只有寇准毅然请求真宗亲自出征，终于因此而获得成功。我当然不敢和寇准相比，但不能不期望陛下成为又一个章圣皇帝。”他又逐条列上五件事，其中有一项是说黄潜善、汪伯彦赞助皇上南行的错误。宗泽前后所上的建议，从三省、枢密院经过，总是被黄潜善等人压下，他们每次见到宗泽的奏疏，都讥笑他狂妄。

金国大将兀术渡过黄河，打算进攻汴京。将领们要求先切断黄河上的桥梁，紧急部署部队，坚持固守，宗泽笑着说：“去年冬天，金国骑兵直接来到，正是因为切断了河梁。”于是命令部将刘衍去滑州，刘达去郑州，分散敌人的兵势，并告诫将领们，要极力保护黄河上的桥梁，以便等待大部队会集。金国的军队听说后，在夜间切断黄河上的桥梁逃跑了。

（建炎）二年（1128），金国部队从郑州到达白沙，离汴京很近了，京城里的人感到震惊恐慌。同事和部下到宗泽家中询问对策，宗泽正和客人下围棋，笑着说：“什么事这么慌张？刘衍等人在外面是肯定能够抵御敌人的。”就挑选了精锐士兵几千人，让他们绕到敌军的后面，埋伏在敌军回去的路上。金国军队刚和刘衍的部队交战，埋伏的部队就出现，前后夹击金军，金军果然大败。

刘衍回来后，金国军队又进入滑州，部将张撝请求去救援滑州，宗泽挑选了五千名战士交给他，告诫他不要轻易交战，以便等待援助。张撝到滑州迎战，敌人的骑兵有十倍之多，将领们要求稍微避开一下敌人的锋芒，张撝说："避开敌人而偷生，那我有什么脸去见宗公呢！"于是，率领部队奋力作战，结果战死在战场上。宗泽听到张撝危急，派遣王宣率领骑兵五千去救援他。张撝死后两天，王宣才赶到，与金国军队大战一场，击败并赶走了金军。宗泽迎接回张撝的尸体，抚恤了他的家属，派王宣代理滑州知州。金国军队从此不再侵犯东京了。

山东地区强盗蜂涌而起，执政的人说，强盗中间有很多人使用义师的名义，请求高宗下命令停止勤王。宗泽上奏疏说："自从敌人包围京城以来，忠义之士怀着对敌人的满腔仇恨奋然起兵，广南东、西、荆湖南、北、福建、江南、淮南等地，跨越几千里的地方，人们都争先恐后来勤王。当时的大臣没有高远的见识和战略，不能够安抚并使用他们，使他们饥饿穷困，衰残病弱的人死去，尸体填塞了沟渠，强壮的人就做了强盗。这不是勤王者的罪过，而是那时的措施布置错误、荒谬导致的。现在黄河东西两面不服从金国号令而保守山寨的人，不知道有多少；各处有气节的忠义人士，自己在脸上刺字而争先援救皇帝的，又不知道有多少。这份禁止勤王的诏书一发，我恐怕草野山泽中的人士，一旦人心离散，遇有紧急情况发生，谁还愿意尽忠效义呢？”

宗泽的威望名声越来越高，北方的金国人听到他的名字，常常是既尊重又害怕，而南方的宋人说起他，必定称他为“宗爷爷”。

宗泽前后上奏朝廷请求回东京的奏疏二十多封，总是被黄潜善等人压下，以致忧虑愤怒引发疾病，背上生疮，化脓溃烂。将领们来问候他的疾病，宗泽振作精神，急迫地说：“我是因为徽、钦二帝被金人掳走，愤恨郁积而成了这样。你们能够歼灭敌人，那我就是死也没有怨恨了。”大家都流着眼泪说：“我们一定尽力！”将领们走了，宗泽叹息说：“出师未捷身先死，长使英雄泪满襟。”第二天，整天都刮风下雨，宗泽没有一句话说到家里的事，只是连呼三声“过河”，就去世了。京城的人们得知消息，都放声痛哭。他在留下的表章中，仍然坚持请高宗回到京城开封。朝廷给他的赠官是观文殿学士、通议大夫，谥号“忠简”。

岳飞传

岳飞(1103—1142),可以说是我国历史上影响最大的民族英雄。

岳飞生于一个普通农民家庭,具有许多极为优秀的个人禀赋:聪颖、强悍、正直、坚毅。他将自己一生全部投入到反对金人侵略的斗争中,虽然只活了三十九个春秋,但为当时的国家和民族建立了卓越的功勋,做出了伟大的贡献。然而,这位力图拯救人民于水火、挽狂澜于既倒的英雄人物,没有死在敌人的刀剑之下,却死在他始终不渝地为之“尽忠报国”的统治王朝的牢狱之中,他没有“踏破贺兰山阙”,没有“痛饮黄龙”;“莫须有”一语,就使英雄含恨离开了人间。

岳飞死后，出于当时人和后人对他的怀念和景仰，他的生平事迹被编写成种种传奇般的故事，虽然其中不乏杜撰之事，但可以反映出岳飞——这位伟大的民族英雄在广大人民心目中的崇高地位。

岳飞，字鹏举，相州汤阴人①，世力农。父和，能节食以济饥者，有耕侵其地，割而与之，贳（shì 世）其财者不责偿。飞生时，有大禽若鹄（hú 胡）②，飞鸣室上，因以为名。未弥月，河决内黄③，水暴至，母姚抱飞坐瓮中，冲涛及岸得免，人异之。少负气节，沉厚寡言，家贫力学，尤好《左氏春秋》、孙、吴兵法④。生有神力，未冠，挽弓三百斤，弩八石。学射于周同，尽其术，能左右射。

宣和四年⑤，真定宣抚刘韐（gé 格）募敢战士，飞应募。康王至相，飞因刘浩见，命招贼吉倩，倩以众三百八十人降，补承信郎⑥。从浩解东京围，与敌相持于滑南⑦，敌猝至，乃独驰迎敌。敌大败。迁秉义郎，隶留守

---

① 汤阴：今河南汤阴。 ② 鹄：即天鹅。 ③ 内黄：今河南内黄。 ④ 孙、吴兵法：孙武和吴起，战国时都以善用兵知名，所留下兵书即称孙子兵法和吴子兵法。 ⑤ 宣和：宋徽宗年号。 ⑥ 承信郎：宋武官名，政和二年（1112）由三班借职改名。 ⑦ 滑南：即滑州南，今河南滑县南。

宗泽。

康王即位，飞上书数千言，书闻，以越职夺官归。诣河北招讨使张所①，所待以国士②，借补修武郎③，充中军统领④。所问曰："汝能敌几何？"飞曰："勇不足恃，用兵在先定谋。"所矍（jué 决）然曰："君殆非行伍中人。"飞因说之曰："国家都汴，恃河北以为固，苟冯（píng 凭）据要冲，峙列重镇，一城受围，则诸城或扰或救，金人不能窥（kuī 亏）河南，而京师根本之地固矣。招抚诚能提兵压境，飞唯命是从。"所大喜，借补武经郎⑤。命从王彦渡河⑥，至新乡⑦，金兵盛，彦不敢进，飞独引所部鏖（áo 熬）战，夺其纛（dào 道）而舞，诸军争奋，遂拔新乡。翌（yì 易）日，战侯兆川，身被十余创，士皆死战，又败之。夜屯石门山下，或传金兵复至，一军皆惊，飞坚卧不动，金兵卒不来。食尽，走彦壁乞粮，彦不许。飞引兵益北，战于太行山，擒金将拓跋耶乌。居数日，复遇敌，飞单骑持丈八铁枪，刺杀黑风大王，敌众败走。飞自知与彦有隙，复归宗泽，为留守司统制⑧。

---

① 招讨使：路一级的统兵官。 ② 国士：国中才能出众的人。 ③ 修武郎：武官名。 ④ 统领：宋军队将官名，位在统制下。 ⑤ 武经郎：武官名。 ⑥ 王彦：见《宗泽传》"自黥其面"注。 ⑦ 新乡：今河南新乡。 ⑧ 留守司：留守的官署，这里指东京留守司。

绍兴三年春，召赴行在①。江西宣抚刘大中奏②："飞兵有纪律，人恃以安，今赴行在，恐盗复起。"不果行。秋，入见。帝手书"精忠岳飞"字，制旗以赐之。四年，除兼荆南③、鄂、岳州制置使。飞奏："襄阳等六郡为恢复中原基本，今当先取六郡，以除心膂（lǚ 旅）之病。李成远遁④，然后加兵湖湘，以殄（tiǎn 舔）群盗。"抵郢（yǐng 影）州城下⑤，伪将京超号"万人敌"，乘城拒飞。飞鼓众而登，超投崖死，复郢州，遣张宪、徐庆复随州⑥。飞趣襄阳，李成迎战，左临襄江⑦，飞笑曰："步兵利险阻，骑兵利平旷，成左列骑江岸，右列步平地，虽众十万何能为。"举鞭指王贵曰："尔以长枪步卒击其骑兵。"指牛皋曰："尔以骑兵击其步卒。"合战，马应枪而毙，后骑皆拥入江，步卒死者无数，成夜遁，复襄阳。进兵邓州，成与金将刘合孛堇列砦拒飞。飞遣王贵、张宪掩击，贼众大溃，刘合孛堇仅以身免。贼党高仲退保邓城，飞引兵一鼓拔之，擒高仲，复邓州。帝闻之喜曰："朕素闻岳飞行军有纪律，

---

① 行在：皇帝和朝廷百官临时停留的地方，此时在杭州。② 江西：即江南西路，岳飞当时任武安军承宣使，驻军江州（今江西九江），属江南西路。 ③ 荆南：即荆南府，今湖北沙市。 ④ 李成：宋叛将，降伪齐，屡为攻略南宋的先锋。 ⑤ 郢州：今湖北钟祥北。 ⑥ 随州：今湖北随州。 ⑦ 襄江：靠近湖北襄樊的汉水一段。

未知能破敌如此。"又复唐州①、信阳军②。兀术、刘豫合兵围庐州，帝手札命飞解围，提兵趋庐，伪齐已驱甲骑五千逼城，飞张"岳"字旗与"精忠"旗，金兵一战而溃，庐州平。

六年，太行山忠义社梁兴等百余人慕飞义，率众来归③，张浚至江上会诸大帅④，独称飞与韩世忠可倚大事。命飞屯襄阳，以窥中原，曰："此君素志也。"飞移军京西⑤，改武胜、定国军节度使⑥，除宣抚副使，置司襄阳。

十年，金人攻拱⑦、亳（bó 博）⑧，刘锜告急，命飞驰援，飞遣张宪、姚政赴之。帝赐札曰："设施之方，一以委卿，朕不遥度。"飞乃遣王贵、牛皋、董先、杨再兴、孟邦杰、李宝等分布经略西京、汝⑨、郑、颍昌⑩、陈、曹⑪、光、

---

① 唐州：今河南唐河。 ② 信阳军：今河南信阳。 ③ 忠义社：又称忠义巡社，南宋民间抗金军事组织。 ④ 张浚：南宋著名抗金将领，时为宰相兼知枢密院事，统辖各路军马。江上：这时张浚由平江府（即苏州）赴镇江府，"会诸将议事江上"（《宋史·张浚传》），江上指镇江。 ⑤ 京西：指南宋西南路，即原来的襄阳府路。 ⑥ 定国军：节镇名，治所在今陕西大荔，当时属金，此系遥领。 ⑦ 拱：即拱州，今河南睢县。 ⑧ 亳：即亳州，今安徽亳州。 ⑨ 汝：即汝州，今河南临汝。 ⑩ 颍昌：即颍昌府，今河南许昌。 ⑪ 曹：即曹州，今山东曹县西北。

蔡诸郡①，又命梁兴渡河，纠合忠义社，取河东、北州县。又遣兵东援刘锜、西援郭浩，自以其军长驱以阚（kàn看）中原。未几，所谴诸将相继奏捷。大军在颍昌，诸将分道出战，飞自以轻骑驻郾（yǎn 掩）城②，兵势甚锐。

兀术大惧，会龙虎大王议，以为诸帅易与，独飞不可当，欲诱致其师，并力一战。中外闻之，大惧，诏飞审处自固。飞曰："金人伎穷矣！"乃日出挑战，且骂之。兀术怒，合龙虎大王、盖天大王与韩常之兵逼郾城。飞遣子云领骑兵直贯其阵，戒之曰："不胜，先斩汝！"鏖战数十合，贼尸布野。初，兀术有劲军，皆重铠，贯以韦索，三人为联，号"拐子马"③，官军不能当。是役也，以万五千骑来，飞戒步卒以麻扎刀入阵④，勿仰视，第斫马足。拐子马相连，一马仆，二马不能行，官军奋击，遂大败之。兀术大恸曰："自海上起兵，皆以此胜，今已矣！"兀术益兵来，部将王刚以五十骑觇（chān 掺）敌，遇之，奋斩其将。飞时出视战地，望见黄尘蔽天，自以四十骑突战，败之。方郾城再捷，飞谓云曰："贼屡败，必还至颍昌，汝宜速援王贵。"既而，兀术果至，贵将游奕（yì 义）⑤，云将背嵬战

① 蔡：即蔡州，今河南汝南。 ② 郾城：今河南郾城。
③ 拐子马：邓广铭先生认为是左右翼骑兵，不是连环马，此处译文仅从原文。 ④ 麻扎刀：可能是长柄刀，又称斩马刀。
⑤ 游奕：军名，一种负责巡逻的军队。

于城西。云以骑兵八百挺前决战，步军张左右翼继之，杀兀术婿夏金吾、副统军粘罕索孛堇，兀术遁去。

梁兴会太行忠义及两河豪杰等，累战皆捷，中原大震。飞奏："兴等过河，人心愿归朝廷。金兵累败，兀术等皆令老少北去，正中兴之机。"飞进军朱仙镇①，距汴京四十五里，与兀术对垒而阵，遣骁将以背嵬骑五百奋击，大破之，兀术遁还汴京。

先是，绍兴五年，飞遣梁兴等布德意，招结两河豪杰，山砦韦铨、孙谋等敛兵固堡，以待王师，李通、胡清、李宝、李兴、张恩、孙琪等举众来归。金人动息，山川险要，一时皆得其实。尽磁、相、开德、泽②、潞③、晋④、绛⑤、汾⑥、隰（xí 席）之境⑦，皆期日兴兵，与官军会。其所揭旗以"岳"为号，父老百姓争挽车牵牛，载糗（qiǔ）粮以馈（kuì 溃）义军，顶盆焚香迎候者，充满道路。自燕以南⑧，金号令不行，兀术欲签军以抗飞⑨，河北无一人从者。乃叹曰："自我起北方以来，未有如今日之挫衄。"金帅乌陵思谋素号桀黠（jié xiá 节狭），亦不能制其下，但

---

① 朱仙镇：今河南开封西南。 ② 泽：即泽州，今山西晋城。 ③ 潞：即潞州，今山西长治。 ④ 晋：即晋州，今山西临汾。 ⑤ 绛：即绛州，今山西新绛。 ⑥ 汾：汾州，今山西汾阳。 ⑦ 隰州：今山西隰县。 ⑧ 燕：即燕京，金的南京，今北京西南。 ⑨ 签军：金遇战事，强迫壮男当兵称签军。

谕之曰:"毋轻动,俟岳家军来即降。"金统制王镇、统领崔庆、将官李觊(jì 记)、崔虎、华旺等皆率所部降,以至禁卫龙虎大王下忔(qì 迄)查千户高勇之属①,皆密受飞旗牓,自北方来降。金将军韩常欲以五万众内附。飞大喜,语其下曰:"直抵黄龙府②,与诸君痛饮尔!"

方指日渡河,而桧欲画淮以北弃之,风台臣请班师。飞奏:"金人锐气沮丧,尽弃辎(zī 资)重,疾走渡河,豪杰向风,士卒用命,时不再来,机难轻失。"桧知飞志锐不可回,乃先请张俊、杨沂中等归,而后言飞孤军不可久留,乞令班师。一日奉十二金字牌,飞愤惋(wǎn 宛)泣下,东向再拜曰:"十年之力,废于一旦。"飞班师,民遮马恸哭,诉曰:"我等戴香盆、运粮草以迎官军,金人悉知之。相公去,我辈无噍(jiāo 教)类矣③。"飞亦悲泣,取诏示之曰:"吾不得擅留。"哭声震野。飞留五日以待其徙,从而南者如市。方兀术弃汴去,有书生叩马曰:"太子毋走④,岳少保且退矣⑤。"兀术曰:"岳少保以五百骑破吾十万,京城日夜望其来,何谓可守?"生曰:"自古未有权臣在

---

① 忔查:忔当为纥(gé)误,纥查即女真语亲军之意,《金史》称合扎。 ② 黄龙府:今吉林农安,岳飞实指应是燕京城。 ③ 噍类:指活着的人。 ④ 太子:兀术为金太祖的第四子,故称他为四太子。 ⑤ 岳少保:岳飞绍兴五年加官检校少保。

内[1]，而大将能立功于外者；岳少保且不免，况欲成功乎？”兀术悟，遂留。飞既归，所得州县，旋复失之。飞力请解兵柄，不许。

时和议既决[2]，桧患飞异己，乃密奏召三大将论功行赏。韩世忠、张俊已至，飞独后。既至，授枢密副使，位参知政事上，飞固请还兵柄。

初，飞在诸将中年最少，以列校拔起，累立显功，世忠、俊不能平，飞屈己下之，幕中轻锐教飞勿苦降意[3]。金人攻淮西，俊分地也，俊始不敢行，师卒无功。飞闻命即行，遂解庐州围，帝授飞两镇节，俊益耻。杨幺平[4]，飞献俊、世忠楼船各一[5]，兵械毕备，世忠大悦，俊反忌之。桧逐赵鼎[6]，飞每对客叹息，又以恢复为己任，不肯附和议。兀术遗桧书曰：“汝朝夕以和请，而岳飞方为河北图，必杀飞，始可和。”桧亦以飞不死，终梗和议，己必及祸，故力谋杀之。以谏议大夫万俟卨（mò qí xiè 墨其

① 权臣：多指掌权而又专横的大臣。 ② 和议：指绍兴十年的宋金和议。 ③ 幕：即幕府，指将帅在外的营帐。 ④ 杨幺：南宋时聚集在洞庭湖一带的农民起义军领袖。 ⑤ 楼船：有几层舱房的大船，多用作战船。 ⑥ 赵鼎：南宋时主战派领袖，与秦桧意见不合，被秦桧排挤出朝廷，最后贬到吉阳军，即今海南省三亚市，绝食而死。

泄)与飞有怨①，风卨劾飞，又风中丞何铸、侍御史罗汝楫交章弹论，大率谓："今春金人攻淮西，飞略至舒②、蕲(qí其)而不进③；比与俊按兵淮上，又欲弃山阳而不守。"飞累章请罢枢柄，寻还两镇节，充万寿观使、奉朝请④。桧志未伸也，又谕张俊劫王贵、诱王俊诬告张宪谋还飞兵。桧使人捕飞父子证张宪事，使者至，飞笑曰："皇天后土，可表此心。"初命何铸鞫(jú菊)之，飞裂裳以背示铸，有"尽忠报国"四大字，深入肤理。既而阅实无左验，铸明其无辜。改命万俟卨。卨诬飞与宪书，令虚申探报以动朝廷；云与宪书，令措置使飞还军；且言其书已焚。飞坐系两月，无可证者。岁暮，狱不成，桧手书小纸付狱，即报飞死，时年三十九。云弃市，籍家赀，徙家岭南。幕属于鹏等从坐者六人。

狱之将上也，韩世忠不平，诣桧诘其实，桧曰："飞子云与张宪书虽不明，其事体莫须有。"世忠曰："'莫须有'三字，何以服天下？"时洪皓在金国中，蜡书驰奉，以为金人所畏服者惟飞，至以父呼之，诸酋闻其死，酌酒相贺。

(《宋史》卷三六五)

---

① 谏议大夫：朝中掌规谏讽谕的官员。 ② 舒：即舒州。 ③ 蕲：即蕲州，今湖北蕲春。 ④ 万寿观使：祠禄官的一种；奉朝请：官员任宫观官或免去职务守本官后，有些人逢一、五日仍然朝见皇帝，称"奉朝请"。

【翻译】

岳飞，字鹏举，相州汤阴县人，祖上世代务农。父亲名叫岳和，能省吃俭用去帮助那些不得温饱的人，有人耕田时侵占了他家的土地，他就划出那一块地送给那人；有人借了他家的钱财，他也不去向人家讨还。岳飞刚生下来的时候，有一只像天鹅似的大鸟在他家的房顶上飞旋鸣叫，因此取了岳飞这个名字。岳飞还没有满月，黄河从内黄县决口，洪水汹涌而来，他的母亲姚氏抱着他坐在一个大水缸中，波涛将他们母子冲到岸边，才免于一死，人们都觉得这是一件奇怪的事。岳飞从小就有志气，朴实敦厚，不爱多讲话，家中虽然十分贫困，但学习却十分努力，特别喜爱《左氏春秋》和孙、吴兵法。他天生力大，还没有成年，就能拉动三百斤的硬弓、八石的强弩。他曾向周同学习射箭，将周同的射技全部掌握，能左右开弓发射。

宣和四年(1122)，真定路宣抚使刘韐招募勇于作战的士兵，岳飞应募从军。康王赵构来到相州，岳飞由刘浩带领谒见，康王命令岳飞去招降当地的盗贼吉倩，吉倩带领自己的部众三百八十人投降。岳飞被授官为承信郎。他又跟着刘浩去解除金人对东京的围困，与金人相持于滑州之南。金兵突然来到，岳飞单骑奔向前去迎敌交战，敌人大败。岳飞升为秉义郎，隶属于东京留守宗泽。

康王登上皇帝宝座后，岳飞呈上了长达数千言的奏书，皇帝看了奏书，以超越本职议论国事的罪名，免了他的任命。他于是返回家乡。后来投奔河北招讨使张所处，张所以国士对待岳飞，暂时让他补为修武郎，充当中军统领。张所问岳飞："你能够打败多少人？"岳飞说："人不能光依靠勇力，指挥军队作战，首先在于制定谋略。"张所吃惊地说："您简直不像是当兵出身的人。"岳飞乘机向他建议说："国家建都在开封，依靠河北平原作为首都安全的保障。如果能在河北占据交通紧要的地方，建立起一系列有重兵驻守的军事城镇，一座城池被敌人包围，其他的城镇或者出兵扰乱敌阵，或者发兵救援，使金国的军队不能够侵犯河南，首都这一根本之地就有了安全的保证。您如果能够带领军队镇守境上，我一定绝对服从您的命令。"张所大喜，又升他为武经郎，命令他跟随王彦过黄河。大军到达新乡，金军阵容强盛，王彦不敢前进，岳飞便独自带领自己的部下与金军展开激烈战斗，他夺过金军的大旗挥舞，士兵们争先恐后，奋勇杀敌，于是夺回了新乡城。第二天，岳飞又与金军在侯兆川交战，他身上受伤十几处，士兵们都拼死作战，又打败了敌人。夜晚，他的军队驻扎在石门山下，有人传来消息说金军又杀过来了，整个军队都惊慌失措，而岳飞却安睡帐中，不为所动。金军终于没有来。军中粮食吃完了，岳飞到王彦的营中求借军粮，王彦不答应。岳飞带领军队更加深入北方，又与金军在太行山下交战，活捉了金国将领拓跋耶乌。过了几天，又遇上敌人，岳飞一人一骑，手持一丈八尺的铁枪，刺死金军将领黑风大王，敌军的士兵们纷纷逃走。岳飞自知与王彦有矛盾，便又回归宗泽部下，被宗泽任命为东京留守司统制。

绍兴三年(1133)春天，宋高宗召岳飞到行在杭州。江西宣抚使刘大中上奏章说："岳飞的军队有纪律，人民依靠这支军队才能安定，今天要他到行在来，恐怕那些盗贼又会重新作乱。"最后还是没有去行在。秋天，岳飞进京城见皇帝，高宗亲手书写"精忠岳飞"四个字，并绣在军旗上赐给岳飞。绍兴四年(1134)，高宗任命岳飞兼荆南府、鄂、岳州制置使。岳飞上书说："襄阳一带六个州郡是收复中原的基地，现今应当首先攻取这六个州郡，消除这个最主要的病患。这样，李成一定会远远逃遁。然后发兵向湖湘地区进军，彻底消灭所有的盗贼。"于是率兵直抵郢州城下。李成部将京超号称"万人敌"，登上城楼抵御岳飞。岳飞击鼓，激励士兵登上了城楼，京超跳崖而死，宋军收复了郢州。岳飞又派遣张宪、徐庆去收复随州。岳飞亲自率军直奔襄阳，李成出军迎战，左边紧靠襄江，岳飞笑着说："步兵作战适宜于险阻的地形，骑兵作战适宜于宽敞的平原，李成将骑兵排列在左边的襄江岸边，而却将步兵排列在右边的平地之上，虽有十万军队，又能起什么作用呢？”他举起马鞭，指着王贵说：“你带领持长枪的步兵去进攻他的骑兵。”又指着牛皋说：“你带领骑兵去进攻他的步兵。”一交战，宋军的长枪直刺敌骑，枪到马死，后面的骑兵都被挤进江水之中；敌人的步兵死于宋军马蹄之下的不计其数，李成连夜逃遁，宋军收复襄阳。岳飞又领兵进军邓州，李成和金军将领刘合孛堇在城外筑起营寨抵御岳飞。岳飞派遣王贵、张宪乘敌军不备发动了攻击，敌军四处逃散，仅刘合孛堇只身逃脱。李成的党羽高仲退回邓州，据城死守，岳飞带领军队一鼓作气攻下邓州城，活捉高仲，收复邓州。宋高宗听到这些消息高兴地说：“我早就听说岳飞行军很有纪律，不知道他攻城破敌还有这样厉害。”岳飞又收复了唐州和信阳军。兀术和刘豫合兵包围庐州，高宗亲自写信，命令岳飞去解庐州之围。岳飞率军直奔庐州，伪齐军队已经发动了五千铁甲骑兵向庐州城逼近，岳飞高举“岳”字军旗和高宗赐给的“精忠”绣旗率军冲进敌阵，与金军一交锋，就把敌人打得大败溃逃，迅速解救了庐州的危急。

绍兴六年（1136），太行山忠义社以梁兴为首的一百多个义士，仰慕岳飞的忠义，率领自己的部众来投归岳飞。张俊在镇江府召集各路军事统帅开会商议抗金大计，在会上唯独称赞岳飞和韩世忠，说可以依靠他们两人成大事。张俊命令岳飞驻军襄阳，准备等候时机进取中原，并对岳飞说："这是您向来的心愿啊！"岳飞将部队转移到襄阳地区，改任武胜、定国两镇节度使，并任宣抚副使，坐镇襄阳。

绍兴十年(1140)，金军进攻拱、亳二州，守将刘锜向朝廷告急，高宗命令岳飞迅速出兵支援。岳飞派遣张宪、姚政率军前往。高宗又赐手札给岳飞说："所有与金人作战的计划安排，全部委托给你了，我不在朝廷进行遥控。"于是，岳飞就派遣王贵、牛皋、董先、杨再兴、孟邦杰、李宝等人分别领兵去攻取西京、汝、郑、颍昌、陈、曹、光、蔡等州郡，又命令梁兴渡过黄河，招集太行山忠义社的人马，夺取金人控制下的河东、河北两路的州县。又派兵去东面支援刘锜、到西面支援郭浩，自己则率领主力大军浩浩荡荡向中原进发。过了不久，所派出的各路将领都先后传来捷报。岳飞大军屯驻颍昌府，各路将领仍分几路出兵与金人交战，岳飞自己带领一部分轻锐骑兵驻扎在郾城，形成了锐不可挡之势。

兀术极为害怕，赶忙和龙虎大王商议，认为其他的宋军统帅都容易对付，只有岳飞的军队不可抵挡，企图将岳飞的军队引诱过来，而金军则调动全部军力和岳飞的军队进行一场决战。南宋朝廷内外都听到了这一消息，极为恐惧，高宗下诏书要岳飞谨慎处理，保全自己。岳飞说："金人已经到了无计可施的地步！"于是每天主动出去挑战并责骂金人。兀术大怒，集合龙虎大王、盖天大王和韩常的军队进逼郾城。岳飞派遣他儿子岳云率领骑兵直接冲入敌阵，并警告岳云说："如果不打胜这一仗，先斩你的首级！"岳云与金军激战几十回合，敌人的尸体遍布原野。当初，兀术有一支精锐部队，全都是身穿厚厚的铁甲，骑士和战马都用皮绳串连起来，每三人为一组，称为"拐子马"，宋朝的军队不能抵挡。这一战役中，兀术出动了一万五千名拐子马骑兵，岳飞命令步兵手拿麻扎刀冲入敌人阵营，不要抬头看，只管依次砍战马的脚。拐子马是用皮绳连起来的，一匹马倒下，其他的两匹马就无法行走，宋军奋力杀敌，于是大败金军。兀术痛哭说："我自从海上起兵以来，都是依靠拐子马取胜，今天彻底完蛋了！"兀术增补了军队，又来到郾城，岳飞部将王刚带领五十名骑兵正在侦察敌情，恰巧碰上了金军，王刚奋力斩杀了金军将领。当时岳飞正好出外巡视战地，看见前面黄尘滚滚，遮天蔽日，亲自率领四十名骑兵突入敌群，又将金军打败。当第二次在郾城打败金军时，岳飞对岳云说："金人屡次失败，必然会回军还攻颍昌，你应当迅速去支援王贵。"不久，兀术果然来到了颍昌，王贵指挥游奕军，岳云指挥背嵬军，与金军大战于颍昌城西。岳云带领八百名骑兵冲到阵前与敌军决战，步兵分成左右两翼紧随骑兵之后，杀死兀术的女婿夏金吾、副统军粘罕索孛堇等，兀术逃去。

梁兴汇集了太行山忠义社的民兵以及河东、河北的英雄豪杰在金人后方与敌作战，屡战屡胜，引起了中原地区的极大震动。岳飞上书朝廷说："梁兴等人渡过黄河后，河北人民的心愿都希望归附朝廷。金军多次大败，兀术等人已下令将河北地区的人民往北面迁徙，这正是收复失地、中兴宋朝的机会啊！"岳飞大军进入朱仙镇，离北宋故都汴京只有四十五里，与兀术的军队列阵对峙。岳飞派一员猛将带五百名背嵬骑兵奋勇冲击敌阵，大破金军阵营，兀术逃回汴京。

当初，绍兴五年(1135)，岳飞派梁兴等人渡过黄河传布宋朝的恩意，招纳集结河东、河北的英雄豪杰，山寨中的韦铨、孙谋等人都收集自己的军队固守堡寨，等待宋朝军队到来；李通、胡清、李宝、李兴、张恩、孙琪等人则带领部众渡河归宋。金人的举动及两河地区的山川险要，宋军都获得了极为真实的情报。在磁、相、开德、泽、潞、晋、绛、汾、隰这些州郡境内的义军，都在约定日期一齐起兵，与宋朝的军队会合。他们所举的旗帜都以"岳"字为标志。父老百姓们都争先恐后拉着牛车，满载干粮，赠送给义军，头上顶着烧着香的盆子等候迎接宋军的人充满了道路。从燕京以南，金国的命令不能通行，兀术想强征壮丁来抵挡岳飞，河北地区没有人顺从。兀术于是叹息说："自从我朝在北方兴起以来，还从来没有遭受过今天这样的挫折和失败啊！"金军元帅乌陵思谋平日以凶暴狡诈著称，也制服不了他的部下，只好劝谕他们说："不要轻举妄动，等岳家军一来，我们就立即投降。"金军统制王镇、统领崔庆、将官李觊、崔虎、华旺等人都率领自己的部下来投降，以至掌握禁卫军的龙虎大王属下的忔查千户高勇之流，都秘密地接受了岳飞的旗旗和文告，从北方来投降。金朝大将军韩常也准备带领五万军队内附宋朝。岳飞极为高兴，对他的部将说："我军一直打到黄龙府那一天，我将和你们大家一起开怀痛饮！"

岳飞正准备很快渡过黄河，然而秦桧却想将淮河以北的疆土划出去，放弃给金人，并示意谏司的官员奏请高宗，要求北伐的军队班师回朝。岳飞上书说："现在金军士气低落，把军用物资全部抛弃，匆忙渡河逃走。两河豪杰，纷纷归附，我军士卒，拼死效命，这样的时机不会再来，这样的机会切切不可让它轻易丢失。"秦桧知道岳飞北伐之志极为坚决，不可改变，就请求高宗下诏，先将张俊、杨沂中的两支军队调回，然后，就说岳飞孤军深入,不能久留敌人心腹之地,请求下令要岳飞班师。一天之内,岳飞收到了朝廷降下的金字牌十二块,岳飞悲愤到了极点,热泪长流,向着东面拜了两拜,说:“十年的努力,一下子就全部毁弃了。”岳飞只好班师,沿途百姓拦住他的马大声痛哭,并向岳飞诉说:“我们顶着香盆、运送粮草迎接宋朝的官军,这是金人都知道的事情。您这一走,我们就会被杀得不剩一人了!”岳飞也悲痛流泪,拿出皇帝的诏令给大家看,说:“我不能擅自留在这里啊!”百姓痛哭之声震撼原野。岳飞停留了五天,等待中原地区的人民向南方迁徙,到撤军时,跟随他迁往南方的百姓就像集市上的人群一样多。在兀术正准备放弃汴京逃走时,有一个书生拉住兀术的马说:“太子你不要走,岳少保的军队就要退兵了!”兀术说:“岳少保用五百名骑兵打败我十万大军,汴京的老百姓日夜都盼望他来,怎么还说可以守得住呢?”书生说:“自古以来,没有权臣执掌朝政而大将可以在外立功的事,岳少保自身都难保,还想成功吗?”兀术醒悟过来,就留在汴京没有走。岳飞的军队一撤走,原来夺回的州县,又立刻丧失。岳飞极力请求解除自己的兵权,高宗不答应。

这时,宋金和议已经签订,秦桧害怕岳飞反对自己,就秘密地给高宗上奏章,请高宗将三大将召回朝廷论功行赏。韩世忠、张俊已经到了临安,岳飞一人后到。岳飞到临安后，被授官为枢密副使，位于参知政事之上。岳飞坚决请求交还兵权。

当初，岳飞在各位大将之中是年纪最小的一位，从一员小军官而逐渐提拔起来，多次建立大功，韩世忠、张俊都不服气，岳飞总是委曲求全，自己愿意居于他们之下。岳飞幕府中一些年轻气盛的官员就劝告岳飞，不要这样一味苦苦贬抑自己。金军进攻淮西，这是张俊负责防守的地方，而张俊开始不敢迎敌，所以淮西一仗张俊没有立功。岳飞接到命令后，立刻奔向淮西，随即解了庐州之围，高宗授予岳飞两个节度使的职位，张俊越发感到了莫大的耻辱。平定杨幺后，岳飞将缴获的楼船赠送给韩世忠、张俊每人一只，船上兵杖器械齐备，韩世忠十分高兴，而张俊却反而更加忌恨岳飞。秦桧将赵鼎排挤出了朝廷，岳飞常对自己的幕客叹息；他又以恢复中原为自己的责任，不肯附和秦桧的议和主张。兀术给秦桧写信说："你每天都在请求议和，而岳飞却正在准备攻取河北，一定要杀掉岳飞，才可以议和。"秦桧也认为岳飞不死，始终会阻止议和，自己必然会受到危害，因此，竭尽全力谋害岳飞。他想到谏议大夫万俟卨与岳飞有仇，就示意万俟卨弹劾岳飞，又示意御史中丞何铸、侍御史罗汝楫接连上书指斥岳飞，大致是说："今年春天金军进攻淮西，岳飞军队已经接近舒、蕲二州，却不继续前进;近来,他与张俊屯兵驻扎淮河之上,又想放弃山阳不去防守。”岳飞几次上奏章请求罢免枢密副使之职,不久,又交还了两节度使的职位,充任万寿观使、奉朝请。岳飞虽罢官,秦桧的阴谋还没有完全得逞,于是又命令张俊逼勒王贵、引诱王俊诬告张宪,说张宪阴谋兵变,要挟朝廷交还岳飞兵权,秦桧又派人逮捕岳飞、岳云父子来对证张宪之事。使者到时,岳飞笑着说:“上有天,下有地,都可以证明我这颗心。”开始秦桧命令何铸审问岳飞,岳飞撕破衣裳,将背脊给何铸看,背上刺有“尽忠报国”四个大字,都深深地刺进了皮肤的纹理之中。不久,查明情况,没有见证人,何铸证明岳飞无罪。秦桧又撤换何铸,改命万俟卨为主审官。万俟卨诬告岳飞曾经给张宪写过信,命令张宪谎报军情来引起朝廷的震动;又诬告岳云写信给张宪,要张宪想办法让岳飞回到军队中去;并且还说,这些信都已经被烧毁。岳飞被关押了两个月,加给他的罪名没有一条可以验证。已经到了年底,这一桩讼案还无法定下来,秦桧亲手写了一张小纸条交给了狱中小吏,接着就传出岳飞已死的消息,这时,岳飞三十九岁。岳云被斩首,岳飞的家产被抄没,他全家被迁徙到岭南。岳飞幕府中的僚属于鹏等六人也被牵连定罪。

岳飞这一案件正准备上报时,韩世忠愤愤不平,到秦桧府上质问真实情况，秦桧说：“岳飞的儿子岳云写信给张宪这件事虽然不太清楚，但这件事本身是或许有的！”韩世忠说：“‘或许有’三个字怎么能使天下人信服呢？”当时，洪皓正在金国，他写了一封信封在蜡丸里派人飞速骑马向高宗报告，谈到金人所畏惧而佩服的人只有岳飞，以至称岳飞为“岳爷爷”；金国的首领听到岳飞已死，高兴得举酒互相祝贺。

虞允文传

绍兴三十一年(1161),金帝完颜亮率领“百万”大军向南宋政权发动了一场大规模的军事进攻,庐州失守,扬州失守,两淮地区完全丢失,南宋政权已经到了危险的边缘。然而,宋金采石一战,完全扭转了整个局势,南宋政权转败为胜。指挥这一重要战役的就是虞允文(1110—1174)。

虞允文是南宋中期主战派的著名领袖,他出将入相近二十年,一直与议和派史浩、汤思退等进行不妥协的斗争。采石之战胜利后,虞允文声名大振,宋高宗将他比作唐代的裴度。虞允文又是一位优秀的政治家,极为重视人才,在他当政期间，推荐和选拔了一大批出色的人物，如胡铨、洪适、汪应辰、周必大、王十朋、赵汝愚、晁公武、李焘等，其中有的成为南宋中期的名相，有的成为南宋有名的学者。南宋孝宗朝一时人物之盛，虞允文举荐之功是不可埋没的。

虞(yú 鱼)允文，字彬甫，隆州仁寿人①。父死，绍兴二十三年始登进士第，通判彭州②。

秦桧当国，蜀士多屏弃。桧死，高宗欲收用之，中书舍人赵达首荐允文③。除秘书丞，累迁礼部郎官。金主亮修汴，已有南侵意。王纶还，言敌恭顺和好。汤思退再拜贺④，置边备不问。及金使施宜生颇泄敌情⑤，张焘密奏之。亮又隐画工图临安湖山以归，亮赋诗⑥，情益露。允文上疏言："金必败盟⑦，兵出有五道，愿诏大臣豫思备御。"时三十年正月也。十月，借工部尚书充贺正

① 隆州：治所在今四川仁寿。仁寿：今四川仁寿。 ② 彭州：今四川彭州。 ③ 中书舍人：官名，负责起草一般的诏令。 ④ 汤思退：当时任宰相，一力主和。 ⑤ 泄敌情：施宜生对宋方接待人员以隐语说"今日北风甚劲"，又取桌上的笔敲桌子说"笔来，笔来"，暗示北军必来。 ⑥ 亮赋诗：诗曰："提兵百万西湖侧，立马吴山第一峰。" ⑦ 盟：指绍兴十二年(1142)宋金和约。

使，与馆伴宾射①，一发破的，众惊异之。允文见运粮造舟者多，辞归，亮曰："我将看花洛阳。"允文还，奏所见及亮语，申言淮、海之备②。

金使王全、高景山来贺生辰，口传亮悖（bèi 贝）慢语，欲得淮南地，索将相大臣议事。于是召三衙大将赵密等议举兵③，侍从、台谏集议。宰臣陈康伯传上旨："今日更不问和与守，直问战当如何。"遣成闵为京④、湖制置使⑤，将禁卫五万御襄⑥、汉上流⑦。允文曰："兵来不除道，敌为虚声以分我兵，成其出淮奸谋尔。"不听，卒遣闵。七月，金主亮徙汴，允文复语康伯："闵军约程在江⑧、池⑨，宜令到池者驻池，到江者驻江。若敌兵出上流，则荆湖之军捍于前，江、池之军援于后；若出淮西，则

① 馆伴宾：宋辽与宋金间互派使臣来往时，进入对方统治区后，有人迎接，称接伴使。至对方京城后，另有人相伴，称馆伴使。返回时有人相送，称送伴使。这里所说的馆伴宾，指虞允文所住客馆中来陪伴他的金国官员。宾：通"傧"，指赞引接待宾客者。 ② 淮、海：当时宋金以淮水为界，东至大海，此处的淮、海，指沿淮水到海的边界。 ③ 三衙：指殿前、侍卫马军、侍卫步军三司，掌管中央军队训练的机构。 ④ 京：即京西南路。 ⑤ 湖：即荆湖南、北路。 ⑥ 襄：襄阳府，今湖北襄阳。 ⑦ 汉：汉水。 ⑧ 江：即江州，今江西九江。 ⑨ 池：池州，今安徽贵池。

池之军出巢县①,江州军出无为②,可为淮西援。是一军而两用之。”康伯然其说,而闵军竟屯武昌③。

九月,金主命李通为大都督,造浮梁于淮水上。金主自将,兵号百万,毡帐相望,钲(zhēng 征)鼓之声不绝。十月,自涡(guō 锅)口渡淮④。先是,刘锜措置淮东⑤,王权措置淮西⑥。至是,权首弃庐州,锜亦回扬州,中外震恐。上欲航海,陈康伯力赞亲征。是月戊午⑦,枢臣叶义问督江、淮军,允文参谋军事。权又自和州遁归⑧,锜回镇江,尽失两淮矣。

十一月壬申⑨,金主率大军临采石⑩,而别以兵争瓜洲⑪。朝命成闵代锜,李显忠代权,锜、权皆召。义问被旨,命允文往芜湖趣显忠交权军⑫,且犒(kào 靠)师采石,时权军犹在采石。丙子⑬,允文至采石,权已去,显忠未来,敌骑充斥。我师三五星散,解鞍束甲坐道旁,皆权败兵也。允文谓坐待显忠则误国事,遂立招诸将,勉以

---

① 巢县:今安徽巢湖。 ② 无为:今安徽无为。 ③ 武昌:今湖北鄂城。 ④ 涡口:指涡水入淮河处,在今安徽怀远。⑤ 淮东:即淮南东路,大致相当于今苏北。 ⑥ 淮西:即淮南西路,大致相当于今皖北。两淮大致相当于淮河以南,长江以北的今江苏、安徽地区。 ⑦ 戊午:为十九日,古代的干支纪日。 ⑧ 和州:今安徽和县。 ⑨ 壬申:为四日。 ⑩ 采石:今安徽采石。 ⑪ 瓜洲:今属江苏省,与镇江隔长江相望。⑫ 芜湖:今安徽芜湖。 ⑬ 丙子:为八日。

忠义，曰：“金帛、告命皆在此①，待有功。”众曰：“今既有主，请死战。”或曰：“公受命犒师，不受命督战，他人坏之，公任其咎乎？”允文叱之曰：“危及社稷，吾将安避？”

至江滨，见江北已筑高台，对植绛旗二、绣旗二，中建黄屋②，亮踞坐其下。谍者言，前一日刑白黑马祭天，与众盟，以明日济江，晨炊玉麟堂，先济者予黄金一两。时敌兵实四十万，马倍之，宋军才一万八千。允文乃命诸将列大阵不动，分戈船为五③，其二并东西岸而行，其一驻中流，藏精兵待战，其二藏小港，备不测。部分甫毕，敌已大呼，亮操小红旗麾（huī 挥）数百艘绝江而来，瞬息，抵南岸者七十艘，直薄宋军，军小却。允文入阵中，抚时俊之背曰：“汝胆略闻四方，立阵后则儿女子尔。”俊即挥双刀出，士殊死战。中流官军亦以海鳅（qiū 秋）船冲敌④，舟皆平沉，敌半死半战，日暮未退。会有溃军自光州至，允文授以旗鼓，从山后转出，敌疑援兵至，始遁。又命劲弓尾击追射，大败之，僵尸凡四千余，杀万户二人⑤，俘千户五人及生女真五百余人。敌兵不死于江者，亮悉敲杀之，怒其不出江也。以捷闻，犒将士，谓

---

① 告命：亦名告身，古代授官的凭证，类似后世的委任状。 ② 黄屋：指皇帝的车顶，用黄缯包盖。 ③ 戈船：是一种古代的战船。 ④ 海鳅船：一种大型战舰。 ⑤ 万户：金官名，世袭军职。

之曰："敌今败，明必复来。"夜半，部分诸将，分海舟缒上流，别遣兵截杨林口[①]。丁丑[②]，敌果至，因夹击之，复大战，焚其舟三百，始遁去。再以捷闻。既而敌遣伪诏来谕王权，似有宿约。允文曰："此反间也。"仍复书言："权已寘典宪，新将李世辅也，愿一战以决雌雄。"亮得书大怒，遂焚龙凤车，斩梁汉臣及造舟者二人，乃趋瓜洲。汉臣，教亮济江者也。

显忠至自芜湖，允文语之曰："敌入扬州，必与瓜洲兵合，京口无备[③]，我当往，公能分兵相助乎？"显忠分李捧军万六千往京口，叶义问亦命杨存中将所部来会[④]。允文还建康[⑤]，即上疏言："敌败于采石，将侥倖于瓜洲，今我精兵聚京口，持重待之，可一战而胜。乞少缓六飞之发[⑥]。"

甲申[⑦]，至京口。敌屯重兵滁河[⑧]，造三闸储水，深数尺，塞瓜洲口。时杨存中、成闵、邵宏渊诸军皆聚京口，不下二十万，惟海鳅船不满百，戈船半之。允文谓遇风则使战船，无风则使战舰。数少恐不足用，遂聚材冶

① 杨林口：即杨林渡：在今安徽和县东。 ② 丁丑：为十一月九日。 ③ 京口：即镇江。 ④ 杨存中：即杨沂中。 ⑤ 建康：今江苏南京。 ⑥ 六飞：指皇帝的车驾。 ⑦ 甲申：为十一月十六日。 ⑧ 滁河：长江下游支流，自今安徽肥东发源，至南京六合入江，入江口称瓜步。

铁，改修马船为战舰，且借之平江①。命张深守滁河口，扼大江之冲，以苗定驻下蜀为援②。庚寅③，亮至瓜洲，允文与存中临江按试，命战士踏车船中流上下，三周金山，回转如飞，敌持满以待，相顾骇愕。亮笑曰："纸船耳。"一将跪奏："南军有备，未可轻，愿驻扬州，徐图进取。"亮怒，欲斩之，哀谢良久，杖之五十。乙未④，亮为其下所杀。

丙申⑤，敌人退屯三十里，遣使议和。己亥⑥，奏闻。召入对，上慰藉嘉叹，谓陈俊卿曰："虞允文公忠出天性，朕之裴度也⑦。"诏免扈从，往两淮措置。允文至镇江，奏收两淮三策，不报。

孝宗受禅，参知政事史浩议⑧，欲尽弃陕西。上将召允文问陕西事⑨。隆兴元年入对⑩，史浩既素主弃地，及拜相，亟行之，且亲为诏，有曰："弃鸡肋之无多，免狼心

---

① 平江：节镇名，治所在今江苏苏州。② 下蜀：在今江苏句容北。③ 庚寅：为十一月二十二日。④ 乙未：为十一月二十七日。⑤ 丙申：为十一月二十八日。⑥ 己亥：为十二月一日。⑦ 裴度：唐宪宗时宰相，在实现唐中叶的暂时统一中起了重大作用。曾督师讨伐淮西，攻破蔡州，擒获淮西节度使吴元济，使唐朝的东都洛阳和江淮地区免去威胁。其他藩镇恐惧，开始陆续表示服从中央。⑧ 史浩：隆兴元年正月史浩自参知政事升为宰相兼枢密使。⑨ 虞允文当时充任川陕宣谕使。⑩ 隆兴：宋孝宗年号。

之未已。”允文入对，言：“今日有八可战。”上问及弃地，允文以笏（hù 户）画地，陈其利害。上曰：“此史浩误朕。”以敷文阁待制知太平州①，寻除兵部尚书、湖北②、京西宣抚使③，改制置使。

乾道元年，拜参知政事兼知枢密院事。三年二月，吴璘卒④，议择代，上谕允文曰：“吴璘既卒，汪应辰恐不习军事，无以易卿。凡事不宜效张浚迂阔，军事前，卿一一亲临之。”即拜资政殿大学士、四川宣抚使⑤，寻诏依旧知枢密院事。归蜀一月，召至阙，不数月，复使蜀。太上赐御书《圣主得贤臣颂》⑥，上又为之制跋⑦，陛辞，复以所御双履（lǚ 吕）及甲胄（zhòu 咒）赐焉。

五年八月，拜右仆射、同中书门下平章事兼枢密使。允文多荐知名士，如洪适（kuò 括）⑧、汪应辰。及为相，籍人才为三等，有所见闻即记之，号《材馆录》。凡所举，

① 太平州：今安徽当涂。 ② 湖北：即荆湖北路。 ③ 京西：即京西南路。 ④ 吴璘：南宋抗金名将，守蜀二十余年。 ⑤ 四川：即今四川省，当时包括益、梓、利、夔四路，故称四川。 ⑥ 太上：即太上皇，指高宗，当时已退位。 ⑦ 跋：文体的一种，写在书或文章的后面，说明它的内容、要点和意义。 ⑧ 洪适：南宋学者，孝宗时官至宰相。

上皆收用，如胡铨[①]、周必大[②]、王十朋[③]、赵汝愚[④]、晁公武[⑤]、李焘[⑥]，其尤章明者也。上以兵冗财匮（kuì 愧）为忧，允文与陈俊卿议革三衙杂役，汰冗籍，三军无怨言。

上以仆射名不正[⑦]，改为左、右丞相。八年二月，授允文特进、左丞相兼枢密使，梁克家为右丞相。四月，御史萧之敏劾允文，允文上章待罪。上过德寿宫[⑧]，太上曰："采石之功，之敏在何许？毋听其去。"上为出之敏，且书扇制诗以留之。允文言之敏端方，请召归以辟言路。上谓其言宽厚，命曾怀书之《时政记》[⑨]。

上命选谏官，允文以李彦颖、林光朝、王质对，三人皆鲠（gěng 耿）亮，又以文学推重于时，故荐之，久不报。曾觌（dí 敌）荐一人[⑩]，赐第，擢谏议大夫。允文、克家争之，不从。允文力求去，授少保、武安军节度使[⑪]、四川宣

---

① 胡铨：秦桧主和，他力斥和议，曾上书乞斩秦桧，被贬岭南。孝宗即位被起用，官至兵部侍郎。 ② 周必大：孝宗时官至枢密使、丞相，工文词。 ③ 王十朋：南宋名臣，文学家，孝宗时力陈抗金北伐，恢复中原失地。 ④ 赵汝愚：宋宗室，曾定议立宁宗，为丞相。 ⑤ 晁公武：宋代著名目录学家。 ⑥ 李焘：南宋著名历史学家。 ⑦ 仆射：官名，尚书省长官，唐宋时曾以左、右仆射为左、右丞相之职。 ⑧ 德寿宫：高宗退位后称太上皇帝，所住的宫殿名德寿宫。 ⑨《时政记》：记载廷议奏对的记录。 ⑩ 曾觌：孝宗宠臣，权震中外，用事近二十年。 ⑪ 武安军：治潭州，今湖南长沙。

抚使，进封雍国公。

淳熙元年薨①。后四年，上幸白石大阅②，见军皆少壮，谓辅臣曰："虞允文行沙汰之效也。"寻诏赠太傅，赐谥忠肃。

（《宋史》卷三八三）

【翻译】

虞允文，字彬甫，隆州仁寿人。父亲去世后，他在绍兴二十三年（1153）才去考进士，考中后，被任命为彭州通判。

秦桧执掌国家大权时，很多四川人被排斥不用。秦桧死后，高宗想收用四川的人才，中书舍人赵达第一个推荐虞允文，被任命为秘书丞，其后多次被提升，做到礼部的郎官。金国皇帝完颜亮修筑汴京，已经有向南方侵略的意图。王纶出使金国回来，说敌人恭敬顺从，和平友好。汤思退再拜祝贺，把边境的战备放在一边，不予过问。到金国的使者施宜生稍许泄露了敌人的情况时，张焘秘密向高宗作了汇报。而完颜亮又让画工隐藏在

① 淳熙：宋孝宗年号（1174—1189）。 ② 白石：在今杭州附近。

使者随员中，画下临安的西湖山水带回，完颜亮并在画上题诗，这就更加暴露了他的意图。虞允文上奏疏说：“金国必然会撕毁和约，金国要出兵有五条道路，希望让大臣们预先考虑抵御敌军的方法。”这是绍兴三十年(1160)正月的事。十月，虞允文以工部尚书的名义充当祝贺金国元旦的使者，同宾馆中的金国接待人员一起射箭，一箭射破箭靶，大家都对他感到惊奇。虞允文看到运粮造船的人很多，返回告别时，完颜亮说：“我将在洛阳看花。”虞允文回来后，报告自己所看到的情况以及完颜亮所说的话，陈述了淮海一线的战备情况。

金国使者王全、高景山来祝贺高宗生日，口述了完颜亮狂妄傲慢的话，要求得到淮南地区，还要求南宋的将相大臣去金国商议事情。于是，朝廷召集三衙的大将赵密等人商量征发军队，并命侍从官与政府主要部门的官员会集讨论。宰相陈康伯传达高宗的旨意说：“今天不再讨论和好与坚守的问题，直接讨论如何作战。”朝廷派遣成闵任京湖制置使，率领禁卫军五万人守卫襄阳和汉水上游地区。虞允文说：“军队要来是不先清扫道路的，敌人虚张声势来分散我们的兵力，是要实现他们进军淮南的阴谋计划而已。”朝廷不接受虞允文的意见，终于还是派出了成闵。七月，金国皇帝完颜亮迁都到汴京，虞允文又对陈康伯说：“按行程估计，成闵的部队大概在江州与池州之间，应该下令，到达池州的部队就驻扎在池州，到达江州的部队就驻扎在江州。如果敌人的军队进攻上游地区，那么，荆湖的部队在前面防御，江州、池州的部队在后面支援；如果敌军进攻淮西地区，那么，池州的部队从巢县进军，江州的部队从无为进军，可以支援淮西地区。这样，一支部队可以在两处都用上了。”陈康伯同意他的意见，但成闵的部队却驻扎在武昌。

九月，金国皇帝任命李通为大都督，在淮河上建造浮桥。金国皇帝亲自领兵，军队号称有一百万人，毡房帐篷绵延不绝，金鼓的声音不断传来。十月，金军从涡口渡过淮河。在这以前，朝廷派刘锜处理淮东军事，王权处理淮西军事。到这时，王权首先丢弃庐州逃跑，刘锜也回到扬州，朝廷内外都震惊恐慌起来。高宗想从海上逃走，陈康伯极力主张高宗亲自出征。十月十九日，派知枢密院事叶义问督率江淮一带的军队，虞允文任军事参谋。王权又从和州逃回，刘锜回到镇江，两淮地区全部丢失了。

十一月四日，金国皇帝率领大军到达采石，另派一支军队去争夺瓜洲。朝廷任命成闵代替刘锜，李显忠代替王权，刘锜、王权都被召回。叶义问接受了高宗的旨意，命令虞允文到芜湖去催促李显忠接收王权的部队，并且到采石犒赏军队，因为当时王权的部队还在采石。十一月八日，虞允文到了采石，王权已经离开了部队，李显忠还没有来，敌人的骑兵已处处可见。宋朝的军队三五成群，星散分布，解下马鞍，卷起甲衣，坐在路旁，都是些王权的败兵。虞允文认为，坐着等待李显忠，就耽误了国家大事，于是马上招集将领们，用忠义的道理鼓励他们，说："金帛、告命都在这里，只等赐予有功的人。"将领们都说："现在既然有了主将，我们愿意同敌人决一死战。"有人对虞允文说："您接受的命令是犒赏部队，不是督率作战，如果别人坏了大事，您能承担罪责吗?"虞允文斥责他说："国家已经处于危急的地步，我难道还会去逃避责任吗?"

虞允文率部赶到长江边上，望见长江北岸已建起了高台，两边插着两面深红色的旗，两面五彩旗，中间树起一个黄色的车盖，完颜亮傲然坐在下面。侦察的人说，前一天，完颜亮已杀了白马和黑马祭天，与军士们约定，在明天渡过长江，到玉麟堂吃早饭，先过江的人赏给一两黄金。当时，敌人的军队实际有四十万人，马匹的数量是部队人数的两倍，而宋军才有一万八千人。虞允文就命令将领们排列成大的阵式，按兵不动，把戈船分作五队，其中两队沿着东西江岸运行，一队停驻在江的中间，里面埋伏精兵，等待交战，另两队藏在小港里，防备意外的事情出现。他刚指挥布置完毕，敌军已经在大声呼叫，完颜亮手持小红旗，指挥数百艘战船渡江而来，一会儿便有七十艘船抵达南岸，直接向宋军发动进攻，宋军向后退却了一些。虞允文进入战阵中，拍着时俊的背说："你的胆略是四方有名的，停在部队后面，就是妇人孩子了。"时俊马上挥舞双刀出阵，战士们都拼死力战。江中间的官军也用海鳅船冲击敌船，敌船或沉入江中，或半浮水面。敌人有一半被打死，另一半仍然在战斗，天色已晚还不撤退。这时恰好有一支溃散的部队从光州来到，虞允文交给他们军旗和战鼓，让他们从山后面转出来，敌人怀疑是增援部队到了，这才逃走。虞允文又命令使用强劲的弓箭在后面追赶射击，大败金军，敌人被杀死而留下尸体的有四千多，杀死万户两人，俘虏千户五人和生女真五百多人。敌人的士兵没有死于长江中的，完颜亮恨他们不出江作战，命令把他们全部杀掉。虞允文命人到朝廷去报捷，同时犒劳奖赏将士们，对他们说："敌人今天失败了，明天必然会再来的。"半夜，虞允文指挥将领们把海船拉往上游地区，另外派遣部队在杨林口截击敌军。十一月九日，敌军果然来了，宋军两路夹击，再次发生激烈战斗，焚毁了敌军三百只船，敌军才逃去。虞允文再次派人去朝廷报捷。不久，敌人派人带着诏书来指示王权，好像原来就有约定似的。虞允文说："这是反间计。"便回复他们信说："王权已经被依法处理了，新将是李世辅，愿意和你决一死战，分个高下。"完颜亮见信后大为恼怒，烧毁了龙凤车，杀死梁汉臣和两个造船的人，领兵去了瓜洲。梁汉臣就是建议完颜亮渡江的人。

李显忠从芜湖来到军中，虞允文对他说："敌军进入扬州后，必然会与瓜洲的部队会合，京口没有防备，我应当去那里，您能分派部队去帮助吗？"李显忠分派李捧率领部队一万六千人前去京口，叶义问也命令杨存中率领部队来会合。虞允文回到建康，就上奏疏说："敌人在采石失败后，将会企图在瓜洲侥倖取胜。现在我军精兵集合在京口，如果能慎重对待战事，可以一战而获胜。请稍微推迟一下皇帝车驾出发的时间。"

十一月十六日，虞允文到达京口。敌人在滁河驻扎了大量军队，建造了三个闸来储存江水，水有几尺深，并堵塞住瓜洲口。当时，杨存中、成闵、邵宏渊等人率领部队都聚集在京口，人数不下二十万，只是海鳅船不到一百艘，戈船只有海鳅船的一半。虞允文认为有风的时候应使用战船，没有风的时候就使用战舰，只是数量少恐怕不够用，于是收集木材，打造铁器，把马船改装为战舰，并向平江府借用战舰。虞允文命令张深守住滁河口，扼守住长江上的交通要道，派苗定作为援军驻扎在下蜀。十一月二十二日，完颜亮到达瓜洲，虞允文与杨存中到江边检查试验战舰的性能，命令战士踏动车船在长江中间上下驶动，环绕金山三圈，来回转动好像飞一样。敌军拉满了弓弦等候交战，看见车船如飞，不由得面面相觑，心中骇怕。完颜亮笑着说："这是纸船罢了。"一个将领跪下上奏说："南军有防备，不能轻视，希望驻扎在扬州，慢慢计划进攻的事。"完颜亮发怒，要杀死他，这位将领哀求请罪，过了许久，完颜亮才饶恕了他，但仍打了五十大板。十一月二十七日，完颜亮被他部下的将士杀死。

十一月二十八日，敌军后退三十里扎营，派遣使者来议和。十二月一日，虞允文上报朝廷。高宗召虞允文入朝参见，加以抚慰称赞，对陈俊卿说："虞允文公正忠诚，出自天性，是我的裴度啊。"于是下诏，不要虞允文在侍从行列，而派他去淮东、淮西处理事务。虞允文到达镇江，提出收复两淮地区的三条计划，上奏朝廷，却不见答复。

孝宗接受高宗让位做了皇帝后，参知政事史浩主张把陕西全部放弃给金人。孝宗准备召虞允文到朝廷，询问他关于陕西问题的意见。隆兴元年(1163)，虞允文入朝参见。史浩既然一直主张放弃陕西地区，到担任宰相以后，马上实行这项主张，并且亲自写诏书，诏书中有这样的话："放弃的鸡肋没有多少，却可避免豺狼不足的贪心。"虞允文入朝参见，回答孝宗询问时说："现在有八项能够作战的条件。"孝宗问到放弃陕西的问题，虞允文用所执的手板在地上比画，说明这件事的危害。孝宗说："这是史浩害得我弄错了。"于是任命他为敷文阁待制，担任太平州知州。接着，授予兵部尚书的官职，派他担任湖北、京西宣抚使，改任制置使。

乾道元年(1165)，虞允文担任参知政事，兼管枢密院的事。乾道三年(1167)二月，吴璘去世，大臣们商量选择一个代替吴璘的人。孝宗告诉虞允文说："吴璘已经去世，汪应辰恐怕不熟悉军事，没有比你更合适的了。遇到事情不要像张浚那样迂阔，军队里的事，你要每件都亲自去处理。"就任命他为资政殿大学士、四川宣抚使，接着又下诏书，让他依旧掌管枢密院的事情。虞允文到四川一个月后，又被召回朝廷；没有几个月，又再派他出使四川。太上皇亲自写了《圣主得贤臣颂》赐给他，孝宗又在这篇文章的后面写了跋语；上朝告辞时，孝宗又把自己穿的两双鞋以及铠甲和头盔赐给他。

乾道五年(1169)八月，任命虞允文为右仆射、同中书门下平章事，兼任枢密使。虞允文常推荐有名的士人，如洪适、汪应辰就是。到当宰相以后，他把人才分作三个等级，有所见所闻，都记下来，称为《材馆录》。只要是他所推荐的人，孝宗都加以收用，如胡铨、周必大、王十朋、赵汝愚、晁公武、李焘，是其中最为有名的了。孝宗因为军队太多、财力缺乏而担忧，虞允文与陈俊卿商议，革除三衙的杂役，淘汰多余的士兵，三军都没有怨言。

孝宗认为仆射的名称不正规，改为左右丞相。乾道八年(1172)二月，任命虞允文为特进、左丞相兼枢密使，梁克家任右丞相。四月，御史萧之敏弹劾虞允文，虞允文献上表章，等候处理。孝宗去德寿宫，太上皇说："采石立功的时候，萧之敏在哪里呢？不要让虞允文离开朝廷。"孝宗因此将萧之敏贬到外面去作官，并且作诗题在扇子上用来挽留虞允文。虞允文说萧之敏正直，请求召回朝廷仍做御史，以便开通言路。孝宗说他的话是宽厚的，命令曾怀写进《时政记》中。

孝宗命令挑选谏官，虞允文推荐李彦颖、林光朝、王质，三个人都正直坦白，又都以文学而被人们推崇看重，所以推荐他们，但孝宗长时间不答复。曾觌推荐了一个人，却马上赐给他进士，升任谏议大夫。虞允文和梁克家争论规谏，孝宗不听从他们的意见。虞允文坚决要求辞职，于是被任命为少保、武安军节度使、四川宣抚使，并加封他为雍国公。

淳熙元年(1174),虞允文去世。死后第四年,孝宗到白石检阅军队,看见部队都是年轻力壮的人,对辅臣说:“这是虞允文实行淘汰的效果啊。”不久,孝宗下诏,给虞允文赠官太傅,赐给忠肃的谥号。

朱 熹 传

在十二世纪中叶，出现了一位对我国封建社会后期影响最大的理学家，他的名字叫朱熹(1130—1200)。

有人将朱熹称之为中国古代学术史上三个最伟大的人物之一，孔子集唐虞三代以来学术之大成，郑玄集汉学之大成，朱熹则是集宋学之大成者。朱子的学说从宋末确立以来，历元明清三朝六百余年而不衰，他阐发儒家思想中的“仁”和《大学》、《中庸》的哲学思想，并继承和发展了二程(程颢、程颐)理气关系的学说，后世并称之为“程朱”。

朱熹不仅是一位大思想家，而且还是一位

大教育家、大学问家，他一生讲学五十余年，曾修复和创建白鹿洞、岳麓、武夷等书院，他著书数十种，编书千余卷，对经学、史学、文学、乐律乃至自然科学都有自己的贡献。当然，朱熹的思想对于今天的人们来说大部分都已成为了封建糟粕，特别是他极力鼓吹的封建伦理道德，更是为今天的人们所不喜欢，但是，如果我们能历史主义地看待朱熹及其学术、思想的话，不得不承认，他应是那一个时代中的一位贡献巨大的人物。

朱熹，字元晦(huì 惠)，一字仲晦，徽州婺(wù 务)源人①。熹幼颖悟，甫能言，父指天示之曰："天也。"熹问曰："天之上何物?"松异之②。就傅，授以《孝经》③，一阅，题其上曰："不若是，非人也。"尝从群儿戏沙上，独端坐以指画沙，视之，八卦也④。年十八贡于乡⑤，中绍兴

① 徽州：今安徽歙县。婺源：今江西婺源，当时属徽州。② 松：朱熹之父朱松。③《孝经》：宣扬封建孝道和孝治思想的儒家经典。④ 八卦：《周易》中的八种符号。⑤ 贡于乡：即乡贡，唐以来的取士办法，先参加州县的乡贡考试，合格者送京城参加会试。

十八年进士第。主泉州同安簿①，选邑秀民充弟子员，日与讲说圣贤修己治人之道，禁女妇之为僧道者。罢归请祠②，监潭州南岳庙③。

孝宗即位，诏求直言，熹上封事言："圣躬虽未有过失，而帝王之学不可以不熟讲。朝政虽未有阙遗，而修攘之计不可以不早定。利害休戚虽不可遍举，而本原之地不可以不加意。陛下毓（yù 育）德之初，亲御简策，不过风通文辞，吟咏情性，又颇留意老子④、释氏之书⑤。夫记诵词藻，非所以探渊源而出治道；虚无寂灭⑥，非所以贯本末而立大中⑦。帝王之学，必先格物致知，以极夫事物之变，使义理所存，纤悉毕照，则自然意诚心正，而可以应天下之务。"次言："修攘之计不时定者，讲和之说误之也。夫金人于我有不共戴天之仇，则不可和也明矣。愿断以义理之公，闭关绝约，任贤使能，立纪纲，厉

---

① 泉州：今福建泉州。同安：今福建同安。 ② 请祠：宋代没有祠禄之官，又称宫观官。是以道教宫、观为名，给以一定的俸禄待遇，没有实际职事。最低一级为"监狱庙"，如果不是由自己陈请而由朝廷委派，则带有贬谪意味。 ③ 南岳：即衡山，今湖南衡山西。 ④ 老子：李耳，即老聃，春秋时人。⑤ 释氏：即释迦牟尼，印度佛教创始人。 ⑥ 虚无：道家指"道"的本体，谓其无所不在，但又无形可见。寂灭：佛教语，意为超脱一切境界，入于不生不灭之门。 ⑦ 大中：尊大而居中，泛指无过无不及，恰如其分的道理，又称"大中之道"。

风俗。数年之后，国富兵强，视吾力之强弱，观彼衅之浅深，徐起而图之。”次言：“四海利病，系斯民之休戚，斯民休戚，系守令之贤否。监司者，守令之纲，朝廷者，监司之本也。欲斯民之得其所，本原之地亦在朝廷而已。今之监司，奸赃狼籍，肆虐以病民者，莫非宰执①、台谏之亲旧宾客②。其已失势者，既按见其交私之状而斥去之；尚在势者，岂无其人？顾陛下无自而知之耳。”

淳熙五年，史浩再相，除知南康军③。至郡，兴利除害，值岁不雨，讲求荒政，多所全活。讫事，奏乞依格推赏纳粟人。间诣郡学，引进士子与之讲论。访白鹿洞书院遗址④，奏复其旧，为《学规》俾守之。

会浙东大饥，宰相王淮奏改熹提举浙东常平茶盐公事⑤，即日单车就道。复以纳粟人未推赏，辞职名。纳粟赏行，遂受职名。即移书他郡，募米商，蠲其征，及至，则客舟之米已辐凑。熹日钩访民隐，按行境内，单车屏徒

---

① 宰执：宋代的宰相、参知政事及正、副枢密使统称宰执。 ② 台谏：台指御史台，有侍御史、殿中侍御史、监察御史等。谏指谏院，有谏议大夫、拾遗、补阙等，合称台谏。 ③ 南康军：今江西星子。 ④ 白鹿洞书院：宋代著名书院，位于江西庐山五老峰下，南唐时始修，后朱熹重新修复。 ⑤ 提举常平茶盐公事：高宗时，将提举茶盐官和提举常平官合为一职，掌各路役钱、青苗钱、义仓、赈济、水利、茶盐等事。

从，所至人不及知。郡县官吏惮其风采，至自引去，所部肃然。凡丁钱[①]、和买[②]、役法、榷酤（gū 沽）之政，有不便于民者，悉厘而革之。于救荒之余，随事处画，必为经久之计。有短熹者，谓其疏于为政，上谓王淮曰："朱熹政事却有可观。"

时郑丙上疏诋程氏之学以沮熹[③]，淮又擢太府寺丞陈贾为监察御史[④]，贾面对[⑤]，首论近日搢（jìn 晋）绅有所谓"道学"者[⑥]，大率假名以济伪，愿考察其人，摈弃勿用，盖指熹也。

光宗即位，改知漳州[⑦]。奏除属县无名之赋七百万，减经总制钱四百万[⑧]。以习俗未知礼，采古丧葬嫁娶之

① 丁钱：即身丁钱，宋南方按身丁征收丁钱。 ② 和买：指预先买油绢，春季民困，预贷库钱，至夏秋随税输油绢还官。 ③ 程氏之学：即二程（程颢、程颐）的学说。二程是宋代理学创始人。二程的学术当时称"洛学"，朱熹为嫡传弟子，后发展了二程之学。郑丙：当时为吏部尚书，首先提出"道学"的名目加以抨击。 ④ 太府寺丞：太府寺官员，太府寺掌管国家财货政令及库藏出纳、商税等事。 ⑤ 面对：按照皇帝规定的日期，百官轮流上殿面奏时政得失等国家政事。
⑥ 道学：即理学。自周敦颐、二程到朱熹完成的以儒家为主，兼容佛、道思想中某些内容的一种思想体系。 ⑦ 漳州：今福建漳州。 ⑧ 经总制钱：南宋时政府向地方征调若干财赋和杂税的总称。

仪，揭以示之，命父老解说，以教子弟。土俗崇信释氏，男女聚僧庐为传经会，女不嫁者为庵舍以居，熹悉禁之。常病经界不行之害[①]，会朝论欲行泉[②]、汀[③]、漳三州经界，熹乃访事宜，择人物及方量之法上之。而土居豪右侵渔贫弱者以为不便，沮之。宰相留正，泉人也，其里党亦多以为不可行，布衣吴禹圭上书讼其扰人，诏且需后。有旨先行漳州经界。明年，以子丧请祠。

宁宗即位，赵汝愚首荐熹及陈傅良，有旨赴行在奏事，除焕章阁待制[④]、侍讲。始，宁宗之立，韩侂胄自谓有定策功[⑤]，居中用事。熹忧其害政，数以为言，且约吏部侍郎彭龟年共论之。会龟年出护使客，熹乃上疏斥言左右窃柄之失，在讲筵（yān 延）复申言之。御批云："悯卿耆（qí 其）艾[⑥]，恐难立讲，已除卿宫观[⑦]。"

庆元二年，沈继祖为监察御史，诬熹十罪，诏落职罢

---

① 经界：南宋丈量田地，重定税额的措施。 ② 泉：即泉州。 ③ 汀州：今福建长汀。 ④ 焕章阁：孝宗时建，藏高宗御制诏令、敕文等。 ⑤ 定策功：指拥立皇帝的功劳。宋光宗即位后，与太上皇（孝宗）不和，又患精神病，不能理政。孝宗死，光宗不执丧，赵汝愚、韩侂胄等人逼光宗退位，拥立光宗子嘉王赵扩为皇帝，即宁宗。 ⑥ 耆艾：古称六十岁为耆，五十岁为艾，此处泛指年老。 ⑦ 宫观：祠禄官，通常为皇帝安排有名望的大臣养老的职务。

祠，门人蔡元定亦送道州编管①。四年，熹以年近七十，申乞致仕，五年，依所请。明年卒，年七十一。

熹登第五十年，仕于外者仅九考②，立朝才四十日。家故贫，少依父友刘子羽，寓建之崇安③，后徙建阳之考亭④，箪（dān 单）瓢屡空，晏如也。诸生之自远而至者，豆饭藜（lí 黎）羹，率与之共。往往称贷于人以给用，而非其道义则一介不取也。

其为学，大抵穷理以致其知，反躬以践其实，而以居敬为主⑤。尝谓圣贤道统之传散在方册⑥，圣经之旨不

① 道州：今湖南道县。编管：官员被贬谪，或其他人等触犯皇帝，被送到指定地区予以管制。 ② 考：宋制，由吏部等每年对官员进行考察，任满一周年为一“考”。欠日不能成考。 ③ 建：即建州，今福建建瓯。崇安：今福建崇安，宋属建州。 ④ 建阳：今福建建阳，宋属建州。考亭：今福建建阳县西南，即望考亭。 ⑤ 居敬：朱熹认为：“万物各具一理，而万理同出一原，此所以可推而无不通也。”就是说，只要认识部分事物的理，就可以推出天下万物的理，所以实际并不要求深入研究事物。他又说“心包万理，万理具于一心”。人只要“究其心之本体”就能认识“天理”——客观真理，并不要去“泛穷天下万物之理”。他主张“居敬”，认为人心居敬，是通向天理的道路。“敬”带有敬事上天的宗教精神状态，而所说的居敬，加强自身修养，实际是指严守封建道德规范，认为这些是万物的“当然之则，所谓理也”。 ⑥ 道统：指儒家圣道承继的系统。

明，而道统之传始晦。于是竭其精力，以研穷圣贤之经训。所著书有：《易本义》、《启蒙》、《蓍卦考误》、《诗集传》、《大学中庸章句》、《或问》、《论语》、《孟子集注》、《太极图》、《通书》、《西铭解》、《楚辞集注》、《辨证》、《韩文考异》；所编次有：《论孟集议》、《孟子指要》、《中庸辑略》、《孝经刊误》、《小学书》、《通鉴纲目》、《宋名臣言行录》、《家礼》、《近思录》、《河南程氏遗书》、《伊洛渊源录》，皆行于世。熹没，朝廷以其《大学》、《语》、《孟》、《中庸》训说立于学官。又有《仪礼经传通解》未脱稿，亦在学官。平生为文凡一百卷，生徒问答凡八十卷，《别录》十卷。

（《宋史》卷四二九）

【翻译】

朱熹，字元晦，又作仲晦，徽州婺源人。他从小就聪慧过人，刚能够讲话时，父亲（朱松）指着天告诉他说："这就是天。"朱熹问道："天的上面是什么？"父亲觉得十分惊奇。到他入学跟从老师读书时，老师教他读《孝经》，他看过一遍，就在书上写道："不能这样，就不能算作一个人！"他曾经和一群小孩在沙上玩耍，独自一人端端正正坐着用手指在沙地上画，别人一看，原来是一幅八卦图形。十八岁那年，他参加乡贡考试合格，后来考中了绍兴十八年(1148)的进士。在出任泉州同安县的主簿期间,他挑选本县德才优异的人当自己的学生,每天给他们讲授古圣先贤讲求自身修养和治理人民的学问,他还下令禁止妇女出家当尼姑道士。后来罢官归乡,请求给予祠官俸禄,被派去做监潭州南岳庙。

宋孝宗即皇帝位后,下诏书要求臣下上书直言朝政,朱熹密封奏章进言说:“皇帝您本身虽然没有什么过失,但是,关于圣明帝王的学问却不可以不经常讲习。朝廷的施政虽然没有什么缺陷,但是,修明内政,抵御外敌的计划却不可以不早日制定。有关人民的利益、危害、喜乐、忧虑的问题虽然不可能全面列举,但是,事关本原的地方却不可以不给予重视。陛下开始培育自己品德的时候,亲自披览文献书籍,但只不过是诵读诗文章句,吟咏情性,又颇为喜欢读道家和佛家的书。可是,记诵浮华的词藻,并不能探索出事物的本源,从而提出治理国家的道理;道家的虚无和佛门的寂灭,并不能使人理解天地万物的本末而立至大中正之道,圣帝明王的学问,必须先穷究事物的本原道理而获得知识,以便透彻地认识事物的变化,使有关天下万物的道理都能存在于心中,则对事物的细微末节便都可以看得澄明透彻,这样,就自然会意念诚实无妄,心地端正纯直,也就可以治理好天下的事情。”其次说:“修治内政、抵御外敌的大计不能及时制订的原因，在于被‘讲和’的说法给耽误了。金人是我朝不共戴天之仇敌，不可能和好，这是明摆着的事。我希望作出公正合理的决断，关闭与金人贸易的市场，断绝同金人的一切交往，任用贤明能干的人才，建立国家法度，振奋民风士俗。几年以后，国家富庶，军力强盛，衡量自己力量的强弱，观察敌人内部裂痕的深浅，我们再慢慢设法消灭他们。”接着又说：“国家措施的有利或有害，关系到人民的忧乐，人民的忧乐，又与国家官员的好坏有着密切的关系。监察机构是监督官吏们遵守法度的主要机关，而朝廷却是委任监察官员的根本之地。要想让人民安居乐业，各得其所，最为重要的根本之地也在于朝廷。现在监察机构的官员，贪赃枉法、声名狼藉、任意残害人民的人，没有一人不是当今宰执、台谏的亲戚、朋友和宾客。对于已经失去权势的官员，虽然已经查出他们勾结营私的情况而罢免斥退了，但现在还有权势的官员中，难道就没有那样的人了吗？只不过陛下无从知道罢了！”

淳熙五年(1178)，史浩第二次当宰相，朱熹被任命为南康军知军。朱熹到任后，为百姓兴利除害。正逢那一年很久没有下雨，出现旱灾，朱熹非常重视救济饥荒的处置措施，救活的百姓很多。事情结束后，朱熹奏请朝廷按照规矩奖赏主动献纳粮食救荒的人。他每有时间便到州郡的学校里去，找一些学生来，和他们讲论学问。还找到了白鹿洞书院的遗址，奏请朝廷重新修复，并亲自制订《白鹿洞书院学规》，让学生们遵守。

不久，适逢浙东地区发生大饥荒，宰相王淮上书请求改任朱熹为提举浙东常平茶盐公事，并要他马上单人赴任。朱熹以朝廷对南康军主动献纳粮食救荒的人没有给予奖赏，辞谢了这一职务，等到朝廷的奖赏颁发后，他才受职赴任。他接受任命后，随即写信到其他州郡，招募米商，蠲免他们的商税，要他们运粮食到浙东救灾。等他到任时，外地舟船运来的米已经堆积如山。朱熹每天出外调查访问人民的疾苦，走遍浙东全境，都是单人独车，不带随从，所到之地，人们都不知他是什么人。州县的官吏们害怕他的严峻作风，一听说他到来，有些人甚至自动弃职逃走；于是他所管辖的境内，风纪肃然。凡是丁钱、和买、役法、榷酤这一类政事，只要有对百姓不方便的地方，朱熹全部予以改正、革除。每次在救济灾荒之后，他都要按照实际情况规划处置，必定作长久之计。有人攻击朱熹，说朱熹不好好处理政务，孝宗对王淮说："朱熹处理政务的成绩却大有可观。"

当时，郑丙上书以攻击程氏兄弟的学术来败坏朱熹。王淮又提升太府寺丞陈贾为监察御史。陈贾向孝宗面对时，首先论到近日士大夫中有所谓称为"道学"的人，大都是借用道学之名来宣传骗人之学的，希望朝廷严格考察这些人，把他们清除出去，不再起用。这些话都是针对朱熹而讲的。

宋光宗当皇帝后，朱熹调任漳州知州。他上奏章请朝廷免除了漳州所属各县的无名杂税七百万贯，减掉经总制钱四百万贯。他又见漳州地方的许多风俗习惯不合礼仪，于是采用古代丧葬嫁娶的礼仪，张贴出来告诉大家，命令当地的父老进行解说，教给他们的子弟。漳州本地风俗崇信佛教，男男女女经常聚集在庙里让和尚传授佛经，妇女不出嫁的就到尼姑庵里居住，朱熹对这些事都下令禁止。朱熹还常常忧虑经界法不能推行的危害，正好朝廷有人议论准备在泉、汀、漳三州推行经界法，他就调查访问有关事宜，选择了一些承办人员并制订了丈量土地的办法，写成奏章上报朝廷。然而，当地一贯侵夺贫弱百姓财产的豪强认为推行经界法对他们不利，就极力阻止。当时的宰相留正是泉州人，他的乡里亲友大多数认为经界法不可以推行，又有一个名叫吴禹圭的平民上书争论，指责经界法骚扰百姓。光宗下诏缓行，又降旨先在漳州实行。第二年，朱熹因为儿子的死，请求告假归家，只担任领干薪的官观官。

宋宁宗登上皇帝位后，赵汝愚向宁宗首先推荐了朱熹和陈傅良，宁宗降旨，要求朱熹到临安来奏事，并任命他为焕章阁待制、侍讲。宁宗即位之初，韩侂胄自认为有拥立的大功，在朝廷窃取了大权。朱熹入朝后，担心韩侂胄当权将危害国政，几次上书议论这件事，而且还约吏部侍郎彭龟年共同上章论奏。恰好彭龟年出朝护送外国使臣，朱熹就独自一人上奏札，指陈皇帝大权被左右窃取的危害，在讲席上又对宁宗反复讲到此事。宁宗在朱熹的奏札上批复说："我怜恤您年岁已高，恐怕很难这么站着给我讲课，已决定优待您，授给您宫观官职了。"

庆元二年(1196)，沈继祖任监察御史，上书诬告朱熹，罗列了朱熹十大罪状，宁宗下诏免掉了朱熹的职务，也取消了朱熹的祠官俸禄，朱熹的学生蔡元定也被流放到道州，在地方官吏监管下居住。庆元四年(1198)，朱熹以自己快满七十岁为理由，申请退休。庆元五年(1199)，宁宗同意了他的请求。庆元六年(1200)，朱熹逝世，享年七十一岁。

朱熹在考中进士以后的五十年中，在外面做官只有九年，在朝中做官才四十天。他家中一向贫困，少年时便依靠父亲的好友刘子羽，寄住在建州的崇安，后来迁居到建阳的考亭。虽然经常穷得揭不开锅，却处之安然。很多学生从远方来向他请教学问，他以豆饭藜汤这类粗劣的饭食招待客人，并与客人共食。他家的生活费用经常是向别人借贷来的，然而，对于不合乎道义的钱，他却一分也不取。

朱熹做学问，主要是通过深入研究事物的“理”而取得知识，反过来身体力行所获得的知识，而强调以“居敬”——敬事上天、加强自我修养为主要途径。他曾说过，古代圣贤道统的传授流散在典籍之中，由于对圣贤经书的宗旨和主要含义弄不清楚，因此，道统的传授情况也就开始隐晦含混。于是，朱熹竭尽精力，刻苦钻研，穷究经书中圣贤的学说。他所著的书有《易本义》、《启蒙》、《著卦考误》、《诗集传》、《大学中庸章句》、《或问》、《论语》、《孟子集注》、《太极图》、《通书》、《西铭解》、《楚辞集注》、《辨证》、《韩文考异》；他所编写的书有：《论孟集议》、《孟子指要》、《中庸辑略》、《孝经刊误》、《小学书》、《通鉴纲目》、《宋名臣言行录》、《家礼》、《近思录》、《河南程氏遗书》、《伊洛渊源录》，这些书都流传于世。朱熹死后，朝廷将他注释的《大学》、《论语》、《孟子》、《中庸》四书定为学校的课本。他还写了一部未定稿的《仪礼经传通解》，也作为学校的课本。朱熹一生写的文章共一百卷，他与学生的问答有八十卷，还有《别录》十卷。

辛弃疾传

辛弃疾(1140—1207)是一位才华横溢的著名诗人,又是一位具有极高政治军事才能的杰出人物,陆游将他比作管仲、萧何,洪迈将他比作周瑜、谢安,刘过则称颂他"古岂无人,可比似吾稼轩者谁"?简直是一位横空出世的旷世奇才。

然而,在那个压抑人才的时代,"真鼠"可以得到重用,"真虎"却往往无人敢用。辛弃疾南渡以后,虽然在《美芹十论》、《九议》等一系列"万字平戎策"中一再表现了他那超人的军事战略思想和远见卓识的政治主张,但是,南宋统治者对他并没有重用,除了任命他在南方当过几任地方官外，他绝大部分时间都在隐居生活中度过。他那猛志常在的豪情并没有在平庸的生活中消平，而是以强烈的爱国热情、豪爽的英雄本色和充沛的创作精力从事诗词创作。他的词慷慨纵横、悲壮激烈，继苏轼以后，成为浪漫主义豪放派词人中最杰出的代表。辛词的思想高度，辛词的创作方法，辛词的艺术风格，在中国文学史上都是永远令人瞩目的。

辛弃疾，字幼安，齐之历城人①。少师蔡伯坚②，与党怀英同学③，号辛、党。始筮（shì 事）仕，决以蓍（shī 尸），怀英遇《坎》④，因留事金，弃疾得《离》⑤，遂决意南归。

金主亮死⑥，中原豪杰并起。耿京聚兵山东，称天平节度使，节制山东、河北忠义军马⑦，弃疾为掌书记，即劝京决策南向。僧义端者，喜谈兵，弃疾与之游。及在京

---

① 齐：指战国时齐国，今山东泰山以北之地及胶东半岛。历城：今山东济南。 ② 蔡伯坚：即蔡松年，金海陵王时任尚书右丞相，有文名。 ③ 党怀英：金代著名文学家。 ④ 坎：八卦之一，卦象为水，象征北方。 ⑤ 离：八卦之一，卦象为火，象征南方。 ⑥ 金主亮：即完颜亮，又称海陵王，金朝第四个皇帝。 ⑦ 忠义军马：指北方汉族人民抗金武装力量。

军中，义端亦聚众千余，说下之，使隶京。义端一夕窃印以逃，京大怒，欲杀弃疾。弃疾曰："匄（gài 盖）我三日期，不获，就死未晚。"揣僧必以虚实奔告金帅，急追获至。义端曰："我识君真相；乃青兕（sì 似）①也，力能杀人，幸勿杀我。"弃疾斩其首归报，京益壮之。

绍兴三十二年，京令弃疾奉表归宋②，高宗劳师建康③，召见，嘉纳之，授承务郎④、天平军节度掌书记，并以节使印告召京⑤。会张安国、邵进已杀京降金⑥，弃疾还至海州⑦，与众谋曰："我缘主帅来归朝，不期事变，何以复命？"乃约统制王世隆及忠义人马全福等径趋金营，安国方与金将酣饮，即众中缚之以归，金将追之不及。献俘行在，斩安国于市。仍授前官，改差江阴签判⑧。弃疾时年二十三。

乾道四年（1168），通判建康府。寻知潭州兼湖南安

---

① 兕：古代犀牛一类的兽名，独角，皮厚可制甲。 ② 表：古代下言于上的一种文牍。 ③ 建康：今江苏南京。 ④ 承务郎：宋代寄禄官名。 ⑤ 印告：印，指印信。告，指告身。古代授官的凭证。 ⑥ 张安国、邵进：均为耿京的部属。 ⑦ 海州：今江苏连云港。 ⑧ 江阴：今江苏江阴。签判：宋代京官以上充州府判官称签书判官厅公事，简称签判。

抚①。盗连起湖湘，弃疾悉讨之。遂奏疏曰："今朝廷清明，比年李金、赖文政、陈子明、陈峒（tóng 同）相继窃发②，皆能一呼啸聚千百，杀掠吏民，死且不顾，至烦大兵翦（jiǎn 剪）。良由州以趣办财赋为急，吏有残民害物之政（zhēng 征）③，而州不敢问；县以并缘科敛为急④，吏有残民害物之状，而县不敢问。田野之民，郡以聚敛害之，县以科率害之，吏以乞取害之，豪民以兼并害之，盗贼以剽夺害之，民不为盗，去将安之？夫民为国本，而贪吏迫使为盗，今年剿除，明年刬（chǎn 产）荡，譬之木焉，日刻月削，不损则折。欲望陛下深思致盗之由，讲求弭盗之术，无徒恃平盗之兵。申饬（chì 斥）州县，以惠养元元为意，有违法贪冒者，使诸司各扬其职，无徒按举小吏以应故事，自为文过之地。"诏奖谕之。

又以湖南控带二广⑤，与溪峒（dòng 洞）蛮獠（lǎo

---

① 潭州：治今湖南长沙。湖南：指南宋的荆湖南路。安抚：安抚使之略，宋代负责军务、治安的路一级长官。 ② 李金、赖文政、陈子明、陈峒：均为南宋湖南地区人民起义首领。 ③ 政：通"征"，指征收赋税。 ④ 科敛：即科配，指国家赋税外的额外征收。 ⑤ 二广：指南宋的广南东、西两路。

老)接连①,草窃间作,岂惟风俗顽悍,抑武备空虚所致。乃复奏疏曰:“军政之敝,统率不一,差出占破②,略无已时。军人则利于优闲窠坐,奔走公门,苟图衣食,以故教阅废弛,逃之者不追,冒名者不举。平居则奸民无所忌惮,缓急则卒伍不堪征行。至调大军,千里讨捕,胜负未决,伤威损重,为害非细。乞依广东摧锋,荆南神劲,福建左翼例③,别创一军,以湖南飞虎为名,止拨属三牙④、密院⑤,专听帅臣节制调度,庶使夷獠知有军威,望风慑服。”

诏委以规画,乃度马殷营垒故基⑥,起盖砦栅,招步军二千人,马军五百人,傔(qiàn 欠)人在外⑦,战马铁甲皆备。先以缗钱五万于广西买马五百匹,诏广西安抚司岁带买三十匹。时枢府有不乐者,数沮挠之,弃疾行愈力,卒不能夺。经度费钜(jù 巨)万计,弃疾善斡旋,事皆

① 溪峒蛮獠:溪,指五溪之地,今湘西土家族苗族自治州一带。峒,对广西、贵州少数民族居地的泛称。蛮獠,这里指宋代湖南、广西、贵州等地的少数民族。 ② 占破:为当时军队中习用语。这里指主兵官占留兵员,使他们不参加校阅而做其他杂役。 ③ 摧锋、神劲、左翼:均为南宋地方军队之名。 ④ 三牙:即三衙。 ⑤ 密院:即枢密院。 ⑥ 马殷:五代时楚国的创建者。 ⑦ 傔人:唐制,节度使、副使都有傔人,相当于副官之职。

立办。议者以聚敛闻，降御前金字牌[①]，俾日下住罢。弃疾受而藏之，出责监办者，期一月飞虎营栅成，违坐军制。如期落成，开陈本末，绘图缴进，上遂释然。军成，雄镇一方，为江上诸军之冠。

差知隆兴府兼江西安抚。时江右大饥，诏任责荒政。始至，榜通衢（qú 渠）曰："闭籴者配[②]，强籴者斩。"次令尽出公家官钱、银器，召官吏、儒生[③]、商贾、市民各举有干实者，量借钱物，逮其责领运籴，不取子钱[④]，期终月至城下发粜。于是连樯而至，其直自减，民赖以济。时信守谢源明乞米救助[⑤]，幕属不从，弃疾曰："均为赤子，皆王民也。"即以米舟十之三予信。帝嘉之，进一秩[⑥]。

弃疾豪爽尚气节，识拔英俊，所交多海内知名士。尝跋绍兴间诏书曰："使此诏出于绍兴之前，可以无事仇之大耻[⑦]；使此诏行于隆兴之后，可以卒不世之大功。今此诏与仇敌俱存也，悲夫！"人服其警切。尝谓："人生在勤，当以力田为先。北方之人，养生之具不求于人，是以

---

① 金字牌：木牌朱漆黄金字，传达皇帝紧急命令时用的信符。② 闭籴者配：疑误，"籴"当作"粜"。③ 儒生：古代泛指知识分子。④ 子钱：出借钱物收取的息钱。⑤ 信：即信州，今江西上饶；信守，即信州知州。⑥ 秩：指古代官吏的职位或品级。⑦ 仇：指金国。

无甚富甚贫之家。南方多末作以病农①，而兼并之患兴，贫富斯不侔矣。”故以“稼”名轩②。为大理卿时③，同僚吴交如死，无棺敛，弃疾叹曰：“身为列卿而贫若此④，是廉介之士也！”

既厚赙之，复言于执政，诏赐银绢。弃疾尝同朱熹游武夷山⑤，赋《九曲櫂歌》，熹书“克己复礼”⑥、“夙兴夜寐”⑦题其二斋室。熹没，伪学禁方严⑧，门生故旧至无送葬者。弃疾为文往哭之曰：“所不朽者，垂万世名。孰谓公死，凛凛犹生！”弃疾雅善长短句，悲壮激烈，有《稼轩集》行世。

（《宋史》卷四〇一）

【翻译】

辛弃疾，字幼安，山东历城县人。少年时拜蔡伯坚

① 末作：古代以农为本，工商为末，末作指工商。 ② 轩：堂的前沿，外围栏杆。 ③ 大理卿：即大理寺卿，大理寺长官，掌全国司法、刑狱。 ④ 列卿：指九卿之列，九卿，指古代九种高官。吴交如曾任大理寺卿，故辛弃疾说他“身为列卿”。 ⑤ 武夷山：今福建西北部之武夷山。 ⑥ 克己复礼：《论语》语意为约束自己，使言行符合于礼。 ⑦ 夙兴夜寐：《诗经》语，意为早起晚睡。 ⑧ 伪学：宋宁宗时，韩侂胄执政，与赵汝愚相倾轧，斥亲近汝愚的朱熹等所倡导的理学为伪学。

为师，与党怀英同学，当时人称他们为“辛、党”。最初准备出来做官时，他们去占卜，用蓍草来决定凶吉，党怀英得到的是《坎》卦，因此留在北方为金朝服务，而辛弃疾得到的是《离》卦，于是决心南下归附宋朝。

金国皇帝完颜亮死后，中原地区的英雄好汉纷纷起兵反金。耿京在山东聚集了一支人马，自称为天平节度使，控制管辖山东及河北地区的抗金武装力量，辛弃疾在耿京幕下当天平节度掌书记，他力劝耿京拿定主意南下投宋。有一个叫义端的和尚，喜爱谈论军事，辛弃疾间或与义端一起游玩。辛弃疾到耿京军中后，义端也聚集了一千多人马，辛弃疾说服义端，使他归属了耿京。有一天傍晚，义端偷了天平节度使大印逃走，耿京大怒，要杀掉辛弃疾。辛弃疾说：“请给我三天的期限，抓不到义端，回来您再处死我也不晚。”辛弃疾估计义端必定是向金军统帅报告义军的情况去了，就急忙追赶，抓到了义端。义端说：“我认识您的本来面目，您是一头黑色的犀牛，力气足以杀人，希望您不要杀我。”辛弃疾斩了义端的头回来献给耿京，从此，耿京对辛弃疾更加器重。

绍兴三十二年(1162)，耿京命令辛弃疾带着书表归顺宋朝，宋高宗当时正在建康慰劳军队，召见辛弃疾，对他进行了表彰并收纳了他们的书表，授予他承务郎、天平节度掌书记之官，并且用节度使的印信和告身去召耿京归顺。然而，耿京的部下张安国、邵进已将耿京杀害并投降了金国。辛弃疾回到海州，与耿京的旧部商量说："我是根据主帅的意见去联系归顺朝廷，没有料到事情发生了变化，怎么去回复朝廷的命令呢?"于是邀约统制王世隆和抗金忠义人士马全福等直接冲向金军大营。这时，张安国正在和金军将领们畅饮美酒。辛弃疾在千军万马中将他捆绑出营，急驰南归，金军将领追赶不及。辛弃疾将俘虏送到行在临安献给高宗皇帝，高宗下令将张安国斩杀在街市之中，仍旧授给辛弃疾原先所授的官位，改任为江阴县签判，这时，辛弃疾正好二十三岁。

乾道四年(1168)辛弃疾任建康通判，不久又提升为潭州知州兼湖南安抚使。当时盗贼接二连三地在湖南境内兴起，辛弃疾把他们全部讨平。于是，上奏章给孝宗皇帝说："现在朝廷的政治清明，近几年来李金、赖文政、陈子明、陈峒等人接连发动叛乱，都能够一声呼喊，就聚集起千百人来，杀害官吏，抢劫民财，他们连死都不惧怕，以致必须用大军去消灭他们。这是因为各州征收钱财赋税过于急迫，衙吏们有残害百姓的劣绩，而州官不敢过问;各县也是征收额外赋税过于急迫，衙吏们有残害百姓的现象，而县官不敢过问。农村的老百姓，州郡的官吏用聚敛来迫害他们，县里的官吏以额外征收迫害他们，衙吏们以勒索讨取来迫害他们，豪强地主们以侵吞土地来迫害他们,强盗们以抢掠劫夺来迫害他们,他们不去当强盗,还有什么路可走呢?人民是国家的根本,而贪官污吏却迫使他们成为强盗,今年剿除,明年扫荡,就比如一棵树,天天刻、月月削,不死掉也会折断。希望陛下仔细考虑引起盗贼发生的原因,讲求消灭盗贼的办法,不要只依靠平定盗贼的军队。要告诫各地方州县官员,把关怀爱抚百姓一事放在心头,凡有违反国家法纪贪图财利的人,让各级机构都担负起自己的职责,决不能像过去那样仅审查检举吏员搪塞,而为掩饰自己的过错找替身。"孝宗下诏对辛弃疾进行奖励。

辛弃疾又认为,湖南地势控制两广,又与溪峒蛮獠地域相连,草野盗贼经常作乱,这不仅仅是由于风俗顽钝剽悍,也是由于这里的武备空虚所导致的。于是,又上奏章说:"军中政务的弊病就在于不能统一指挥,以各种名目拘占兵员派做杂役的事,从来没停止过。军官们贪图悠闲自在的生活,只是坐在营帐之中无所事事。他们忙碌奔走于衙门之内,只求有衣穿、有饭吃。因此,军队的教习训练废除,兵丁逃亡无人追赶,冒名吃军饷的没有人检举。平时为非作歹之徒根本无所畏惧,一有危急情况,士兵们又都不能行军打仗,只得从千里之外调大军来讨伐捕捉,胜负还没有定,军队的威名已经受到损伤,损失又很严重,危害实在不小。请依照广东摧锋、荆南神劲、福建左翼三军的例子，在这里另创建一支军队，以湖南飞虎命名，只隶属于三衙和枢密院，专门听从湖南军事统帅的管辖和调遣，这样可以使心怀不轨的人知道我军的威力，听到我军的声势便害怕而屈服。”

宋孝宗下诏委任辛弃疾规划建军，于是，他就在当年马殷所建营垒的基础上进行测量，在那里筑起了营寨木栅，招来步军二千人，马军五百人，傔人除外。战马、铁甲也都准备齐全。开始时，先用五万贯钱在广西买马五百匹，又下诏命广西安抚司每年附带为湖南飞虎军买马三十匹。当时，枢密院官员中有不喜欢辛弃疾的，几次加以阻挠和制止，辛弃疾却进行得更加坚决，这件事终于没有被他们破坏掉。建立飞虎军用的钱有许多万贯，由于辛弃疾善于经营调整，许多事情都很快地办成。朝廷中有人上奏章议论辛弃疾大肆搜刮民财，孝宗于是颁下御前金字牌，让辛弃疾在接到金字牌的那一天起就停止飞虎军的建设。辛弃疾接到了金字牌，但却把它藏起来，仍然出来督促负责建造的人，命令他们在一个月内将飞虎军的营栅建成，没有完成则按军法处置。飞虎军营栅按时完成，辛弃疾这才上书，向孝宗陈述营建的原委，并绘制了一幅飞虎军营寨图呈献给孝宗，孝宗于是消释了心中的疑虑。飞虎军建成后，军势雄镇一方，成为当时长江沿线战斗力最强的一支军队。

朝廷又派辛弃疾到隆兴府当知府，并兼任江西安抚使。当时，江西正在发生大饥荒，孝宗下诏要辛弃疾负责救济灾荒。辛弃疾一到隆兴府，就在大街上张贴告示说："囤粮不卖的人发配，向粮户强行购买的人处斩。"接着又命令将公家仓库的钱、银器全部拿出来，又召集城中的官吏、儒生、商人和市民，让他们各自推举其中有钱有才干的人，酌量借给他们钱财物品，责令他们负责买粮运进城，所借钱不向他们收取利息，限期在月底前运粮到隆兴府城下发卖。于是，运送粮食的船只接连而来，粮食的价格自动下降，老百姓靠这些粮食才得以度过灾荒。当时，信州知州谢源明向辛弃疾请求拨一些粮食来帮助他们救荒，辛弃疾部下的属官都不同意，辛弃疾说："同是百姓，都是皇上的臣民啊！"就将装有粮食的船只拨十分之三给信州。宋孝宗对辛弃疾进行了表彰，并给他提官一级。

辛弃疾为人性格豪爽，崇尚气节，只要他认为是有用的人才都给以提拔，所交结的朋友大都是海内的知名人士。有一次，他曾在一份绍兴年间的诏书后面写了一段题跋说："假如这份诏书是绍兴之前颁发的，那就可以避免今天伺奉金国的奇耻大辱；假如这份诏书出现在隆兴以后，那就可以建成盖世的大功。现在，这份诏书是与仇敌同时并存，真可悲啊！"人们都非常佩服他这段题跋的精炼切要和含义深妙。他曾经说过:“人的一生在于勤劳,应当把努力耕田当作最首要的事。北方的人,维持生计的办法,不求别人,因此没有什么特别富或者特别穷的人家。南方从事工商业的人多,有害于农,因此,兼并土地的祸患就大大兴起,贫富之间就差距太大了!”因此,他用“稼”字来给自己家里的轩堂命名。他担任大理卿时,同在大理寺任职的官员吴交如死了,没有棺材收敛尸体,辛弃疾叹息说:“身在九卿之列,但却穷困到这种程度,真是一位清廉不贪取财物的官员啊!”于是厚赠吴交如家,助丧葬费,又告知执政。孝宗因此下诏赐给吴家银两和绢匹。辛弃疾曾经同朱熹一起到武夷山游玩,作了一首《九曲櫂歌》,朱熹则写了“克己复礼”和“夙兴夜寐”这两句话分别题在辛弃疾的两处书房的横匾上。朱熹死时,对伪学的禁令正严,以至朱熹的学生和原来的朋友竟没有一人去送葬。辛弃疾作了一篇祭文,前往朱熹家流涕吊唁,祭文中说:“永垂不朽,万代传名。谁说您已死去,凛凛神貌如生!”辛弃疾最擅长于填词,他的词风格悲壮激烈,有《稼轩集》流传于世。

陆 游 传

作为一位诗人，陆游在中国诗史上可以称为一座灿烂夺目的丰碑。他一生不仅写了极为巨量的诗作，而且在他的诗作中始终贯注着一个鲜明的特色，即伟大的爱国主义精神。

陆游生长在一个民族矛盾异常尖锐的时代。他虽然出身在一个世代书香的封建地主家庭，但从小就饱尝了故土沦陷、民族遭侮的耻辱，因此，在他的一生中，一直怀着对祖国的忧虑，一直没有忘记要洗雪国耻。他怀着满腔热情向南宋朝廷提出过许多抗敌复国的军事策略和政治措施，但都没有被最高统治者采纳，在政治上始终不得志。然而，政治上的失意并没有使陆游衰颓，他将自己烈火一般的爱国热情全部倾注到诗歌创作之中，写出了一首又一首感情激昂、气魄宏伟的诗篇，如同黄钟大吕震荡人心，唱出了那一时代爱国主义的强音。

陆游一生创作诗歌近万首，题材广阔，多清新之作。他的诗既能吸收前代作家的许多优点而又有新的创造，自成一家，对后代诗歌有深远的影响。

陆游，字务观，越州山阴人①。年十二能诗文，荫补登仕郎②。锁厅荐送第一③，秦桧孙埙（xūn 勋）适居其次④，桧怒，至罪主司。明年，试礼部，主司复置游前列，桧显黜之，由是为所嫉。桧死，始赴福州宁德簿⑤，以荐者除敕令所删定官⑥。

---

① 越州：今浙江绍兴。山阴：今浙江绍兴。山阴为越州属县。 ② 荫补：古代子孙因祖先有功勋可以推恩补官。登仕郎：宋代准备入选的阶官。 ③ 锁厅：即锁厅试，宋代贡举考试方式之一，现任官员参加考试，锁官厅而出。 ④ 秦桧：宋高宗时宠臣，两次为相，主和派领袖。 ⑤ 福州：今福建福州。宁德：今福建宁德。簿：即主簿，县衙属官。 ⑥ 敕令所：即编修敕令所，编修皇帝诏旨的机构。删定官：敕令所属官。

时杨存中久掌禁旅[1]，游力陈非便，上嘉其言，遂罢存中。中贵人有市北方珍玩以进者，游奏："陛下以'损'名斋[2]，自经籍翰墨外，屏而不御。小臣不体圣意，辄私买珍玩，亏损圣德，乞严行禁止。"

孝宗即位[3]，迁枢密院编修官兼领编类圣政所检讨官[4]。史浩、黄祖舜荐游善词章，谙典故，召见，上曰："游力学有闻，言论剀(kǎi 凯)切。"遂赐进士出身[5]。入对，言："陛下初即位，乃信诏令以示人之时，而官吏将帅一切玩习，宜取其尤沮格者，与众弃之。"

和议将成[6]，游又以书白二府曰："江左自吴以来[7]，未有舍建康他都者。驻跸临安出于权宜[8]，形势不固，馈饷不便，海道逼近，凛然意外之忧，一和之后，盟誓已立，

① 杨存中：南宋大将，官殿前都指挥使，任殿帅三十年。 ② 以"损"名斋：绍兴末年，高宗建书斋，题名"损斋"，贮藏经史典籍，为闲居读书休息之所。 ③ 孝宗：赵昚，绍兴三十二年，宋高宗禅位当太上皇，赵昚即位。 ④ 编修官：这是枢密院中掌编纂之事的官员。编类圣政所：即由旧有的编修敕令所改置，一种编修诏旨条例，重要政事的官署。检讨官：崇文院、史馆及修政局、圣政所内的属官。 ⑤ 赐进士出身：进士等第分五等，一、二等称及第，三等称出身，四、五等称同出身，皇帝平时也可以赐这些等第。 ⑥ 和议：指隆兴二年的宋金和议。 ⑦ 吴：指三国时代的吴国。 ⑧ 驻跸：皇帝出行，临时暂住。临安：今浙江杭州，南宋都城。

动有拘碍。今当与之约，建康、临安皆系驻跸之地，北使朝聘①，或就建康，或就临安，如此则我得以暇时建都立国，彼不我疑。”

时龙大渊、曾觌用事，游为枢臣张焘言：“觌、大渊招权植党，荧惑圣听，公及今不言，异日将不可去。”焘遽以闻，上诘语所自来，焘以游对。上怒，出通判建康府，寻易隆兴府。言者论游交结台谏，鼓唱是非，力说张浚用兵，免归。久之，通判夔州②。

王炎宣抚川、陕③，辟为干办公事④。游为炎陈进取之策，以为经略中原必自长安始⑤，取长安必自陇右始⑥。当积粟练兵，有衅则攻，无则守。吴璘子挺代掌兵⑦，颇骄恣，倾财结士，屡过误杀人，炎莫谁何。游请以玠子拱代挺⑧。炎曰：“拱怯而寡谋，遇敌必败。”游曰：“使挺遇敌，安保其不败？就令有功，愈不可驾驭。”及挺子曦（xī 希）僭叛⑨，游言始验。

---

① 北使：宋金南北对峙，故称金为北朝，其使称北使。② 夔州：今重庆奉节。③ 川：指四川。陕：指陕西。④ 干办公事：各路安抚使、制置使的属官。⑤ 长安：今陕西西安。⑥ 陇右：指陇山以西地区，即今甘肃东南部。⑦ 吴璘：南宋抗金著名将领，其子吴挺亦为重要抗金将领。⑧ 玠：指吴璘之兄吴玠，南宋著名抗金将领。⑨ 曦：即吴曦，宋宁宗时，吴曦叛宋投金，被封为蜀王，并约金共同攻宋，后为安丙等人所杀。

范成大帅蜀①,游为参议官②,以文字交,不拘礼法,人讥其颓放,因自号“放翁”。后累迁江西常平提举,江西水灾,奏:“拨义仓振济,檄诸郡发粟以予民。”召还。给事中赵汝愚驳之③,遂与祠。起知严州,过阙,陛辞,上谕曰:“严陵山水胜处④,职事之暇,可以赋咏自适。”再召,入见,上曰:“卿笔力回翰甚善,非他人可及。”

游才气超逸,尤长于诗。嘉定二年卒,年八十五。

(《宋史》卷三九五)

【翻译】

陆游,字务观,越州山阴县人。十二岁时,他就能写诗做文章;以祖上有功补官为登仕郎。后来参加贡举考试,以第一名的成绩荐举给朝廷,而当朝的宰相秦桧的孙子秦埙恰好名次在陆游的后面,秦桧大发脾气,以致处罚了主考官。第二年,参加礼部的考试,主考官又将陆游的名字排在前列,而秦桧却十分明显地予以抑黜,

---

① 范成大:孝宗时为四川制置使。 ② 参议官:制置使、安抚使下的属官。 ③ 赵汝愚驳之:《宋史》此处未著录所驳缘由,此句词意含混,如与上文连续,似因赈济饥民而起,但实际是抨击放翁“疏放”不检。 ④ 严陵:即严陵山,原为富春山,东汉严子陵隐居于此,后人故称严陵山。

因此，陆游一直为秦桧所忌恨。秦桧死后，陆游才得到福州宁德县主簿的职位，后又因为有人推荐，进了编修敕令所当删定官。

当时，大将杨存中任殿前都指挥使，执掌禁军已经有很长时间了，陆游上书极力陈述这种情况的危害。宋高宗很赞赏陆游的话，于是就罢免了杨存中殿前都指挥使之职。有宦官买了一批北方的珍贵玩物进献给高宗皇帝，陆游上奏说："陛下用'损'字作为自己书房的名字，除了书籍笔墨之外，其他的东西都屏弃不用。小臣不能体会陛下的心意，就私下购买珍贵玩物，亏损陛下的德行，请求下令严厉禁绝。"

宋孝宗继承皇帝位后，调升陆游到枢密院当编修官，并兼任编类圣政所检讨官。史浩、黄祖舜向孝宗推荐陆游，说他擅长诗词文章，对历史典故也很熟悉。孝宗召陆游进见，孝宗说："陆游学问很深，有见识，言谈议论切合实际。"于是，赐陆游进士出身。陆游应诏入对，向孝宗说："陛下刚登帝位，正是应当向人们显示诏令威信的时候，对现今官吏将帅的一切玩忽职守的习惯，应该抓住其中违旨最突出的人，当众撤职。"

隆兴二年(1164)宋金和议即将签订，陆游又写信给中书省和枢密院说："江东地区自从孙吴建国以来，从来没有抛开建康而在其他地方建都的朝代。皇上车驾停驻临安,是出于临时变通的办法。临安城地理形势不险固,军粮运输不方便,加上与海上通道靠得太近,使人不得不担心会有意外发生的危险。只要宋金和议一成,盟约誓言已经订立,那时一举一动都会受到约束阻碍。现在应当与金国约定,建康和临安都是皇帝驻跸的地方,金国的使臣来朝觐及进献礼品时,或者到建康,或者到临安。这样,我们就能够抽空闲时间来建立新的国都,他们也就不会怀疑我们了。”

当时,朝中龙大渊、曾觌掌权,陆游对枢密大臣张焘说:“曾觌、龙大渊揽权树势,培植党羽,迷惑皇帝的视听,您到今天还不讲话,以后恐怕就没办法去除他们了。”张焘立即就上奏孝宗。孝宗反问这些话是从哪里来的,张焘回答说是陆游所说。孝宗很生气,将陆游调出京城,到建康府任通判,不久又改任隆兴府通判。当时有谏官弹劾陆游,说他交结御史台和谏院的官员,挑起朝廷的是非,极力鼓动张浚对金发动军事进攻。于是,孝宗将陆游免官回乡。过了很久,才起用他到夔州担任通判。

王炎担任川、陕宣抚使时,邀请陆游到他的幕下任干办公事。陆游向王炎进献收复中原的方策,认为要收复中原,必须先收复长安,要夺取长安又必须先夺取陇右。现在应当积极储备粮食,训练士卒,敌方如有可乘之机，我们就发动进攻，没有可乘之机，我们就加强防守。吴璘的儿子吴挺代替他父亲掌握兵权，极为骄狂放纵，竭尽钱财广交天下豪俊之士，屡次因为别人的一点过失错误，就把人家杀掉，王炎也拿他无可奈何。陆游请求用吴玠的儿子吴拱代替吴挺。王炎说："吴拱这人胆小怕事而又缺少谋略，如果和敌人交战，必然失败。"陆游说："倘若吴挺遇到敌人，又怎么能保证他就不会失败呢？就算他能打胜仗建功勋，那就更没人能控制得住他了。"后来，到吴挺的儿子吴曦自称蜀王叛乱时，陆游的话开始应验了。

范成大任四川地区军事统帅时，陆游担任他的参议官，两人以文字相交，不拘礼法。同僚们讥讽议论他，说他颓唐放浪，他因而干脆以"放翁"为自己的号。后来，他又经过多次升迁，做到江南西路提举常平茶盐公事。江西发生了水灾，陆游上奏说："请朝廷批准拨出义仓中的粮食来救济灾民，并请朝廷发檄文，命令江西所属各个州郡将官仓中的粮食分发给灾民。"朝廷把陆游召回。给事中赵汝愚驳斥陆游，于是，朝廷让他请祠，赐给他一个虚职的宫观官领取祠禄。后来，陆游又起用为严州知州。路过京城时，他到宫中向皇帝告辞。宋孝宗对他说："严陵是一个山水优美的地方，你在处理完公务之后的空闲时间里，可以赋诗自娱。"不久，陆游再次被召回朝廷觐见皇帝，孝宗说："你写的诗气势回旋雄荡，不是其他人可以达到的。"

陆游的才气超群出众，特别擅长写诗。嘉定二年(1209)，去世，享年八十五岁。

文天祥传

“人生自古谁无死？留取丹心照汗青！”当人们诵读起这两句充满着浩然正气和爱国激情的诗句时，谁也不会忘记这诗句的作者，伟大的民族英雄文天祥(1236—1283)。

文天祥少年时就才气横溢，二十岁考中第一名进士。然而，他刚一登上政治舞台，就面临着蒙古军队侵入南宋疆土的严重形势。到蒙古军渡过长江进逼南宋朝廷的时刻，文天祥抛弃了个人的一切，毅然以抗敌救国为己任，毁家集兵，仗义勤王，流离颠沛，出生入死，为祖国的存亡而竭尽了个人的最大努力。最后兵败被俘，誓死不降，表现了极为崇高的民族气节。

文天祥也是一位有名的诗人，他的重要作品都收在《指南录》和《指南后录》中。他的诗沉郁悲壮，动人心魄。其中有不少杰出的作品，例如《正气歌》，几百年来一直鼓舞着人们的爱国热情，至今仍为人们所喜爱。

文天祥，字宋瑞，又字履善，吉之吉水人也[①]。自为童子时，见学宫所祠乡先生欧阳修、杨邦乂（yì 义）[②]、胡铨像，皆谥“忠”，即欣然慕之。曰：“没不俎（zǔ 组）豆其间，非夫也。”年二十举进士，对策集英殿。帝亲拔为第一。考官王应麟奏曰[③]：“是卷古宜若龟鉴[④]，忠肝如铁石，臣敢为得人贺。”寻丁父忧，归。

开庆初[⑤]，大元兵伐宋，宦官董宋臣说上迁都[⑥]，人莫敢议其非者。天祥时入为宁海军节度判官[⑦]，上书“乞斩宋臣，以一人心”。不报，即自免归。

---

① 吉：吉州，今江西吉安。吉水：今江西吉水。 ② 杨邦乂：吉水人，建炎三年（1129），拒绝金兀术劝降而死。 ③ 王应麟：宋末元初的著名学者，著有《困学纪闻》、《玉海》等多种著作。④ 龟鉴：龟，龟卜。鉴，镜子。龟鉴，比喻可资借鉴之物。⑤ 开庆：宋理宗年号。 ⑥ 董宋臣：宋理宗朝宦官，深受理宗宠爱，招权纳贿，无恶不作。 ⑦ 宁海军：节镇名，治所在杭州。

咸淳九年①，起为湖南提刑，因见故相江万里②。万里素奇天祥志节，语及国事，愀（qiǎo 巧）然曰："吾老矣，观天时人事当有变，吾阅人多矣，世道之责，其在君乎？君其勉之。"十年，改知赣州③。

德祐初④，江上报急，诏天下勤王。天祥捧诏涕泣，使陈继周发郡中豪杰，并结溪峒蛮，使方兴召吉州兵，诸豪杰皆应，有众万人，事闻，以江西提刑安抚使召入卫。其友止之，曰："今大兵三道鼓行，破郊畿，薄内地，君以乌合万余赴之，是何异驱群羊而搏猛虎！"天祥曰："吾亦知其然也。第国家养育臣庶三百余年，一旦有急，征天下兵，无一人一骑入关者，吾深恨于此。故不自量力，而以身徇之，庶天下忠臣义士将有闻风而起者。义胜者谋立，人众者功济，如此则社稷犹可保也。"

八月，天祥提兵至临安，除知平江府。天祥陛辞，上疏言："宋惩五季之乱，削藩镇，建郡邑，一时虽足以矫尾大之弊，然国亦以寖弱。故敌至一州则破一州，至一县则破一县，中原陆沉，痛悔何及。今宜分天下为四镇，建都督统御于其中。以广西益湖南而建阃（kǔn 捆）于长

---

① 咸淳：宋度宗年号。 ② 江万里：咸淳五年三月至六年正月为左丞相兼枢密使。 ③ 赣州：今属江西。 ④ 德祐：宋恭宗年号。

沙；以广东益江西而建阃于隆兴；以福建益江东而建阃于番（pó 婆）阳；以淮西益淮东而建阃于扬州。责长沙取鄂，隆兴取蕲（qí 其）、黄，番阳取江东，扬州取两淮，使其地大力众，足以抗敌。约日齐奋，有进无退，日夜以图之，彼备多力分，疲于奔命，而吾民之豪杰者又伺间出于其中，如此则敌不难却也。”时议以天祥论阔远，书奏不报。

十月，天祥入平江，大元兵已发金陵入常州矣。天祥遣其将朱华、尹玉、麻士龙与张全援常，至虞桥，士龙战死，朱华以广军战五牧，败绩，玉军亦败，争渡水，挽全军舟，全军断其指，皆溺死，玉以残兵五百人夜战，比旦皆没。全不发一矢，走归，大元兵破常州，入独松关①。宜中、梦炎召天祥弃平江②，守余杭。

明年正月，除知临安府。未几，宋降，宜中、世杰皆去③。仍除天祥枢密使。寻除右丞相兼枢密使，使如军中请和，与大元丞相伯颜抗论皋亭山④。丞相怒拘之，偕左丞相吴坚、右丞相贾余庆、知枢密院事谢堂、签书枢密院家铉翁、同签书枢密院事刘岊（jié 节），北至镇江。天

---

① 独松关：在今浙江安吉南。 ② 陈宜中、留梦炎：当时分任右丞相与左丞相。 ③ 张世杰：宋末抗元名将，最后兵败溺死。 ④ 皋亭山：在今杭州北。

祥与其客杜浒十二人，夜亡入真州[①]。苗再成出迎，喜且泣曰："两淮兵足以兴复，特二阃小隙[②]，不能合从耳。"天祥问："计将安出？"再成曰："今先约淮西兵趋建康，彼必悉力以捍吾西兵。指挥东诸将，以通[③]、泰兵攻湾头[④]，以高邮[⑤]、宝应[⑥]、淮安兵攻扬子桥[⑦]，以扬兵攻瓜步，吾以舟师直捣镇江，同日大举。湾头、扬子桥皆沿江脆兵，且日夜望我师之至，攻之即下。合攻瓜步之三面，吾自江中一面薄之，虽有智者，不能为之谋矣。瓜步既举，以东兵入京口，西兵入金陵，要浙归路，其大帅可坐致也。"天祥大称善，即以书遗二制置，遣使四出约结。

天祥未至时，扬有脱归兵言："密遣一丞相入真州说降矣。"庭芝信之，以为天祥来说降也。使再成亟杀之。再成不忍，绐（dài 怠）天祥出相城垒，以制司文示之，闭之门外。久之，复遣二路分觇（chān 搀）天祥[⑧]，果说降者即杀之。二路分与天祥语，见其忠义，亦不忍杀，以兵二十人道之扬。四鼓抵城下[⑨]，闻侯门者谈，制置司下令

① 真州：今江苏仪征。 ② 二阃：指淮东制置使李庭芝（驻扬州）与淮西制置使夏贵（驻庐州）。 ③ 通州：今江苏南通。 ④ 泰州：今江苏泰州。 ⑤ 高邮：今江苏高邮。 ⑥ 宝应：今江苏宝应。 ⑦ 淮安：今江苏淮安。 ⑧ 路分：即路分都监的简称，官名，当时是虚衔或闲职。 ⑨ 四鼓：即四更，更是古时的夜间计时单位，一更约两个小时。

备文丞相甚急，众相顾吐舌，乃东入海道，遇兵，伏环堵中得免。然亦饥莫能起，从樵者乞得余糁（sǎn 伞）羹。行入板桥，兵又至，众走伏丛篠（xiǎo 小）中，兵入索之，执杜浒、金应而去。虞侯张庆矢中目，身被二创，天祥偶不见获。浒、应解所怀金与卒，获免，募二樵者以蒉荷天祥至高邮，泛海至温州①。

闻益王未立②，乃上表劝进③，以观文殿学士、侍读召至福，拜右丞相。寻与宜中等议不和，乃以同都督出江西，遂行，收兵入汀（tīng 厅）州。十月，遣参谋赵时赏、咨议赵孟溁（yíng 营）将一军取宁都④，参赞吴浚将一军取雩（yú 于）都⑤，刘洙（zhū 朱）、萧明哲、陈子敬皆自江西起兵来会。邹渢（féng 冯）以招谕副使聚兵宁都，大元兵攻之，渢兵败，同起事者刘钦、鞠华叔、颜斯立、颜起岩皆死。武冈教授罗开礼⑥，起兵复永丰县⑦，已而兵败被执，死于狱。天祥闻开礼死，制服哭之哀。

至元十四年正月⑧，大元兵入汀州，天祥遂移漳州，乞入卫。时赏、孟溁亦提兵归，独浚兵不至。未几，浚

---

① 温州：今浙江温州。 ② 益王：即宋端宗赵昰，当时在福州。 ③ 劝进：指劝人做皇帝。 ④ 宁都：今江西宁都。 ⑤ 雩都：今江西于都。 ⑥ 武冈：今湖南武冈。 ⑦ 永丰：今江西永丰。 ⑧ 至元：元世祖年号。《宋史》为元人修，故用元年号，时为宋端宗景炎二年。

降，来说天祥。天祥缚浚，缢（yì艺）杀之。七月，遣参谋张汴、监军赵时赏、赵孟溁等盛兵薄赣城①，邹㵾以赣诸县兵捣永丰，其副黎贵达以吉诸县兵攻泰和②。吉八县复其半，惟赣不下。临洪诸郡③，皆送款。潭赵璠（fán烦）、张虎、张唐、熊桂、刘斗元、吴希奭（shì是）、陈子全、王梦应起兵邵④、永间⑤，复数县，抚州何时等皆起兵应天祥⑥。分宁、武宁⑦、建昌三县豪杰⑧，皆遣人如军中受约束。

江西宣慰使李恒遣兵援赣州，而自将兵攻天祥于兴国⑨。天祥不意恒兵猝（cù促）至，乃引兵走，即邹㵾于永丰。㵾兵先溃，恒穷追天祥方石岭⑩。巩信拒战，箭被体，死之。至空坑⑪，军士皆溃，天祥妻妾子女皆见执。时赏坐肩舆⑫，后兵问谓谁，时赏曰："我姓文。"众以为天祥，禽之而归，天祥以此得逸去。

---

①赣城：即赣州。②泰和：今江西泰和。③临洪诸郡：指临近洪州（今江西南昌）的抚州、临江军、袁州、筠县等州军。④邵州：今湖南邵阳。⑤永州：今湖南永州零陵。⑥抚州：今江西抚州。⑦分宁：今江西修水。武宁：今江西武宁。时属隆兴府。⑧建昌：今江西永修，时属南康军（治今江西星子）。⑨兴国：今江西兴国，时属赣州。⑩方石岭：在今江西吉安南、兴国东北几十公里之东固。⑪空坑：在今江西永丰境内。⑫肩舆：即轿子。

天祥收残兵奔循州①，驻南岭②。黎贵达潜谋降，执而杀之。至元十五年三月，进屯丽江浦③。八月，加天祥少保、信国公。军中疫且起，兵士死者数百人。天祥惟一子，与其母皆死。十一月，进屯潮阳县④。十二月，趋南岭。天祥方饭五坡岭⑤，张弘范兵突至⑥，天祥仓皇出走，千户王惟一前执之。天祥吞脑子，不死。邹㵯自颈，众扶入南岭死。官属士卒得脱空坑者，至是刘子俊、陈龙复、萧明哲、萧资皆死，杜浒被执，以忧死。惟赵孟溁遁，张唐、熊桂、吴希奭、陈子全兵败被获，俱死焉。

天祥至潮阳，见弘范，左右命之拜，不拜，弘范遂以客礼见之，与俱入厓山⑦，使为书招张世杰。天祥曰："吾不能捍父母⑧，乃教人叛父母，可乎？"索之固，乃书所《过零丁洋》诗与之。其末有云："人生自古谁无死？留取丹心照汗青！"弘范笑而置之。厓山破，遣使护送天祥至京师⑨。

天祥在道，不食八日，不死，即复食。至燕，馆人供张甚盛，天祥不寝处，坐达旦，遂移兵马司，设卒以守之。

---

① 循州：今广东龙川西。② 南岭：在循州境内；下文之南岭在海丰北。③ 丽江浦：在今广东海丰南。④ 潮阳县：今广东潮阳。⑤ 五坡岭：山名，在今广东海丰北。⑥ 张弘范：当时为蒙古汉军都元帅。⑦ 厓山：在今广东新会。⑧ 父母：指君主、皇帝。⑨ 京师：指元的首都大都，今北京。

时世祖皇帝多求才南官，王积翁言①：“南人无如天祥者②。”遂遣积翁谕旨，天祥曰：“国亡，吾分一死矣。”积翁欲合宋官谢昌元等十人请释天祥为道士，留梦炎不可，曰：“天祥出，复号召江南③，置吾十人于何地！”事遂已。天祥在燕凡三年，上知天祥终不屈也，与宰相议释之，有以天祥起兵江西事为言者，不果释。

至元十九年，有闽僧言土星犯帝坐，疑有变。未几，中山有狂人自称“宋主”④，有兵千人，欲取文丞相。京城亦有匿名书，言某日烧蓑（suō 缩）城苇，率两翼兵为乱，丞相可无忧。时盗新杀左丞相阿合马，命撤城苇，迁瀛国公及宋宗室开平⑤，疑丞相者天祥也。召入谕之曰：“汝何愿？”天祥对曰：“天祥受宋恩，为宰相，安事二姓？愿赐之一死足矣。”然犹不忍，遽麾之退。言者力赞从天祥之请，从之。俄有诏止之，天祥死矣。天祥临刑殊从容，谓吏卒曰：“吾事毕矣。”南乡拜而死⑥。数日，其妻欧阳氏收其尸，面如生，年四十七。其衣带中有赞曰：“孔曰成仁，孟曰取义，惟其义尽，所以仁至。读圣贤书，所

---

① 王积翁：宋官降元者。 ② 南人：指南宋之人。元分境内人为四等：蒙古、色目、汉人、南人。 ③ 江南：指长江以南地区。 ④ 中山：即定州，今河北定州。 ⑤ 瀛国公：即宋恭帝，1274 年即位，1276 年奉表降元，后出家为僧。 ⑥ 南乡：南宋都城临安在北京之南，南乡表示怀念南方故国。

学何事，而今而后，庶几无愧。”

（《宋史》卷四一八）

【翻译】

文天祥，字宋瑞，又字履善，吉州吉水县人。当他还是儿童的时候，看到学校里供奉祭祀着同乡先辈欧阳修、杨邦乂、胡铨的画像，他们的谥号中都有“忠”字，就非常羡慕他们。他说：“如果死后不能在他们中间一同享受祭奉，那就不是大丈夫。”二十岁时，文天祥考中了进士，在集英殿考策论，皇帝亲自提升为第一名。考官王应麟上奏章时说：“这份卷子所讲的古朴道理就像龟鉴一样，忠诚的心像铁石一样，我为陛下获得人才而表示祝贺。”不久，因父亲去世，他回到家中。

开庆初年（1259），元朝的军队进攻宋朝，宦官董宋臣劝理宗迁移首都，没有人敢说他的建议不对。当时，文天祥任宁海军节度判官，向皇帝上奏书说：“请杀掉董宋臣，以便统一人心。”朝廷没有答复，他就自己辞职回家了。

咸淳九年（1273），朝廷起用文天祥为湖南提刑，他因而见到从前的宰相江万里。江万里一直很看重文天祥的志气节操，与他谈到国家大事时，神情黯淡地说：

“我已经老了，看来天时、人事都会有变化。我见过的人多了，振兴国家的责任，恐怕就要落在你的身上了吧？希望你努力去做。”咸淳十年(1274)，文天祥改任赣州知州。

德祐初年(1275)长江上的守将告急，朝廷下诏书，号召天下的人勤王。文天祥捧着诏书，流下了眼泪，他让陈继周发动州郡里的豪杰，并且联络溪峒少数民族，又派方兴召来吉州的部队，赣州各地的豪杰都响应他的号召，于是聚集了一万人。文天祥将这一情况上报后，朝廷任命他为江西提刑安抚使，召唤他进京保卫朝廷。他的朋友制止他入朝，说：“现在，元朝的军队分三路行进，攻破京城附近地区，直逼内地。你用一万多乌合之众前去迎战，这和赶着一群羊去和猛虎搏斗有什么区别呢？”文天祥说：“我也知道是这样。但是，国家培养教育大臣和百姓已有三百多年，一旦有紧急情况，征召天下的部队，却没有一个人响应，我对这种情况极为痛恨。所以不自量力，要亲自奔赴国难，这样，天下的忠臣义士将会有闻风而起的。在道义上占有优势，计划才能确立；人数多，事情就可以办成，这样的话，国家还可以保存下来。”

八月，文天祥率领部队到达临安，被任命为平江知府。文天祥上殿告辞，上疏说：“宋朝鉴于五代的混乱，削去藩镇，建立郡县，虽然暂时足以矫正藩镇尾大不掉的弊病，但是国家却因此衰弱了。所以敌人到一个州就攻破一个州，到一个县就攻破一个县，遂至中原沦陷，痛恨后悔也来不及了。现在应当把天下分为四镇，各自设立都督加以统率管理。以广西加上湖南为一个镇，都督府设在长沙；以广东加上江西，在隆兴设立都督府；以福建加上江东，在番阳设立都督府；以淮西加上淮东，在扬州设立都督府。责成长沙都督府攻取鄂州，隆兴都督府攻取蕲州、黄州，番阳都督府攻取江东，扬州都督府攻取两淮地区，使他们地大人多，足以抵抗敌人。然后，约定日期，四个镇一齐发动，有进无退，日夜不停地进攻。敌人多处防备就力量分散，疲于奔命，而我们人民中间的豪杰们又乘机出没在敌人中间，这样，敌人就不难被打退了。”当时朝廷中的议论认为文天祥的建议空洞不实际，奏疏虽上了，却没有答复。

十月，文天祥到达平江，元朝的部队已经离开金陵进入常州了。文天祥派遣部将朱华、尹玉、麻士龙同张全去支援常州。到达虞桥，与元军交战，麻士龙战死，朱华率领广军在五牧与元军交战，也被元军打得大败，尹玉的部队也失败了。败军都抢着渡河，跳入水中，攀住张全部队的船舷，张全的军士砍断他们的手指，结果全部淹死。尹玉率领残军五百人，在夜里和元军交战，到早晨时全部被消灭。张全的部队一箭不发逃回。元军于是攻破常州，进入独松关。陈宜中、留梦炎召呼文天祥放弃平江府，去坚守余杭县。

第二年正月，文天祥被任命为临安知府。没有多久，宋朝皇帝投降，陈宜中、张世杰都离开了临安。朝廷就任命文天祥为枢密使，接着又任命为右丞相兼枢密使，派他到元军去讲和。他和元朝丞相伯颜在皋亭山争执起来，伯颜丞相发怒，扣留了他，把他和左丞相吴坚、右丞相贾余庆、知枢密院事谢堂、签书枢密院事家铉翁、同签书枢密院事刘岊等人一起押送北行。到达镇江，文天祥与他的门客杜浒等十二人，在夜里逃入真州。守将苗再成出来迎接他们，高兴地流着泪说："两淮的部队足以发动起来收复失地，就是两位元帅有些矛盾，不能够联合行动。"文天祥问："那你说怎样办呢？"苗再成说："现在先联络淮西的部队，让他们向建康进发，他们一定会全力抵御我们西面的敌军。我们便可以指挥东面的将领们，用通州、泰州的部队攻打湾头，用高邮、宝应、淮安的部队攻打杨子桥，用扬州的部队攻打瓜步，我用水军直捣镇江，同一天大举进攻。守卫湾头、杨子桥的，都是长江边上的弱兵，而且日夜盼望我军的到来，所以可以很快攻下两地。然后在陆上三面合攻瓜步，我从江中攻击它的另一面，就是有智能之士，也无法为他们出谋解救了。瓜步攻克以后，用东面的部队攻入京口，西边的部队攻入金陵，截断元军从浙江返回的路，他们的大帅就会被我们稳稳擒来了。”文天祥大声赞好，马上写信给两个制置使，派遣使者四出去联络约定此事。

还在文天祥没有到真州的时候，有一个逃回扬州的士兵说：“元军已经秘密派一位丞相到真州劝宋将投降了。”李庭芝相信了他的话，以为文天祥就是来劝降的人，让苗再成赶快杀掉他。苗再成不忍心这样做，便骗文天祥出城去看城上的堡垒，把制置司的公文给他看后，把他关在城门之外。过了很长时间，苗再成又派了两位路分官来试探文天祥，如果他真是劝降的人，就把他杀掉。两位路分官和文天祥交谈后，看到了他的忠义之心，也不忍心杀他，于是派兵二十人，引导他去扬州。四鼓时分，他们一行到达扬州城下，正好听到等候开城门的人们说，制置司紧急下令，防备文丞相。大家互相看着，吃惊得吐舌头，于是向东走上入海的道路。中途遇到军队，他们躲在四周土墙中才得以逃脱。但是，已饿得爬不起来了，好容易才向樵夫讨到一点吃剩的米粥来充饥。走到板桥，军队又来了，大家躲藏在小竹丛中，军队进来搜索，把杜浒、金应抓走了。虞侯张庆眼睛被箭射中，身上中了两箭，文天祥侥倖未被捉到。杜浒、金应把怀里的金子送给抓他们的兵丁，才得以被释放，找到两个樵夫，用草筐子抬着文天祥走到了高邮，又从海路到达温州。

文天祥听说益王还没有立为皇帝，便上表劝进，被任命为观文殿学士、侍读，召到福州，任命他为右丞相。不久，由于和陈宜中等人意见不一致，七月，文天祥被命担任同都督去江西，于是离开了福州去上任，收集部队进入汀州。十月，文天祥派参谋赵时赏、咨议赵孟溁率领一支部队攻打宁都，参赞吴浚率领一支部队攻打雩都，刘洙、萧明哲、陈子敬等人都从江西率领部队来汀州会合。邹㵯以招谕副使的身份在宁都聚集部队，元军进攻宁都，邹㵯的部队失败，一同起事的刘钦、鞠华叔、颜斯立、颜起岩等都战死了。武冈的县学教授罗开礼起兵收复了永丰县，不久战败被俘，死在监狱中。文天祥听到罗开礼的死讯，穿上丧服，悲伤地哭着祭奠他。

至元十四年(1277)正月，元军进入汀州，文天祥率部转移到漳州，上书请求入朝保卫皇上。赵时赏、赵孟溁也率领部队回到漳州，只有吴浚的部队没有到。不多久，吴浚投降元军，被派来劝说文天祥投降。文天祥把吴浚捆起来，勒死了他。七月，文天祥派遣参谋张汴、监军赵时赏、赵孟溁等率领大军进逼赣州城。邹㵯率领赣州各县的兵攻打永丰县，他的副手黎贵达率领吉州各县的兵攻打泰和县。吉州八个县，被他们收复了一半，只有赣州城没有攻下来。洪州附近的各州，也都派人来表示投诚。潭州的赵璠、张虎、张唐、熊桂、刘斗元、吴希奭、陈子全、王梦应在邵州、永州之间起兵，收复了几个县。抚州的何时等人也组织部队响应文天祥的行动。分宁、武宁、建昌三县的豪杰，都派人到文天祥军中，表示愿意听从指挥。

元朝的江西宣慰使李恒派遣部队支援赣州，自己率领部队到兴国去进攻文天祥的部队。文天祥没有料到李恒的部队突然来到，便率领部队转移，去永丰会合邹㵯的部队。而邹㵯所部却已经先自溃散了。李恒率部穷追文天祥，直追到方石岭。巩信抗击元军，身上中满了箭，战死了。文天祥走到空坑时，军士们都惊慌逃散了，他的妻子、妾和儿子、女儿也都被元兵俘虏。赵时赏坐在轿子里，后面的追兵问他是谁，赵时赏说："我姓文。"元兵以为是文天祥，就把他俘虏走了，文天祥因此得以逃脱。

文天祥收集残部奔往循州，驻扎在南岭。黎贵达暗地打算投降，被文天祥捉住杀死。至元十五年(1278)三月，文天祥率军进驻丽江浦。八月，朝廷给他加官少保、信国公。这时，部队中瘟疫流行，士兵死亡数百人。文天祥唯一的一个儿子，连同他的母亲，也都因瘟疫而死。十一月，文天祥率部进驻潮阳县。十二月，又转移到海丰北面的南岭。一天，正当他们在五坡岭吃饭时，元朝张弘范的部队突然来到，文天祥仓皇逃走，元军千户王惟义上前捉住了他。文天祥吞下脑子自杀，却没有死。邹渢自杀，人们把他扶到南岭就死去了。到这时，逃脱空坑之难的文天祥的部属和士兵中，刘子俊、陈龙复、萧明哲、萧资都死了。杜浒被捉住，忧愤而死。只有赵孟溁逃走，而张唐、熊桂、吴希奭、陈子全作战失败被俘，也都死了。

文天祥被押到潮阳，见到张弘范。张弘范左右的人叫他下拜，文天祥不肯，张弘范于是用见客人的礼节见他，带着他一同到了厓山，让他写信劝张世杰投降。文天祥说："我不能够保护皇上，而教别人背叛皇上，行吗？"张弘范坚持要他写信，文天祥便写下他过零丁洋时作的诗交给张弘范，诗的末句说："人生自古谁无死？留取丹心照汗青！"张弘范笑笑，就不再难为他了。厓山被攻破以后，张弘范派人护送文天祥去京城大都。

在路上，文天祥绝食了八天，没有死，只好恢复饮食。到北京后，宾馆的接待和供应很隆重丰盛，文天祥不睡觉，坐到天明。元朝于是把他转移到兵马司，派兵看守他。当时，元世祖常从南宋的官吏中寻求有才能的人，王积翁说："南人没有能比得上文天祥的。"世祖就派王积翁去向文天祥宣告皇帝的意思，文天祥说："国家灭亡了，一死就是我的分内事了。”王积翁要集合南宋投降的官员谢昌元等十个人，一道去请求元世祖释放文天祥，让他做道士。留梦炎认为不行，说：“文天祥出去以后，又去号召江南的人反抗，那我们十个人将处在什么地位呢？”这事于是中止。文天祥在北京共住了三年，元世祖知道文天祥终究不会屈服，便和宰相商议，要释放他，有人说起文天祥在江西起兵的事，结果没有获得释放。

至元十九年(1282)，有个福建的和尚说，天象上土星侵犯帝座，可能要有事变。不多久，中山有一个狂人，自称“宋主”，拥有一千多士兵，要夺取文丞相。京城也有人投匿名信，说某天要烧掉覆盖城墙的芦苇，率领两翼的士兵发动兵变，丞相可以不必忧虑。当时，盗贼刚杀了左丞相阿合马，元世祖于是下令撤去覆盖城墙的芦苇，把瀛国公和南宋宗室的人迁到开平，同时怀疑所谓的丞相就是文天祥。于是召他入朝，对他说：“你有什么愿望？”文天祥回答说：“我蒙受宋朝的恩典，担任宰相，怎么能服事另一个姓的人呢？希望让我死就满足了。”元世祖还不忍心杀他，马上让他退下去。有人上言，极力赞成满足文天祥的请求，元世祖同意，但过了一会儿，又下诏书停止杀他，可是文天祥已经死了。文天祥临受刑前很从容，对看守人员和士兵们说：“我的事情已经了了。”向南朝拜后死去。几天后，他的妻子欧阳氏去收殓他的尸体时，见他的脸色依然如生前一样。他死时年纪才四十七岁。在他束衣服的衣带中，有一篇《赞》说：

孔子说：杀身以成仁，
孟子说：舍身而取义。
正因尽到了人生应尽的大义天职，
才能达到至高无上的仁人境地。
读孔孟圣贤的经书，
所学的该是什么呢？
今日为国就义而死，
此心也就可以无愧。

《古代文史名著选译丛书》编纂始末①

马樟根　安平秋

今年1月,《古代文史名著选译丛书》已经出到100种101册(其中《史记》为2册)。4月份,最后的33种也已交稿。这样,全书133种即将呈献在读者面前。② 一项服务当前、造福子孙的普及优秀古代文化、进行爱国教育的大工程将宣告完工了。回想

① 《古代文史名著选译丛书》由全国高校古籍整理研究工作委员会主持,古委会直接联系的18个古籍整理研究所为主要承担机构,章培恒、安平秋、马樟根任主编。本文于1992年4月,在《中国典籍与文化》杂志发表时题目是《衣带渐宽终不悔——〈古代文史名著选译丛书〉编纂始末》。这次将此文作为2011年修订版附录时,去掉原正标题,以原副标题为正式题目。 ② 至1994年4月最后定稿时,全书为135部。2011年修订版出版时,全书为134部。

这一套丛书动员18所院校，投入100余人，从1985年筹划，1986年起步，到今天已度过了六七年的岁月，个中甘辛令人难以忘怀。

一、北大·苏州·北大
——酝酿与筹划

编纂这样一套丛书，起因于1981年7月。当时陈云同志派人到北京大学召开了小型座谈会。来人告诉与会人员陈云同志最近在考虑两个问题：一个是粮食，一个是古籍整理。对古籍整理，特别讲到陈云同志说："整理古籍，为了让更多的人看得懂，仅作标点、注释、校勘、训诂还不够，要有今译，争取做到能读报纸的人多数都能看懂。有了今译，年轻人看得懂，觉得有意思，才会有兴趣去阅读。今译要经过选择，要列出一个精选的古籍今译的目录，不要贪多。"这就是后来收入《陈云文选》的那段话。1981年9月，中共中央关于整理我国古籍的文件中一字不差地强调了这段话。1983年，教育部成立了全国高校古籍整理研究工作委员会（简称古委会）。古委会主任周林同志根据中央和陈云同志意见，提出了组织力量今译古籍。但在当时，经过"文革”后的古籍整理工作百废待兴，加之一些学者对今译重要性的认识远非今日之深，这一工作一拖便是两年。

1985年5月，全国高校古委会在苏州召开了一届二次会议。周林同志在会上作了“人才培养和古代文化遗产普及问题”的专题发言，他分析了“解放三十多年来，由于‘左’的路线干扰，特别是‘文化大革命’，几乎使我们的民族文化到了中断的边缘，出现了对古代文化知之不多，或知之甚少的状况”，要教育界的同志“做好普及古代文化知识的工作”，搞好古籍的今注今译就是其中的一项重要任务，“高校古委会要在这方面多下功夫”，“高校古籍研究所无疑应担负起这个任务”。他针对当时一些人轻视古籍的今注今译思想，呼吁“我们对于选本、今译等有利于教育普及的东西，应承认它的学术价值”，“《昭明文选》、《唐诗三百首》、《古文观止》等是地道的选本，流传几百年，发生那么大的影响，能说没有水平?”“专家们深入浅出的在对古文献研究基础上的译注，对普及古代优秀文化作出重大贡献，算不算高水平的成果呢?”“古文既要译得恰当、准确，又要通畅易懂，难度是很大的”，“为了社会主义精神文明建设，古籍整理这方面也要作出应有的贡献”。一石激浪，沉寂了几年的今译古籍的话题又重新活跃起来。会上作了一番认真讨论。

经过这样的酝酿，1985年7月，全国高校古委会科研项目评审组的专家们聚集在北京大学勺园，筹划编纂一套古籍今译的精选本。初步定名为《古籍今译丛书》，议定了收书范围、内容，开列了65种书的选目。并决定由科研项目专家评审组召集人、复旦大学古籍所所长章培恒教授和参加过陈云同志在北大召开座谈会、当时古委会主管科研工作的副秘书长安平秋同志共同负责，与秘书处同志一起具体筹划。经几个月的筹备，决定由古委会直接联系的18个高校古籍研究所承担这一工作，组成编委会，并开列出89种书的选目，对选译的进度、规划亦作了设计。此时，几家出版社闻讯而至，表示愿意出版这套丛书。最早与我们联系的巴蜀书社的段文桂社长以其强烈的事业心和对古籍今译的高度重视感动了我们，于是决定邀请巴蜀书社编辑参加第一次编委会议。

二、从柳浪闻莺到桂子山上

——第一批书稿的产生

第一次编委会于1986年5月在杭州柳莺宾馆

召开。宾馆因位于西湖十景之一的柳浪闻莺而得名。全国高校18个研究所的24名学者和有关人员聚集在这风景胜地，无心观柳，亦无从闻莺，紧张地工作了三天。会上确定了这套普及读物的读者对象是具有中等以上文化程度的广大群众，收书范围是中国历代文史名著，在名著之中选精。所选书目，在原拟89种基础上，调整为116种，以形成系统性。书中选篇之下分提示、原文、今译、注释四部分，以译文为主，书前有一前言，书中加入必要的插图。每一种书约10—15万字。书名确定为《古代文史名著选译丛书》。即由到会的24位学者组成丛书编委会①，由章培恒、马樟根、安平秋三人任主编。于是，编委会立即分成三个工作小组，在会上分头拟出丛书《凡例》、《编写、审稿要求》和《文稿书写格式》，经讨论修改而形成了正式文字以供遵循。在

① 编委会成员按姓氏笔划排列为：
马樟根　平慧善　安平秋　刘烈茂　许嘉璐　李国祥
金开诚　周勋初　宗福邦　段文桂　董治安　倪其心
黄永年　章培恒　曾枣庄（以上为常务编委）
王达津　吕绍纲　刘仁清　刘乾先　李运益　杨金鼎
曹亦冰　常绍温　裴汝诚（以上为编委）

自报的前提下，会上确定了由18个研究所承担前40部书的今译任务，要求当年年底完成。古委会主任、丛书顾问周林同志对编委会的认真精神、紧张工作和显著效率十分赞赏，他说："有这样一个编委会，有这样一个阵容来做选译，使中国历史文化不成为专属于少数人的知识，使能看报纸的人都读懂自己民族的名著，从而树立爱国主义、建设有民族特色的精神文明，其意义之深远将会在今后愈益显露出来。"于是，有1000余万字的大工程便从这里开始了。

当年年底各研究所的今译书稿经作者完成后，由在该所的编委审改，到1987年5月和7月，先后在复旦大学、北京大学两次召开编委审稿会。这种审稿会，说是审稿，实际上是边审边改，字斟句酌，每部书稿必须经一位编委、一位常务编委审改把关，经过这样两道工序，汇总到主编手中，40部书稿通过了25部。其中部分书稿赶印了样稿征求意见。于是周林同志于7月6日在北大临湖轩邀请了在京十几位专家与正在审稿的编委一起研究样稿，探讨如何提高这套今译丛书的质量。

根据编委审稿发现的问题和在京专家们的意

见，从书亟需在已定体例的框架中条列细则；而出版单位巴蜀书社又希望所出版的第一批书为50种以便形成格局，需要布置各研究所承担新的今译任务。这样，1987年10月在华中师范大学再次召开了编委会，又请了詹锳、周振甫、刘乃和、郭预衡等先生到会指导。

这次编委会是在审看了40部书稿后，发现了一大批问题亟待解决，又是在需要布置下一步任务的状况下召开的，是一次承上启下的编委会。会议初期人们的心情和会上的气氛都带有一股子严峻与急切。会议从5日到8日开了三天半。但是在4日晚上开预备会的时候，主编章培恒先生尚未到会，亦无他是否已从上海出发的信息。5日上午就要开会了，主编不到怎么行呢？5日一早，我们还在沉睡之中，忽听有人敲门，进来的竟是章培恒！一向风神儒雅、衣装考究的章培恒先生，此时却是一身尘灰、满脸疲惫地站在我们面前。原来他从上海出发前，未能买到机票或船票，而上海到武汉又没有直达火车，只好先从上海坐火车到长沙，为了不误5日上午开会，他只好买了一张无座票，夜间从长沙出发一直站到武昌。一向走路辨不清方向的章培恒竟然在夜色未退之前一人从车站摸到了华中师大专家楼，也算是奇迹。

这次编委会，从体例的具体要求、书中选篇是否合适、每篇中的提示如何写、注释的繁简和语言的通俗性，到今译的信达雅如何把握，例如李白的“床前明月光，疑是地上霜，举头望明月，低头思故乡”这样通俗的诗是否要翻译，在在都有热烈的争论。感谢编委们的努力和学术判断力，最后终于形成了一个《细则》，一切争论都统一在这个《细则》之上。编委们在思想明确、分得新的任务之后，显出了少有的轻松与喜悦。会议结束正逢中秋节，华中师大的专家楼坐落在武昌桂子山上。入夜，桂子山上举行了赏月茶会，几张方桌，围坐着全体编委和特邀到会专家。天上明月如盘，清辉洒地，眼前桂树葱茏，桂花飘香，华中师大古籍研究所的青年们活跃席间，引得王达津先生即席赋诗，刘乃和先生清唱京戏。这气氛预示着《古代文史名著选译丛书》克服了当前的困难，第一批50种书稿有如母腹中的胎儿，快要降生了。

三、华清池畔的愁云与人民大会堂的欢欣

——第一批书出版的柳暗花明

1988年10月，编委们再一次聚会，审定第一批

50种中的最后十几部书稿、修改第二批50种中的大量书稿。这次审稿是在“东枕华山、西拒咸阳”的骊山脚下、华清池滨的一家招待所。这里古朴而不豪华，食宿低廉却又实惠，审稿之余，左近有风景可观，有古迹可寻，房内有43℃的温汤沐浴，编委们平日在校教学、科研工作劳累而生活清苦，如今有这样的环境与条件，感到少有的惬意。我们作为主编觉得这也是对编委们两年来辛勤编书的一点补偿。但这种适意之感很快就被两件事所驱散。一件事是书稿的质量。几十部书稿交来，一经审看，从注译到体例完全合格的只有寥寥可数的三四部，余下的，或需小改，或需大改，或根本不合格需退回重作。另一件事是出版发行成了问题。到会的巴蜀书社副社长黄葵同志向大家通报了即将印出的16本书征订情况，最多的为2000册，且只有一种，其他的只有800册、600册，甚至还有200余册。征订不佳，销路不畅，出书要赔钱，出版社为难，编委们又无计可施。此时哪还有心思去观赏“骊山云树郁苍苍，历尽周秦与汉唐”？也无心绪登上骊山，在烽火台前怀古。且正值“楼台八月凉”的节令，只有华清池畔秋雨飘零，秋风瑟瑟，落叶满地，不禁愁从中来。

愁则愁，还得面对现实。书稿质量不高，靠到会近20位编委十余天的逐字逐句修改，终于改定合格17部。至于出版发行问题，巴蜀书社的朋友费心经营，重新设计了封面，改进装帧，将第一批50种装成一个大礼品盒，成盒出售。从中又得到了国家新闻出版署、四川省出版局、国家教委有关司局和各省市教委的大力支持与帮助，发行面得以扩大，到了1990年下半年，首印的17000套书销售已尽，而问讯、索购者不绝，出版社决定再印30000套以供读者需要。中央领导了解到这套丛书受到读者欢迎，欣然为丛书题辞，江泽民总书记的题辞是“做好我国古代文史名著的传播普及工作，使其古为今用，以发扬爱国主义精神”，李鹏总理的题辞是“弘扬民族优秀文化，激励爱国主义精神”。李瑞环同志也为丛书题了辞。

1990年8月22日在北京人民大会堂召开了《古代文史名著选译丛书》出版座谈会。国家领导人李铁映、胡乔木、李德生、陈丕显、廖汉生、王汉斌、王光英出席，古委会主任周林同志主持会议，到会各阶层代表在发言中从不同角度肯定了这套书对促进青少年了解历史、了解国情、了解中华民族优秀传统文化、进行爱国主义教育的作用。时值盛夏，却逢喜雨，洗却了编委和出版社同志心中的忧虑，参加大会堂座谈会的13名常务编委会后又聚集在北京大学讨论深入认识编纂这套丛书的重大意义，研究审改好第二批书稿的具体措施。

四、从舜耕山庄耕作到乐山脚下

——第二批书稿审定之艰辛

第二批书稿50种50册，是1987年10月布置的。1988年10月在西安审改合格的17部书稿都已放入第一批中以替换原已通过的第一批中质量较差的书稿。这样，第二批书稿当时余下的已完成的有20余部，却都不合格，只能要求译注者和编委再行修改。一年之后，编委会汇总来重新改好和新译注交来的第二批书稿44部，1989年10月于济南千佛山下的舜耕山庄召开了常务编委审稿会。

这次审稿，发现的问题较多。有的选目不当，如有的史书重要人物的传不选却选入无关紧要而又无学习价值的人物传，有的名家的文章名篇不选却选入既无文学价值又无借鉴意义的篇章。有的选译所依据的底本不当，舍弃现有的精校本却用校勘不善的本子。有的虽有根据地改动正文却只在注释中说“原作……据别本改”，而不指明据何本改。有的注释过繁，不利于一般读者阅读；有的注释极简，该注释的地方不注，使广大读者看了译文仍无法理解全文的精妙；而更多的是注释不准确，对一字一词增字为训而歪曲了原意的毛病也较普遍。译文问题更多，有的语义不清，佶屈聱牙，把“三顾频烦天下计，两朝开济老臣心”译为“三顾茅庐频烦为天下大计，两朝事业开济尽老臣忠心”，有的为追求通俗生动把“君何往”中的“君”译为“老兄”。每篇的提示，有的写得很长变成了文章赏析，有的虽短却不中肯綮，用了类似“文革”期间的语言扣几顶大帽子了事。看这样的稿子都觉头痛，改这样的稿子更感艰难。审稿历时12天，参加审稿、当时63岁的黄永年先生向我们诉苦：“头发掉了一把！”有的编委说，千佛山古称历山，传说舜在这里开垦耕耘，十分艰辛，我们住在舜耕山庄，预示着我们为这套丛书垦荒笔耕，也要历尽千辛。这次审稿，经过审改之后，有10部书稿合格，有11部需会后再作小的修改方能通过，余下的均需作大的改动或另请人译注。

这次审稿还研究了所选戏曲部分的曲辞如何今译问题，如规定了念白中出现的诗句只注不译，上、下场诗只注不译，注而不译的文字在译文中应予保留以便参读。

到1990年12月，丛书常务编委在广州研究丛书如何体现批判继承精神、如何提高第二批书稿质量时，又有18部书稿完成交来。为了保证书稿质量，使1991年上半年召开的常务编委审稿会得以顺利进行，我们三个主编从广州匆匆赶到北京，用了一周时间审看了这18部书稿，通过了7部，11部退改。当我们看完最后一部书稿碰头研究时，已是12月31日。在1990年一年内，我们仅仅通过了这7部书稿。加上1989年在舜耕山庄通过的10部，也仅有17部，尚差33部方足第二批的50部。

1991年5月，常务编委来到古称嘉州的乐山市，在乐山山腰的八仙洞宾馆继续审改第二批书稿。改稿时间只有十天，要力争将50部推出，其繁重可知。我们在改稿过程中，不禁想到明万历年间嘉州知州袁子让的诗句"登临始觉浮生苦"，想到这套丛书从起步到这次审改已历时5年，当初怎么也没有想到完成这套丛书会是如此的艰辛，真是登临始觉笔耕苦啊！

这次乐山审稿，通过了13部书稿。好在余下的20部书稿只须小改即可在会后交稿，终于在1991年8月将这20部书稿全部改定交巴蜀书社。第二批50部历时近四年终于定稿了。

五、在金陵古都作光辉的一结

——第三批书稿的完成

1990年12月据出版社的要求，这套丛书出齐当为150种，到乐山会上又修正为110种至125种，最后数字的确定根据最后一次审稿结果而定，合格的即入选，不合格的不再修改选入。根据这一共识，今年4月中旬，我们一部分常务编委聚集到六朝古都南京，从已经交来的35部书稿中选择经小改合格的书稿。经过十一天的劳作，选择、改定33部，由到会的常务编委、巴蜀书社的段文桂总编和编委、巴蜀书社的刘仁清副编审带回成都，将经由他们的继续辛苦而使《古代文史名著选译丛书》以133部、1500万字之数呈献给热爱中华文化的读者。

这套丛书从1986年5月起步，历时整整六年，平日繁细工作不计，仅编委大小审稿会就开了12次之多。丛书的发起人、顾问、古委会主任周林同志先后参加了8次审稿会,每次都自始至终和大家在一起,听取审稿情况,了解遇到的问题;当我们遇到困难的时候他为我们鼓劲,当我们感到欣喜的时候他提醒我们不可大意。这次他又和我们一起来到虎踞龙蟠的石头城下,为我们督阵,看我们能否为这套丛书作出光辉的一结。

此时此刻,我们与这次会议的东道主、丛书常务编委、南京大学的周勋初先生漫步在中山陵旁,想到今译丛书已基本完成,自然感到如释重负,但理智却使我们不敢轻松,我们期待着全书133部出齐之后专家、读者的评头品足。

1992年4月26日

(原载《中国典籍与文化》1992年第1期)

古代文史名著选译丛书(修订版)总目

丛书主编:章培恒　安平秋　马樟根

书　名	译注者	审阅者	定价/元
老子注译	张玉春　金国泰	安平秋	16.00
庄子选译	马美信	章培恒	18.00
荀子选译	雪　克　王云路	董治安　许嘉璐	19.00
申鉴中论选译	张　涛　傅根清	董治安	18.00
颜氏家训选译	黄永年	许嘉璐	15.00
论语注译	孙钦善	宗福邦	34.00
孟子选译	刘聿鑫　刘晓东	黄　葵	20.00
墨子选译	刘继华	董治安	14.00
韩非子选译	刘乾先　张在义	黄　葵	19.00
新序说苑选译	曹亦冰	倪其心	25.00
论衡选译	黄中业　陈恩林	许嘉璐	22.00
管子选译	缪文远　缪　伟	董治安	18.00
列子选译	王丽萍	周勋初　倪其心	19.00
韩诗外传选译	杜泽逊　庄大钧	董治安	33.00
盐铁论选译	孙香兰　刘光胜	黄永年	13.00
诗经选译	程俊英　蒋见元	刘仁清	19.00
楚辞选译	徐建华　金舒年	金开诚	15.00
贾谊文选译	徐　超　王洲明	安平秋	17.00
司马相如文选译	费振刚　仇仲谦	安平秋	11.00
文心雕龙选译	周振甫	黄永年	17.00
庾信诗文选译	许逸民	安平秋	18.00

书　名	译注者	审阅者	定价/元
嵇康诗文选译	武秀成	倪其心	18.00
谢灵运鲍照诗选译	刘心明	周勋初	18.00
陈子昂诗文选译	王　岚	周勋初　倪其心	14.00
李白诗选译	詹　锳　等	章培恒	27.00
高适岑参诗选译	谢楚发	黄永年	23.00
元稹白居易诗选译	吴大逵　马秀娟	宗福邦	21.00
柳宗元诗文选译	王松龄　杨立扬	周勋初	18.00
李贺诗选译	冯浩菲　徐传武	刘仁清	20.00
杜牧诗文选译	吴　鸥	黄永年	14.00
李商隐诗选译	陈永正	倪其心	19.00
唐五代词选译	亦　冬	董治安	16.00
唐文粹选译	张宏生	周勋初	18.00
晚唐小品文选译	顾歆艺	平慧善	15.00
黄庭坚诗文选译	朱安群　等	倪其心	18.00
辛弃疾词选译	杨　忠	刘烈茂	24.00
元好问诗选译	郑力民	宗福邦	20.00
宋四家词选译	王晓波	倪其心	16.00
黄宗羲诗文选译	平慧善　卢敦基	马樟根	15.00
吴伟业诗选译	黄永年　马雪芹	安平秋	20.00
方苞姚鼐文选译	杨荣祥	安平秋	20.00
明代散文选译	田南池	马樟根	22.00
顾炎武诗文选译	李永祜　郭成韬	刘烈茂	23.00
张衡诗文选译	张在义　张玉春　韩格平	刘仁清	16.00
汉诗选译	张永鑫　刘桂秋	金开诚	19.00

书　名	译注者	审阅者	定价/元
阮籍诗文选译	倪其心	刘仁清	15.00
三曹诗选译	殷义祥	刘仁清	22.00
诸葛亮文选译	袁钟仁	董治安	16.00
陶渊明诗文选译	谢先俊　王勋敏	平慧善	16.00
杜甫诗选译	倪其心　吴　鸥	黄永年	21.00
王维诗选译	邓安生　等	倪其心	20.00
刘禹锡诗文选译	梁守中	倪其心	20.00
孟浩然诗选译	邓安生　孙佩君	马樟根	18.00
韩愈诗文选译	黄永年	李国祥	20.00
欧阳修诗文选译	林冠群　周济夫	曾枣庄	20.00
曾巩诗文选译	祝尚书	曾枣庄	19.00
苏轼诗文选译	曾枣庄　曾　弢	章培恒	28.00
李清照诗文词选译	平慧善	马樟根	15.00
陆游诗词选译	张永鑫　刘桂秋	黄　葵	24.00
朱熹诗文选译	黄　珅	曾枣庄	20.00
文天祥诗文选译	邓碧清	曾枣庄	20.00
袁枚诗文选译	李灵年　李泽平	倪其心	20.00
王安石诗文选译	马秀娟	刘烈茂　宗福邦	18.00
二程文选译	郭　齐	曾枣庄	25.00
范成大杨万里诗词选译	朱德才　杨　燕	董治安	26.00
萨都剌诗词选译	龙德寿	曾枣庄	28.00
王阳明诗文选译	吴　格	章培恒	18.00
徐渭诗文选译	傅　杰	许嘉璐　刘仁清	17.00
李贽文选译	陈蔚松　顾志华	李国祥　曾枣庄	17.00

书　名	译注者		审阅者	定价/元
三袁诗文选译	任巧珍		董治安	17.00
王士禛诗选译	王小舒	陈广澧	黄永年	13.00
龚自珍诗文选译	朱邦蔚	关道雄	周勋初	13.00
尚书选译	李国祥	刘韶军	宗福邦	14.00
	谢贵安	庞子朝		
礼记选译	朱正义	林开甲	宗福邦	22.00
左传选译	陈世铙		董治安	22.00
国语选译	高振铎	刘乾先	黄　葵	29.00
战国策选译	任　重	霍旭东	李国祥	21.00
吕氏春秋选译	刘文忠		董治安	17.00
吴越春秋选译	郁　默		倪其心	19.00
史记选译	李国祥	李长弓	安平秋	45.00
	张三夕			
汉书选译	张世俊	任巧珍	李国祥	22.00
后汉书选译	李国祥	杨　昶	许嘉璐	24.00
	彭益林			
三国志选译	刘　琳		黄　葵	18.00
晋书选译	杜宝元		许嘉璐	15.00
宋书选译	漆泽邦	孔　毅	李国祥	19.00
南齐书选译	徐克谦		周勋初	18.00
北齐书选译	黄永年		安平秋	16.00
梁书选译	于　白		周勋初	17.00
陈书选译	赵　益		周勋初	17.00
南史选译	漆泽邦		安平秋	22.00
北史选译	刁忠民		段文桂	20.00

书　名	译注者	审阅者	定价/元
周书选译	黄永年	安平秋	15.00
魏书选译	杨世文　郑　晔	周勋初	22.00
隋书选译	武秀成　赵　益	周勋初	20.00
新唐书选译	雷巧玲　李成甲	黄永年	16.00
旧唐书选译	黄永年	章培恒	16.00
新五代史选译	李国祥　王玉德　姚伟钧	周勋初	18.00
旧五代史选译	贾二强	黄永年	17.00
宋史选译	淮　沛　汤　墨	曾枣庄	30.00
辽史选译	郭　齐　吴洪泽	曾枣庄	21.00
金史选译	杨世文　祝尚书　李文泽　王晓波	曾枣庄	21.00
元史选译	樊善国　徐　梓	马樟根	25.00
明史选译	杨　昶	李国祥	20.00
清史稿选译	黄　毅	章培恒	32.00
贞观政要选译	裴汝诚　王义耀	黄永年	18.00
史通选译	侯昌吉　钱安琪	周勋初	16.00
资治通鉴选译	李　庆	黄永年	16.00
续资治通鉴选译	徐光烈	安平秋	24.00
通鉴纪事本末选译	谈蓓芳	章培恒	21.00
洛阳伽蓝记选译	韩结根	章培恒	22.00
梦溪笔谈选译	李文泽	曾枣庄	20.00
徐霞客游记选译	周晓薇　等	黄永年　马樟根	17.00
宋代笔记小说选译	朱瑞熙　程君健	金开诚等	19.00
关汉卿杂剧选译	黄仕忠	刘烈茂	24.00

书　名	译注者	审阅者	定价/元
明代文言短篇小说选译	黄　敏	章培恒	23.00
六朝志怪小说选译	肖海波　罗少卿	刘仁清	21.00
世说新语选译	柳士镇　钱南秀	周勋初	29.00
水经注选译	赵望秦　段塔丽　张艳云	许嘉璐	19.00
唐人传奇选译	周　晨	曾枣庄	24.00
唐五代笔记小说选译	严　杰	周勋初	21.00
大慈恩寺三藏法师传选译	贾二强	黄永年	18.00
宋代传奇选译	姚　松	周勋初	22.00
聊斋志异选译	刘烈茂　欧阳世昌	章培恒	22.00
阅微草堂笔记选译	黄国声	安平秋	16.00
清代文言小说选译	王火青	周勋初	23.00
历代名画记图画见闻志选译	周晓薇　赵望秦	黄永年	17.00
容斋随笔选译	罗积勇	宗福邦	20.00
唐才子传选译	张　萍　陆三强	黄永年	30.00
西厢记选译	王立言	董治安	20.00
元代散曲选译	彭久安	刘烈茂　金开诚	21.00
日知录选译	张艳云　段塔丽	黄永年	22.00
桃花扇选译	张文澍	章培恒　段文桂	15.00
牡丹亭选译	卓连营	章培恒	14.00
长生殿选译	戚海燕	董治安	20.00